社会福祉とわたしたち

一瀬 早百合

JN212366

萌文書林
Houbunshorin

はじめに

　日本社会の現状をどのように考えていますか。新型コロナウイルスのパンデミックから「日常」に戻ったようにみえるものの、その時期よりもさらに苦しい生活を強いられている人々もいます。若者の自死の増加、少子化、子どもの貧困、児童虐待の増加、経済的格差、物価高騰など様々な問題が山積しています。一言で表現すれば「人間の尊厳」を大切にしていない社会といえるでしょう。社会福祉は、施策や制度、福祉サービスの総体と捉えられることが多いですが、それらを用いて「人間の尊厳」を尊重する、また人権や自己実現を保障する実践です。制度と実践を両輪として必要な人々に支援を届けることをソーシャルワークということもあります。

　このテキストのコンセプトは、ソーシャルワークの理念である人間尊重や社会正義を基盤としていることです。社会福祉の実践には必ず理念や価値が包含されていなければなりません。第2章の社会福祉の理念でソーシャルワークの価値を体系的に論じ、続く第3章以降においても社会福祉の領域や対象に応じて重要とされる価値や理念についてふれています。

　また、「社会福祉とわたしたち」というタイトルには、社会福祉と自分自身の生活を結びつけて考えながら、学びを深める期待が込められています。わたしたちも社会福祉の恩恵を受けながら暮らしていることを実感してください。社会福祉はわたしたちの尊厳や人権を守るために存在しているのです。

　本書は、保育士養成課程の科目「社会福祉」を学ぶための教科書で、2022年に初版刊行いたしましたが、この度社会背景の変化や法律の変更に伴い改訂をいたしました。

　基本的に、厚生労働省の示したシラバスに則って構成されています。しかしそれに留まらず、社会福祉士・精神保健福祉士・介護福祉士を目指す人に

も是非手に取ってほしいと思います。これら4つの国家資格は社会福祉の専門職として共通点があるからです。その共通点とは本書のコンセプトであるソーシャルワークの価値に他なりません。

本書の特徴は、コラムを多く取り入れ、現代的なトピックから社会福祉を考えている点です。新聞記事はもとより、新たな試みや問題解決のヒントを、社会福祉領域以外の実践家や思想家の声を紹介しています。NPO法人ピープルデザイン研究所や内田樹氏の言葉から「社会福祉」は多くのことを学ばせてもらうことができます。「社会福祉」という名称はすでに時代遅れで、すべての人々が憧れる、手に入れたいと思う新たな概念を創出する必要がありそうです。

本書が多様な子どもや家族、障害のある人々や高齢者、貧困の状態やLGBTQsなどの少数派を含めたすべての人々の尊厳を尊重する援助者の養成に役立つことを願っています。また、この本を手にする学生や教員や実践者等すべての人が「社会福祉」を学ぶことにより、知識の修得だけでなく、少しでも心地よく、自分らしく生きられることを望んでいます。

最後に、本書の出版にあたりご尽力いただきました萌文書林社長服部直人氏、編集担当の鈴木希弥子氏に深く感謝申し上げます。また、単著での執筆の機会を与えてくださった前書『社会福祉と私たちの生活』の共著者である小林育子先生にも心よりお礼を申し上げます。

2025年1月

著者　一瀬早百合

目　次

《第5章》 社会福祉と社会保障の制度

≪第11章≫ 社会福祉における 利用者保護にかかわるしくみ

　「障害」という表記に関して「障碍」や「障がい」と表現する立場もありますが、本書では「障害」と統一してあります。主な理由は２点あります。まず１点は現代社会では未だ障害のある人々に対して残念ながら差別や偏見が残っており、その事実について表記を変えることによってオブラートに包みたくないからです。もう１点は2014年に批准した障害者権利条約や2016年から施行されている障害者差別解消法の中では「障害」とは個人が有するものではなく、社会的障壁によって生みだされる生きづらさであると定義されていることにあります。「害」は個人にあるのではなく、社会との相互作用で生じるという考え方を支持する立場を取っています。

第 1 章

社会福祉とわたしたち

【 この章で学ぶこと 】

　本章では、この本のタイトルになっている「わたしたち」の生活に「社会福祉」がどのようにかかわっているか、その「入口」を学んでいきます。社会福祉を障害や貧困などにより生きづらさを抱えている人々のためだけにあると考えているとすれば大きな誤解です。社会福祉はすべての人間が胎児として母親のお腹に存在している時から、わたしたちの生活や健康を守っています。人生のライフサイクルに応じて、わたしたちが活用している社会福祉を見ていきましょう。

§1　わたしたちのライフコースと社会福祉

　この教科書を手にしているあなたは、今何歳でしょうか。これまでの人生の中で一番思い出に残っているのはどんなことですか。

　社会福祉とあなたの人生を関連づけて考えてみたことがあるでしょうか。あなたのこれまでの人生にもこれからの未来にも社会福祉は大きな支えになっています。どんな支えがあったのか、またこれからあるのかを一緒に考えていきましょう。

　小さい頃のことを思い出してみてください。初めて注射を受けた時の記憶はありますか。衛生環境がよいといわれている日本でもまだ多くの感染症があり、子どもの健康を守るために予防接種を受ける制度が整っています。この制度は「母子保健法」という法律に基づくもので、あなたがお母さんのお腹にいる頃からあなただけでなく、お母さんの健康をも守っています。

　人生のライフコースを追って振り返ってみましょう。

1．胎生期・誕生

　あなたの妊娠がわかると「母子健康手帳」が交付されます。自分の母子健康手帳を見たことがありますか。お腹の中であなたを健やかに育むための情報提供や健康記録をつけていくものです。妊産婦健康診査は妊娠23週までは4週間に1回、妊娠24週から35週までは2週間に1回、妊娠36週以降は週1回が望ましいとされています。しかし、妊娠は「病気」ではないのでいわゆる「保険証」を使うことができません。そのため産婦人科を受診した場合、10割分の医療費を自己負担しなければならず、高額の支払いが必要となります。その健診の無料化が実施されており、あなたのお母さんもそ

れを利用しているはずです。40 ～ 50 万円かかるといわれる出産費用も保険証制度の対象になりませんが、医療保険制度という法律からすべての母子にほぼ全額に近い金額が交付されています。

　わたしたちは産声をあげる前からすでに、社会福祉のサービスを受けているのです。

2．乳幼児期

　生まれたばかりの赤ちゃんを初めて育てるお母さん、お父さんは戸惑いの連続です。あなたのお母さんやお父さんにどんな気持ちであったか、尋ねてみてください。そのような時期には、保健所から保健師さんもしくは助産師さんが自宅を訪問してくださり、子育ての悩みや不安に耳を傾け、赤ちゃんが順調に発育しているかをみてくれます。また、乳幼児健康診査、1歳6か月児健康診査、3歳児健康診査と発達の節目には無料で医師などの診察も受けるシステムがあります。あなたの記憶に残っているでしょうか。結核を予防するための BCG 接種の痕跡は腕に残っているかもしれませんね。

3．学童期

　学童期は心身ともに大きく成長する時期です。小学校で健康診断や予防接種を受けたことは覚えているでしょう。これも「学校保健安全法」という法律があなたの成長や発達を見守っているのです。

4．思春期・青年期

　子どもから大人になる、人生の中でも激動の時代です。また「性」に対する意識が確立していく大切な時期でもあります。思春期の不健康な痩せや自殺防止、妊娠・出産に関する問題などについて重点的な取り組みがなされています。

5．成人期

　ここからはまだ、未知の人生になりますね。今は学生の立場であなたは保護者の扶養のもとにありますが、社会人になれば勤労の義務があり経済的に自立する必要があります。健康で事故や怪我もなく勤労生活を続けていけることが理想的ですが、人生はどんなことが起こるかはわかりません。例えば、就職した保育所や会社等を余儀なく退職せざるをえなくなった場合には、雇用保険制度から一定の就職活動の期間は「失業手当」という生活費を補填するお金が支給されます。また、仕事中や通勤途上での怪我や事故には「労働者災害補償保険制度」から治療にかかわる医療費が全額支給されます。

　何の問題も生じなければ気がつきませんが、人生の途中で起こりうる様々な障壁をサポートするために確実に社会福祉は役に立ってくれるはずです。

6．高齢期

　勤労生活をリタイアすると、収入を得ることはできません。日々の生活費はどうするのでしょうか。働くことのできる成人期の間に退職後の生活費を預貯金しなければならないのでしょうか。いいえ、そうではありません。公的年金制度があり、高齢期の生活費はそれぞれの生活水準によって異なりますが、国から十分とはいえないまでも生活のための年金が支給されます。また、介護が必要となった場合には家族だけですべてを行うのではなく、介護保険制度で様々な介護サービスが受けられます。

§2　わたしたちの生活

　さて、現在のわたしたちの生活には社会福祉はどのようにかかわっているでしょうか。

　§1でもふれましたが、体調を崩したり、歯が痛くなったりした時に病院や診療所へ行きますが保険証を提示することで、かかった医療費総額の3割分の支払いで済んでいます。残りの7割は医療保険制度から拠出されているのです。

　また、万が一のことかもしれませんが、今日何らかの交通事故に巻き込まれるという可能性は誰にでもあります。その結果、下半身に障害が残り、将来思い描いていた人生が遠のくこともあるでしょう。どのような生活を送ることができるのか不安になりますが、20歳を過ぎていれば「障害基礎年金」という年金を受給することができます。年金は高齢者だけのものではありません。また、歩くことが困難になり移動する際に車いすが必要となれば、「障害者総合支援法」の中の「補装具」というサービスを用いることができます。

　このように学生であるあなたにも社会福祉は大きく関与しています。社会福祉とはとても広いものです。わたしたちの生活を守り、豊かにするための役割をもっています。また、社会福祉の目的は人間の **well-being（ウェルビーイング）** にあります。ウェルビーイングとは、「個人の権利や自己実現が保障され、身体的・精神的・社会的に良好な状態であること」を意味しています。

　社会を構成している人間には多様性があります。赤ちゃんからお年寄りまで、健康に恵まれている人もいれば、障害や難病をもちながら暮らしている人々など様々です。日本の家族の形態も数十年前と比べると大きく様変わりしました。2020（令和2）年には一人で暮らしている世帯が全世帯のうち

38.1％を占め、ひとり親で子育てをする家族も増加しています。働き方の
スタイルも変貌し、終身雇用からアルバイト、パート、派遣、さらにはダブ
ルワークというタイプの就労などに変化しています。また、雇用される形態
だけでなく自ら起業したり、キャリアアップを目指して積極的に転職するこ
ともあります。しかし、一方では、**ワーキングプア**という、働いているにも
かかわらず貧困である現象が生じています。

　様々な課題を抱えながら生きている人びとを含め、わたしたちのウェル
ビーイングの実現のために社会福祉を整理して学んでいきましょう。

§3　人生のライフサイクル

Ⅰ. 人間のライフサイクル

　ライフサイクルの理論から、社会的存在としての人間の一生の特徴を押さ
えておきましょう。人間は他の哺乳類と比較しても非常に未熟な存在で生ま
れ、自立するまでには非常に長い時間が必要になります。高等教育を受けて
いる皆さんは20年以上、経済的にも精神的にも養育者の保護を受けている
状況になります。

　そして、自立するまでの子ども時代は教養や文化、専門知識や技術を習得
し、成長する段階にあります。成長した個人は、現在の日本においては、自
由権と参政権を有し、同時に**自助**（自分で自分を助ける）、簡単にいえば自
分のことは自分で、自分で犯した問題は自分で責任を取る、自立した生活を
するという責任をもつことになっています。そして、定年制によって労働市
場からの撤退をし、生産活動を離れると高齢期を迎えます。

２．ライフサイクルにおける３回の貧困

　ラウントリーという社会学者の有名な貧乏研究というものがあります。1899（明治 32）年のイギリス・ヨーク地方での調査です。人は人生の**ライフサイクル**の中で、図 1-1 に示したように貧困が３回存在するという調査報告を出しました。それは、①自分の子ども時代、②自分が子どもを養育する時代、③労働能力を失った老年時代、というものです。

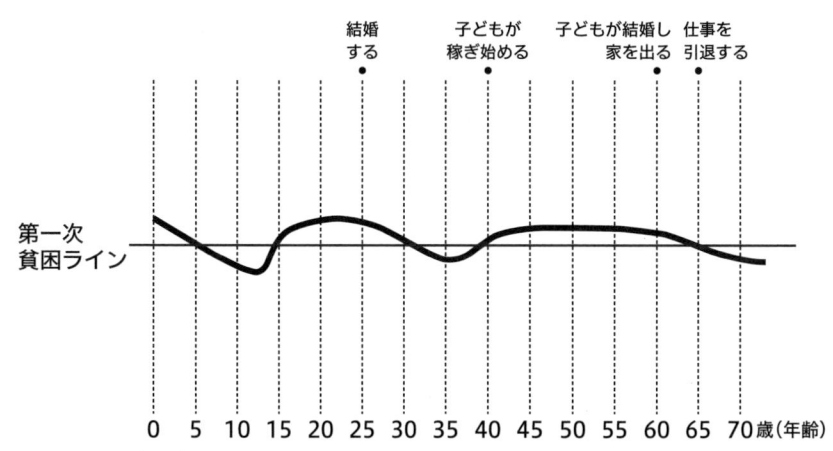

Rowntree, B. S. (1901), Poverty: A Study of Town Life. Macmillan Publishers, London. p. 137. を著者改変

【図 1-1】ライフサイクルと貧困

　発表された当時、イギリスでは身分階層やホワイトカラー、ブルーカラーなどに関係がなく貧困が出現するという結果に衝撃が走りました。

　そして現在においても、この調査結果は大きな影響をもっています。ラウントリーは、人生のある一定の段階にある人々、例えば高齢者や子どもたちは他の年齢層に比べ、貧困線より下の深刻な貧困に陥りやすいことを見出しました。ラウントリーの主張は、貧困は低すぎる賃金がもたらす帰結だとするものであり、伝統的に考えられていた、貧困は貧困者自身に責任があるという見解に異を唱えるものでした。

　ラウントリーの調査から120年以上経過しているにもかかわらず、貧困は貧困者自身に責任があるという社会的言説が未だに根強いのはなぜでしょう。とても奥深いテーマです。

　現在の日本における社会福祉制度の制度設計を見てみましょう。

　ライフサイクルにおける貧困の3回の出現の時期とあわせて、制度やサービスが整備されています。子ども時代と子どもを育てている時期には、子どもが高等学校を卒業するまでの期間に「児童手当」という現金給付があります。皆さんの多くもこの手当を受給していると思います。

　また、ひとり親世帯の貧困や子育て困難に対して、「児童福祉法」に基づき、母親と子どもが一緒にプライバシーを保ち世帯毎に入所できる母子生活支援施設があります（第8章）。高齢期には就労による賃金収入がなくなるため、年金保険制度から老齢年金が支給されます。さらに心身機能が高齢化に伴い減少するため、介護保険制度ではホームヘルプサービスやリハビリテーションが費用の1割の自己負担で受けられます（第9章）。

　このように社会福祉は、わたしたちの人生のサイクルに基づいた生活に密着したものであると理解する必要があります。

第2章

社会福祉の理念と
歴史的変遷

【 この章で学ぶこと 】

　本章では、まず社会福祉の歴史的な変遷をイギリス、アメリカ、そして日本の順に学んでいきます。日本の社会福祉は、第二世界大戦敗戦後に日本国憲法が制定され、基本的な人権の保障が明記されたことを基盤に本格的なスタートをしました。社会福祉の理念としての人権や社会正義、目指すべき社会のあり方であるノーマライゼーションやインクルージョンについて深く考えてみましょう。その上で社会福祉の構成要素である価値・知識・技術について習得し、自らの言葉で「社会福祉とは何か」を論じることができるようになりましょう。

§1　社会福祉の歴史的変遷

　社会福祉とはいつ頃、どのような背景があり誕生したのでしょうか。

　人間社会の歴史においては、飢餓や災害、伝染病などがどの時代にも存在し、いわゆる「弱者」が存在していました。彼らに対して、宗教的な慈善活動やその土地の有力者による救済、あるいは地域や親戚縁者などによる相互扶助によって援助が行われてきたと考えられます。しかし、産業革命や市民革命を経て近代社会がおとずれると、社会の状況は大きく変化することになります。

　近代社会では、経済市場を中心とした産業社会のために、会社に雇われて働く「賃金労働者」が誕生します。その結果、仕事につけない失業者やホームレス、その家族、それに加えて高齢者や障害・病気などのある「社会的弱者」といわれる人々があふれるという状況を生むことになりました。それは土地の権力者や篤志家による施しや地域での支え合いだけでは解決することができない社会問題となっていきました。

　近代社会では「国家」が誕生し、国家が社会的弱者に対して救済を行う役割をもつことになります。この§1では、国家が行う公的な社会福祉制度の歴史を中心に学んでいくこととします。

1. 欧米の社会福祉

(1) イギリスの社会福祉

1) 社会福祉の誕生

①エリザベス救貧法から新救貧法まで

イギリスでは資本主義経済を中心とする近代社会への移行に伴い、大量の

貧困者が生まれました。この社会不安に対して国家は、1601（慶長6）年に「エリザベス救貧法」を制定しました。この法律では、宗教組織の単位であった教区を救貧行政の単位として、救貧税の徴収と救済を実施しました。貧民を3つに分類した点も特徴的であるといえるでしょう。労働力のある貧民には強制労働を課し、老人や障害などの労働力のない貧困者は救済の対象とし施設収容し、身寄りのない子どもは強制的に徒弟に出す、としていました。救貧法は改良を重ね、労働能力があるにもかかわらず、働く意志のない者を排除することを目的とした「ワークハウステスト法」や、低賃金労働者に対してパンを購入できる程度の賃金を補う「スピーナムランド制度」が導入されました。その結果、貧民の数は大幅に増加し救貧税が増額されることになり、産業資本家層の不満を募らせることになりました。この状況の中、マルサスは『人口論』を著しました。マルサスは貧困の原因を個人責任の問題にあるとし、救済を受ける者は「二流の市民」として扱うと主張しました。

　上記のような背景の中で、1834（天保5）年に「新救貧法」が制定されました。新救貧法では、①救貧行政水準の全国統一原則、②収容保護原則、③劣等処遇原則、が打ちだされました。特に、劣等処遇原則は「救貧法の救済を受ける者の生活は、自立している最低階層の労働者の生活より実質・外見ともに一段劣ったものでなければならない」とされ、救済を受ける動機を抑制させることになりました。新救貧法による非人道的な扱いを恐れ、低賃金労働を余儀なくされた貧民の生活が増加しました。

②劣等処遇からの転換

　こうして公的な救済が後退した中、民間の慈善事業が活発になります。1869（明治2）年に**慈善組織協会**（Charity Organization Society：COS）が創設されました。市をいくつかの小地域に分け、地域内の要救護者を訪問し、調査結果を世帯毎にカードに記録し、協会に登録しました。登録カードをもとに救済の重複を防ぎ、費用を効率よく使うことができるようになりました。COSの初期には「施しではなく、友人を」が活動の標語でした。救済は単に物質的援助さえ行えばよいという考え方を有害とし、施し

は友愛の精神に満ちた篤志家の人格的感化力を伴う援助でなければならないと考えられていました。この活動は、ケースワークやコミュニティオーガニゼーションなどのソーシャルワークの先駆けとして評価されています。

　また、貧困の社会性を重視し、社会改良的な視点で実践をする**セツルメント**が誕生しました。住民の教育や、自ら貧困を解決しようとする意欲を地域の改善によって達成しようとする活動です。1884（明治17）年にバーネット夫妻によって設立された**トインビーホール**は、世界最初のセツルメントハウスです。

　COSやセツルメントが発展した背景には、貧困に対する考え方の変化がありました。1つはマルクス主義的な認識の登場です。貧困は個人の責任ではなく、資本主義のもとでの社会構造や資本家による富の搾取の結果であるという考え方が浸透してきたことにあります。もう1つは劣等処遇という**スティグマ**（恥のレッテル）を与える方法では真の解決にはならず、本人の力や回復したい動機を引きだす方法が望ましいという報告書が提出されてきたことです。第1章で学んだラウントリーによる貧困調査もまた、このような時代背景の中、身分階層に関係なく人生には3回の貧困が訪れることを明らかにし、貧困は個人の責任でないという考え方を強化していきました。

　このような考え方は、§2で学ぶ社会福祉の人間理解に対する基本的な考え方によく似ています。貧困に限らず一人ひとりが抱える生きづらさや問題は、社会との関連の中で生じると捉えられます。

2）社会福祉の展開

　1942（昭和17）年に第二次世界大戦からの復興を目指してウィリアム・ベヴァリッジによる「社会保険と関連サービス（通称：**ベヴァリッジ報告書**）」が示されました。「ゆりかごから墓場まで」をスローガンにイギリスが福祉国家建設に向かう礎となりました。1945（昭和20）年から翌年にかけ社会保険と国民保健サービスを中心にイギリスの社会保障は整備され、世界一進んだ福祉国家として注目されるようになりました。

　しかし、1973（昭和48）年の国際的な経済危機や、1979（昭和54）年

の政権交代した保守党が社会福祉の民営化・自由化・規制緩和などを図り、「福祉多元主義」として公的な福祉削減が進められました。その後も政権交代により福祉施策は変化していきますが、長引く経済不況や EU（欧州連合）からの離脱など社会福祉施策は不安定な状況にさらされています。

（2）アメリカの社会福祉

１）社会福祉の萌芽

　植民地時代のアメリカは貧しい貧民のために、イギリスのエリザベス救貧法を模倣しました。身寄りのない孤児は強制的な徒弟奉公に出され、強制的に労働を課されていました。

　民間の動きとしては、1877（明治 10）年に慈善組織協会（COS）が設立され、友愛訪問がなされました。友愛訪問員であったメアリー・リッチモンドは、貧困者の分析を行いその予防や救済には専門的な視点が必要であることを強調し、1922（大正 11）年にその専門性を「ケースワーク」と称しました。それを契機にケースワーカーという専門職が誕生しました。また、イギリスのセツルメント運動が導入され、1889（明治 22）年にはアダムスによりハル・ハウスが開設されました。ここでの活動はグループワークの専門技術を生み、1920 年代を中心にアメリカの社会福祉はソーシャルワークの専門技術を充実・発展させました。しかし、連邦政府としての社会福祉施策は低調なものでした。

　1929（昭和４）年の世界大恐慌を契機として、1935（昭和 10）年には「社会保障法」が成立しました。世界で初めて「社会保障」という言葉を採用した法律でした。この法律は失業保険、年金保険の２つの社会保険とともに、公的扶助制度、社会福祉サービスから構成されていました。社会保障法の成立は、国家が制度的に社会福祉を提供するという変革であったとも考えられています。1972（昭和 47）年には貧困者の増加への対応が困難となり、新たな社会保障法が制定されました。所得保障は連邦政府が、ソーシャルサービスは州の権限で行うことになりました。

2）現在の社会福祉

　アメリカにおいては、政府は原則として個人の生活に干渉しないという自己責任の精神と、連邦制で州の権限が強いことが、社会保障制度のあり方にも大きな影響を及ぼしています。1980年代にはレーガン大統領が連邦政府による社会保障に反対し、州に権限を委譲し、私的事業を重視する政策へと転換しています。

　アメリカの代表的な社会保障制度としては、大部分の有業者に適用される老齢・遺族・障害年金の他、高齢者等の医療を保障するメディケアや低所得者に医療扶助を行う**メディケイド**といった公的医療保障制度、補足的所得保障や貧困家庭一時扶助といった公的扶助制度が整備されています。しかし、2011（平成23）年にオバマ政権によって成立した「医療保険制度改革法」、いわゆる「オバマケア」も政権交代により存続が不安定な状況になっています。

　どの国においても、人間の尊厳を守る砦である社会福祉とは、時の政権によって簡単に変更されるようなことがあってはならないものです。国民一人ひとり、わたしたちが注視していかなければなりません。

2．日本の社会福祉

（１）日本における社会福祉の成立

　歴史をたどると、聖徳太子が593年に建立したと伝えられている四天王寺の**四箇院**では、孤児や老人の保護、悪い行いをした者の教化などの救済がなされていました。これを社会福祉のルーツと見なすことができるかもしれません。しかし、現代の社会福祉につながる施策や実践は、日本の近代国家形成の契機となる明治期以降に始まります。

　1874（明治7）年に、日本で初めて貧困者に対する救済として「恤救（じゅっきゅう）規則」が制定されました。しかし、この法律は貧困者の救済の原則を地縁・血縁などの相互扶助としており、それらの助けのない困窮者に限り公費で援助するという限定的なものでした。日露戦争、第一次世界

大戦を経て、1929（昭和4）年の世界大恐慌に始まる慢性的な不況の中で、恤救規則では救貧制度として不十分であることが明らかとなっていきました。そこで、同年に「救護法」が成立しました。この法律では、国の責任として公的扶助を行う姿勢を明確にし、「救護施設」が用意されました。この救護施設には孤児院や養老院などが含まれていました。

　一方、明治期には民間の篤志家による慈善事業が次々と設立されました。中には、現在の子ども家庭福祉の原型となる実践が数多くありました。貧児、棄児、孤児に対する救済を目的とした育児事業では、1887（明治20）年に石井十次による岡山孤児院があります。非行行為を繰り返す子どもを保護し、感化教育を行う感化院としては、1899（明治32）年に留岡幸助が創設した家庭学校があります。また、障害児に対する取り組みとしては、1897（明治30）年に石井亮一が滝乃川学園を設立し、知的障害児の保護をしました。保育事業としては、1890（明治23）年に赤沢鍾美・ナカ夫妻が創設した私立新潟静修学校内の託児所が日本の最初の保育所といわれています。また、1897（明治30）年には片山潜が日本で最初のセツルメント活動としてキングスレー館を設立しています。1900（明治33）年に野口幽香・森島（後に斉藤）峰のキリスト教徒は二葉幼稚園を開設し、地域の子どもの保育活動を行いました。

　1918（大正7）年には、米の暴騰による生活苦から「米騒動」が富山から始まり、全国的な労働争議に発展しました。それを契機に行政機関として初めて内務省救護課ができました。1920（大正9）年には拡大して社会局が作られ、国として社会福祉事業政策が取り組まれ始めました。

　大正時代後期になると、児童問題が政策的な課題となり、慈善家による児童救済から国の政策としての児童保護へと展開されていくことになりました。その流れから1933（昭和8）年には「児童虐待防止法」と「感化法」を改正した「少年教護法」が、1937（昭和12）年には「母子保護法」が成立しました。

　社会福祉の本格的な発展は、第二次世界大戦後を待たなければなりませんでした。1946（昭和21）年には「日本国憲法」が制定され、第25条2項

では「国は、すべての生活部面について、社会福祉、社会保障及び公衆衛生の向上及び増進に努めなければならない」と記され、初めて社会福祉という考え方が明示されることになりました。

（2）日本における社会福祉の展開

　1947（昭和22）年には「児童福祉法」、1949（昭和24）年には「身体障害者福祉法」、1950（昭和25）年には「生活保護法」が制定され、この3つは「福祉三法」とよばれ、当時の社会福祉の根幹となりました。また、1955（昭和30）年には厚生省（当時）から「社会保障5か年計画」が発表され、1958（昭和33）年には「国民健康保険法」、1959（昭和34）年には「国民年金法」が制定されました。国民皆保険・皆年金の制度がスタートし、国民全員が何らかの医療保険と年金保険に加入することになりました。

　1960（昭和35）年から、日本の経済は高度成長期にかかり、またこれまでに法律では対応しきれなかった新たな制度づくりが求められてきました。国民のよりよい生活を目指して1960年に「精神薄弱者福祉法（現：知的障害者福祉法）」「老人福祉法」「母子福祉法（現：母子及び父子並びに寡婦福祉法）」が制定されました。先の福祉三法とあわせて「福祉六法」と呼ばれています。

　1973（昭和48）年は福祉元年として社会福祉の発展が期待されましたが、その年のオイルショックにより経済成長が低迷し、国が財政難となり、福祉政策の見直しを迫られることになりました。また、少子高齢化や地方分権化に伴う国の役割の見直しが求められるようになりました。1980年代後半になると社会福祉の改革が本格化し、1983（昭和58）年には老人医療費の無料化を廃止して新たな老人医療のしくみがつくられ、1986（昭和61）年には年金制度についても改革されました。社会福祉にかかわる財政負担を国から地方へ重点を移し、当事者の自己負担が増大するという公的責任を軽減させる流れとなりました。

　1997（平成9）年には「介護保険法」が制定され、高齢社会への準備が進められると同時に、その担い手として民間企業やNPO法人等が想定さ

れ、社会福祉の運営主体を公的なものから民間へと開く契機となりました。2000（平成12）年には社会福祉の民営化・市場化を適正に進めることから、社会福祉基礎構造改革が行われました。

　これに伴い、同年に「社会福祉事業法」が「社会福祉法」へと改正されました。従来の社会福祉サービスは行政が利用者の処遇を決定する「措置制度」と呼ばれるしくみで実施されてきましたが、社会福祉法では利用者がサービス事業者を自由に選択し契約するという「利用・契約制度」に転換されました。また、「地域住民が相互に人格と個性を尊重し合いながら、参加し、共生する地域社会の実現を目指して行われなければならない」とされ、地域福祉の推進を目指す理念をもつ法律です。

（3）現代の社会福祉　―2000年代以降の潮流

　ここでは世界の流れ、特に国連で採択された1989（平成元）年の「児童の権利に関する条約（子どもの権利条約）」と2006（平成18）年の「障害者の権利に関する条約」との関連で国内法を見ていくことにしましょう。

　社会福祉においても権利擁護の視点は強調されるようになります。1990年代以降、家族による養育機能の弱体化と地域とのつながりの希薄さなどともあいまって、児童虐待は社会問題化することになります。被害者である弱者の権利という観点から、2000（平成12）年には「児童虐待の防止等に関する法律」、および2001（平成13）年には「配偶者からの暴力の防止及び被害者の保護等に関する法律（DV防止法）」が制定されました。さらに2023（令和5）年には児童虐待の相談件数や不登校の増加といった状況をふまえ、子どもの最善の利益を保障するためにこども家庭庁が創設されました。

　障害者の権利に関する条約を2014（平成26）年に日本が批准をするために、国内の法律を整備する必要が生じました。2011（平成23）年には「障害者総合支援法」、2013（平成25）年には「障害を理由とする差別の解消の推進に関する法律（障害者差別解消法）」が制定されています。法律の詳細は第7章で学びましょう。

§2　社会福祉の理念と概念

1. 社会福祉の基本理念　—基本的人権とは何か

（1）基本的人権の保障

　まず、わたしたちの国の最高法にあたる日本国憲法を見てみましょう。人間の基本的な権利について、第11条では「国民は、すべての基本的人権の享有を妨げられない。この憲法が国民に保障する基本的人権は、侵すことのできない永久の権利として、現在及び将来の国民に与へられる」と規定されています。その基本的人権として中心になるのは、生存権と自由権です。

　第25条では生存権を、13条では自由権と幸福追求権が規定されています。

第25条

1　すべて国民は、健康で文化的な最低限度の生活を営む権利を有する。

2　国は、すべての生活部面について、社会福祉、社会保障及び公衆衛生の向上及び増進に努めなければならない。

第13条

　すべて国民は、個人として尊重される。生命、自由及び幸福追求に対する国民の権利については、公共の福祉に反しない限り、立法その他の国政の上で、最大の尊重を必要とする。

「日本国憲法」

　わたしたち、一人ひとりはこの日本国憲法を根拠として、基本的な人権を有しています。

（2）基本的人権の歴史的背景

　基本的人権という考え方の歴史をふりかえってみましょう。人権思想は中世以降の西欧社会が育ててきた人間観で、日本では第二次世界大戦後の1945（昭和20）年以降に取り入れられ、しだいに定着してきました。人権思想のルーツはアメリカの独立宣言やフランス革命にたどることができ、その思想は長い歴史の中で大切に育まれてきました。

　20世紀には世界を巻き込んだ大戦が2度も起こり、特に第二次世界大戦においては特定の人種の迫害や大量虐殺など、人権侵害や人権抑圧が横行しました。このような経験から人権問題は国際社会全体にかかわる問題であり、人権の保障が世界平和の基礎であるという考え方が主流になってきました。

　そこで、1948（昭和23）年12月10日、国連総会において、「すべての人民とすべての国とが達成すべき共通の基準」として、世界人権宣言が採択されました。　世界人権宣言は、初めて「すべての人間は生まれながら自由で、尊厳と権利について平等である」と人権の保障を国際的にうたった画期的なものです。この宣言は、世界各国の憲法や法律に取り入れられるとともに様々な国際会議の決議にも用いられ、世界各国に強い影響を及ぼしています。世界の人権に関する規律の中でもっとも基本的な意義を有しています。

　皆さんが感じる身近な場面として、世界人権宣言が採択された12月10日を「世界人権デー」と定め、12月4日から10日の「人権週間」には様々な人権啓発キャンペーンが行われていますが、見聞きしたことはありませんか。

　世界人権宣言を契機に、人権に関する条約を国連が推進していきます。次ページの表2-1に主要な条約を整理しています。

　それぞれの国際的な条約に基づき、日本国内の社会福祉も推し進められています。世界的な潮流と合わせて、わたしたちの生活は保障されているともいえます。例えば、日本における社会的問題の1つである児童虐待という問題も、子どもの基本的人権の尊重を促進することを目的とした「児童の権利

【表 2-1】国連が推進した人権に関連する主な条約等

採択・指定年	条約等
1948（昭和23）年	世界人権宣言
1966（昭和41）年	国際人権規約（世界人権宣言の条約化）
1980（昭和55）年	ハーグ条約
1981（昭和56）年	国際障害者年（ノーマライゼーションの理念を普及）
1989（平成元）年	児童の権利に関する条約
2006（平成18）年	障害者の権利に関する条約

に関する条約」を背景に取り組まれることになったという経緯があります。各条約の詳細については、関連する以降の章で詳しく学んでいきましょう。

（3）ソーシャルワークの国際定義による理念

　次に、ソーシャルワークの国際定義から社会福祉の基本理念を考えてみましょう。IFSW（国際ソーシャルワーカー連盟）および IASSW（国際ソーシャルワーク学校連盟）では、2014（平成 26）年に以下の国際定義を採択しました。

> ソーシャルワークは、**社会変革**と**社会開発**、**社会的結束**、および人々の**エンパワメントと解放**を促進する、実践に基づいた専門職であり学問である。**社会正義**、**人権**、**集団的責任**、および**多様性尊重**の諸原理は、ソーシャルワークの中核をなす。　ソーシャルワークの理論、社会科学、人文学、および地域・民族固有の知を基盤として、ソーシャルワークは、生活課題に取り組み**ウェルビーイング**を高めるよう、人々やさまざまな構造に働きかける。

> この定義は、各国および世界の各地域で展開してもよい。

※著者太字　社会福祉専門職団体協議会＋一般社団法人日本社会福祉教育学校連盟「ソーシャルワークのグローバル定義　日本語定訳」

　国際定義には数多くの理念や価値が散りばめられていますので、整理して考えていきましょう。大きく以下の３つに分けることできるでしょう。

【表 2-2】価値・理念の３つの次元

理念・価値	内　容
普遍的な理念 （究極的価値）	社会正義、人権、集団的責任、多様性尊重
目的的な価値	ナショナル・ミニマム、ノーマライゼーション、インクルージョン、ウェルビーイング
実践的な理念 （手段的価値）	エンパワメント、権利擁護、自己決定、ストレングス

１）普遍的な理念

　究極的価値といってもいいでしょう。人間が人間として生きるための基本的に守られるべき原理・原則です。国際定義においては、４つの普遍的理念が提示されています。

　人間は一人ひとり固有である唯一無二の存在ですので、人間として生まれただけでその尊厳は守られる必要があり、**人権**を有しています。そのためには、**社会に正義**が必要です。戦争や紛争の中では、命が守られません。また、非正規雇用の労働者を増やし、一部の資本家だけが莫大な利益を独占し、貧困者が増大しているのも、社会正義から見れば是正すべきことになります。さらに、**多様性尊重**はわたしたちに身近な理念でしょう。障害やLGBTQなど様々な生き方をお互い尊重することで幸福な関係が生まれることになります。第７章§１の共生社会の実現でも考えていきましょう。

２）目的的な価値

　政策的な理念として用いられることもあります。**ナショナル・ミニマム**とは、国民に対して最低限度必要とされるレベルでの生活を保障することを意味します。19世紀末にイギリスのウェッブ夫妻が提唱した概念です。p.18で見た日本国憲法第25条に通じています。第5章で扱う公的扶助の基盤となる考え方です。

　ノーマライゼーションは障害福祉の分野から提示された考え方で、障害の有無にかかわらず、だれもが地域で暮らすことが当たり前の社会を実現しようという理念です。デンマークのバンク＝ミケルセンらによって、障害者を施設に収容・隔離するのではなく、市民と同等の人権を有しているという思想に基づいた運動が起こりました。1981（昭和56）年の国際障害者年を契機に国際的に浸透した経緯があります。

　インクルージョンは、社会的包摂と訳されます。社会的に弱い立場の人々をも含め、市民一人ひとりを排除や摩擦、孤独や孤立から援護し、社会（地域社会）の一員として取り込み、支え合う考え方です。また、教育分野においてもこの概念が用いられています。インクルーシブ教育として「人間の多様性の尊重等を強化し、障害者が精神的および身体的な能力等を可能な最大限度まで発達させ、自由な社会に効果的に参加することを可能にするという目的の下、障害のある者と障害のない者が共に学ぶ仕組み」が推進されています。

　ウェルビーイングは、「よりよく生きる、より幸せに生きる」という意味です。また、人権や自己実現を保障する概念とも捉えることができます。WHO憲章の健康の定義において、「健康とは、肉体的、精神的及び社会的に完全に良好な状態であり、単に疾病または病弱の存在しないことではない」とされ、これをウェルビーイングの状態と捉える場合もあります。また、関連する考え方にクオリティ・オブ・ライフ（QOL）があります。「生活の質」や「生命の質」と訳され、これらを高めることはウェルビーイングと同様に社会福祉の目的となります。

3）実践的な理念

　手段的価値といってもいいでしょう。「望ましい人生」をいかに進めていくかという手段に関する倫理についての考え方です。様々な問題を抱えている対象者に対してかかわる時に、援助者が大切にすべき方法や基本的態度になります。**エンパワメント**とは、「個人や集団が自分の人生の主人公となれるように力をつけて、自分自身の生活や環境をよりコントロールできるようにしていく」ことです。エンパワー（empower）という単語は、もともとは「能力や権限を与える」という意味ですが、社会福祉の領域では、当事者のもともともっている力や強み（**ストレングス**）に視点を当て、当事者自身がパワーを得て、自ら問題解決できるような支援が大切であるとした考え方です。エンパワメントという概念が米国におけるソーシャルワークの手法や考え方として最初に登場したのは公民権運動にまでさかのぼります。

　権利擁護は、人権や人間の尊厳を擁護し、虐待や差別といった権利侵害から当事者を守る支援者の姿勢や社会福祉のしくみを指します。近年は「福祉サービス」を当事者が契約する手続きに変化し自己責任が求められることになるため、この理念は特に重視されています。

　自己決定とは、「自分のことは、自分で決める」という支援の原則です。当事者が児童であれ、障害を有していても、その状況に応じて説明と合意を取ることが支援者には求められます。第10章の相談援助の中で学ぶバイスティックの7原則の1つでもあります。

　この3つの普遍的な理念、目的的な価値、実践的な理念の関係を次ページの図2-1に示します。

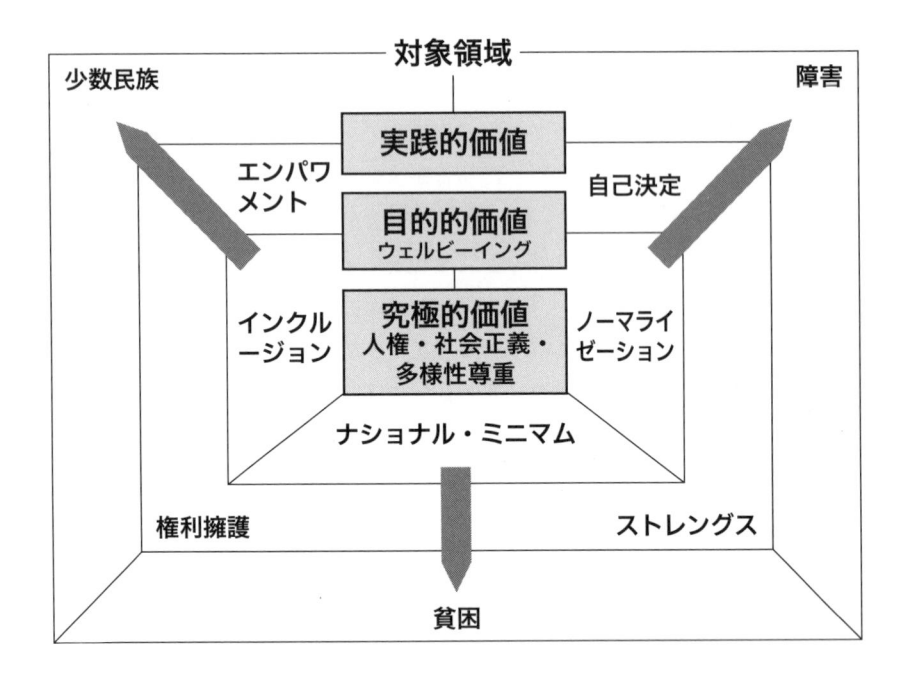

【図2-1】社会福祉の3次元の価値と対象領域

　普遍的な理念である究極的価値は土台となる基盤となり、目的的価値は社会福祉の対象の領域によって濃淡があるでしょう。障害分野であれば、「障害の有無にかかわらず、地域の中で人間として当たり前の暮らしをする」というノーマライゼーション、貧困対応としては「最低限度の生活の保障」を目的とするナショナル・ミニマム、少数派である人々に対しては「社会的に包含する」というインクルージョンという価値が重くなるでしょう。それをふまえて対象となる人間に具体的な支援やかかわりをする場面では、自己決定やエンパワメント、権利擁護やストレングス視点という実践的価値が発揮されることになります。

　目的的な価値や実践的な理念については、それらと関連する章でさらに詳しく学んでいきましょう。

2．社会福祉の人間理解

（1）人と環境との相互作用

　社会福祉では人間を独立したものではなく、「環境」の中に存在するという捉え方をします。環境というと住まいや自然などをイメージするかもしれませんがそれだけでなく、ある人間の周囲にある人々や所属集団や法律や慣習などすべてを含んでいます。それらから影響を受けて人間は生活していると考えます。

　例えば、人間の指は5本ですね。まれに6本の指をもって生まれてくる赤ちゃんがいます。日本という文化の中では「多指症」という診断がつき、多くの親たちは驚愕し、ショックや悲しみの感情におそわれます。ところが中国のある村では指を多くもっている子どもは神様の生まれ代わりとされ、その地域の中で非常に尊重されます。

　人間に生じる出来事や問題をその個人に帰して考えるのではなく、その環境との関係の中でどう取り扱われているのかという視点で考えていきます。

（2）多次元の環境の中で生きるわたしたち

　もう少し具体的に考えてみましょう。次ページの図2-2のように子どもを虐待してしまうお母さんがいます。

　人間を独立した存在で捉えると、「虐待する母親が未熟である」「母親として愛情が不足している」と母親だけに責任を課して、何の解決にもつながりません。父親は育児に協力しているだろうか、祖父母は支援してくれる状況にあるか等に視点を向けてみる必要があります。周囲の家族のサポート不足が児童虐待に影響を与えているはずです。もう少し外側の環境になる友人や地域の方と母親はどんな関係にあったのでしょうか。困った時に子どもを預かってくれる友人や近隣があれば、虐待は起こらなかったかもしれません。

　さらには、保育所という集団に入所できるか否かという条件は保育所待機児問題といわれる制度やサービスの課題であり、「母親は子どもを無条件に愛して当然である」という考え方に苦しめられて、それができない自分をさ

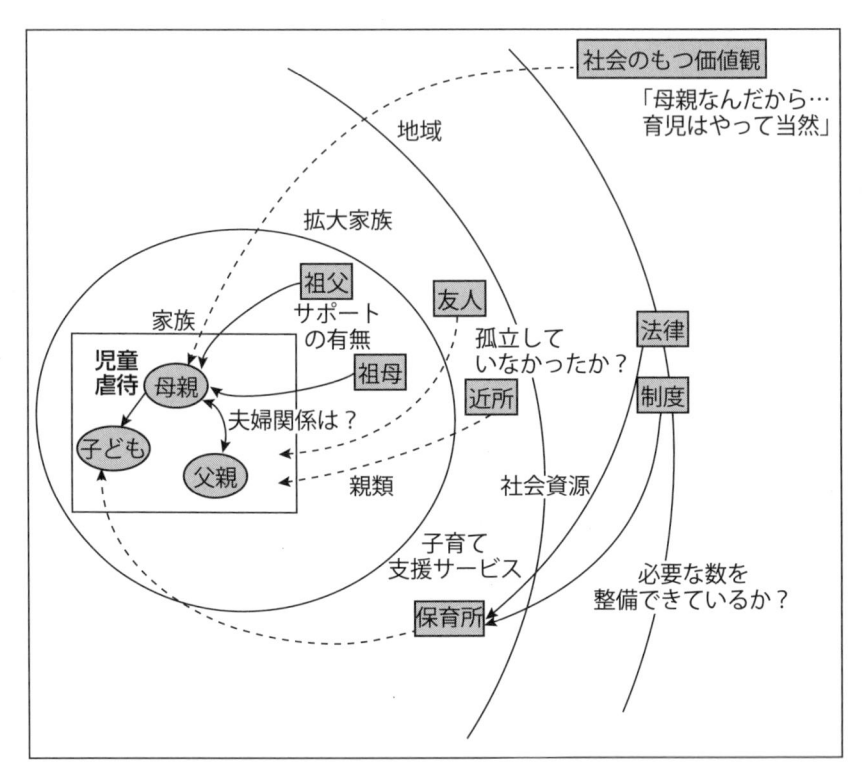

【図 2-2】　多次元の中に存在する人間

　らに責めて虐待が生じているとすれば、社会のもつ価値観（社会的言説）に
問題があるとも考えられます。多次元との関係の中で、どこに問題があるか
と考えることで支援の方法が見えてきます。

３．社会福祉とは何か

（１）社会福祉の範囲

　「社会福祉という世界」は 20 世紀を通して先進諸国で模索され、歴史的
に形成された具体的な政策や事業活動によって構成されています。皆さんは
「社会福祉とは何か」と問われるとどのように答えますか。「高齢者の介護問

題」「子どもの貧困や児童虐待」などが多いかと想像します。また、「保育所の待機児童問題」「障害状態にある人の教育や就労」を考える人もいるでしょう。ここでは岩田を引用し、2つに分けて考えてみましょう（表2-3）。

【表2-3】　社会福祉とは何か

	社会福祉の種類	内　容	具体例
①	一般生活に「溶け込んだ」もの	自分が利用したことがある、あるいは利用する可能性が高い	・皆保険・皆年金 ・介護保険サービスや保育所サービス
②	一般生活から「区分された」もの	自分はそうなる可能性は低いが、あの人たちは支援が必要だというような一種の「区分」のイメージ	・貧困家庭の生活保護 ・障害状態にある人々への生活保障 ・刑期を終えた人々の社会復帰

岩田正美（編著）『社会福祉への招待』放送大学教育振興会、2016

　①も②も社会福祉の範囲と考えますが、多様な社会福祉をどの範囲で捉えるかの合意はありません。国や時代、立場によって様々であるというのが現状でしょう。また、岩田は社会福祉の定義を「個人の生活の自助を脅かすリスクの回避、問題の解決が社会問題として社会に投げかけられることを前提に様々な手段・方法による個別の私的生活への介入の『仕掛け』である。だが同時にその介入は、社会統合や秩序維持、さらには社会防衛への期待を含んでいる」と述べています。

　第1章で、ラウントリーの貧困線を例に説明しましたが、決して少なくない数の人々が貧困状態になっている状況をすべて「**自助**」という考え方で捉えるには限界が生じています。そこで自己責任という考え方に「**公助**」という国家による社会サービス、つまりは社会福祉制度などが用意される必要があります。その根拠として、日本国憲法第25条において国が**生存権**（健康で文化的な最低限度の生活を営む権利）を保障することが明記されています。

　また、国家や地方自治体だけでなく**類似の社会集団による互恵**、地域や企業内、職能団体などでの支え合う「**共助**」も期待されることになります。地

域の中でネットワークをつくり、ボランティアでこども食堂が全国各地で展開されているのも、広い範囲で社会福祉を捉えれば1つの例として考えられます。この「自助」・「公助」・「共助」という考え方が人権を基盤として正しく使われているかを注視する必要があるでしょう。

　本書では、社会福祉を**価値・知識・技術**の3つの構成要素からなり、価値を基盤とし、生きづらさを抱える人間あるいはその環境や構造に対して、様々な制度やサービス（知識）を相談援助という技術を用いて問題解決に当たるためのプロセスと定義します。

（2）社会福祉（ソーシャルワーク）の構成要素

　社会福祉は、価値・知識・技術という3つから構成されています。

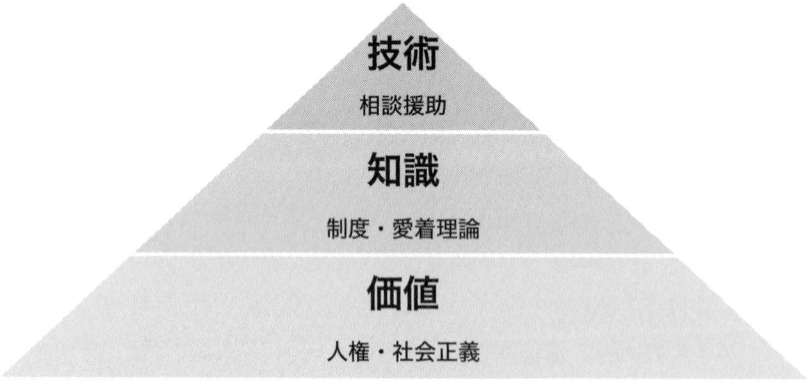

技術
相談援助

知識
制度・愛着理論

価値
人権・社会正義

【図2-3】　社会福祉の構成要素

　価値については、p.21 で①究極的価値、②目的的価値、③手段的価値という3つの構造があることを学びました。

　知識については、以下の4点に整理します。

1）環境としての社会を理解する知識（社会のしくみ、社会現象、その背景、一般常識やモラル、一般教養を含む）

　ソーシャルワークでは人間を多次元に存在するという視点で捉えます。人

間は真空管の中で生きているわけではありません。社会環境から大きな影響を受けて暮らしています。地球温暖化等の気候変動や政治・経済のしくみ、社会的言説といわれる現代の価値観なども知っておく必要があるでしょう。

2）対象者を深く理解する知識（発達や障害、家族の役割機能、家族システム、愛着理論など、対象喪失の感情、貧困に陥るプロセス）

対象分野によって求められる知識は異なりますが、療育分野であれば、障害の医学的な知識や、障害のある子どもをもつ親の心理などを取得しておくのが前提です。児童相談所のような児童虐待を専門とするのであれば、愛着理論などの学びが必須です。

3）援助実践を支える専門技術（ソーシャルワーク）に関する知識

援助技術についてはまず知識として獲得する必要があります。その前提をもとに援助者として技法や技術を獲得できます。悲嘆にくれている人、世の中を信じられない人、親から虐待を受けてきた人、いじめを受け教師からさえも守られてこなかった人、新型コロナウイルスの影響で失業して貧困に陥っている人、様々な状況の中で傷ついている人とどのようにコミュニケーションを取りますか。この人にならば相談してみてもいいかなと、思って頂ける信頼関係を構築するための技術が必要になります。

4）社会資源に関する情報（社会福祉サービスの根拠となる法律・制度、施策、活用可能な社会資源やサービスメニュー）

特に社会福祉制度や医療制度、様々な公的なサービスについての知識を獲得しておく必要があります。本書ではこの部分について対象領域を分けて第3章から詳しくふれていきます。

技術については、第10章の社会福祉における相談援助で具体的な手法を深く学んでいきます。

> コラム

憲法13条「個人の尊重」が ようやく実現へ

「旧優生保護法は「違憲」　最高裁大法廷、国に賠償命令」
日本経済新聞　2024年7月3日付）

　　旧優生保護法下で不妊手術を強制されたのは憲法違反だとして、被害者らが国に損害賠償を求めた5件の訴訟で、最高裁大法廷（裁判長・戸倉三郎長官）は3日、同法は違憲と判断し、国に賠償を命じた。

　　不法行為から20年で賠償請求権がなくなる「除斥期間」について「著しく正義・公平の理念に反し、容認できない場合は適用されない」との初判断を示した。

　　最高裁が法令などを違憲と判断したのは戦後13例目。「戦後最大の人権侵害」と訴えてきた被害者らの全面補償につながる司法判断となった。岸田文雄首相は3日、「政府として真摯に反省し心から深くおわび申し上げる」と陳謝した。所管する加藤鮎子こども政策相に7月中の原告を含む当事者との面会の調整を指示し、補償のあり方について早急に結論を出すよう検討を求めた。

旧優生保護法をめぐる主な経緯	
1948年	旧優生保護法が施行
1996年	母体保護法に改正、不妊手術の規定削除
2018年	国に損害賠償を求めた全国初の訴訟を仙台地裁で提起
2019年4月	被害者に一律320万円を支払う救済法が施行
5月	仙台地裁が初の判決で旧法を違憲と判断、賠償は認めず
2022年2月	大阪高裁が国に賠償を命じる初の司法判断
2024年7月3日	最高裁大法廷で判決

　　大法廷は判決理由で、障害を理由に正当な理由なく不妊手術を認めた同法の規定は「特定の個人に対して重大な犠牲を求めた」として、個人

の尊重を定めた憲法13条に反すると指摘。差別的な取り扱いは法の下の平等を定めた憲法14条にも違反するとして、立法当時から違憲だったと初めて判断した。

48年間にわたって政策として障害がある人を差別した国の責任を「極めて重大」と認定。1996年の母体保護法への改正や、一時金320万円を支給する2019年成立の救済法も対応としては不十分との見方を示し「除斥期間の主張は権利の乱用として許されない」として国の賠償責任を認めた。裁判官15人の全員一致の結論。

高裁段階で国の責任を認めた4件の訴訟について本人に最大1650万円、配偶者に220万円の賠償を命じた判決がそれぞれ確定した。原告側が敗訴していた仙台の訴訟は賠償額算定のため審理を仙台高裁に差し戻した。

判決があったのは大阪、東京、札幌、神戸、仙台の各地裁で起こされた5件の訴訟。1950～70年代に手術を受けた人や配偶者ら計12人が起こした。

高裁段階はいずれの判決も同法を違憲と認定したが、除斥期間の適用を巡る判断は割れ、上告審で最大の焦点となっていた。

原告側は上告審で、不妊手術は「同意すら得ずに体にメスを入れた戦後最大の人権侵害だ」と強調。「20年経過しただけで国を免責するのは著しく正義・公平の理念に反する」と訴えた。

国側は除斥期間の例外を広く認めると際限なく過去にさかのぼって訴訟が起こされるようになるため「法的安定性への影響は計り知れない」とし、原告らの請求権は既に消滅していると主張した。

強制不妊手術を巡っては18年以降、全国12の地裁・地裁支部に39人が訴訟を起こした。他の訴訟でも今回の司法判断が踏襲されるとみられる。

▼旧優生保護法 「不良な子孫の出生防止」を目的に1948年に議員立法で制定された法律。知的障害や精神疾患、遺伝性疾患などを理由に、本人の同意がなくても不妊手術を可能とした。96年に母体保護法に改正され、手

術規定はなくなった。

　みなさんは優生保護法を知っていますか。1948年に制定された法律であり、1952年の改正では、遺伝性疾患ではない精神疾患まで強制不妊手術の対象を拡大しています。1996年に母体保護法に改正され、手術規定はなくなりました。国会が2023年公表した調査報告書によると、同法の下で少なくとも約2万5千件行われています。遺伝性疾患を理由とした強制手術が1万4566件（58%）、同意を得て行われた手術が8518件（34%）、遺伝性ではない患者への強制手術が1909件（8%）でした。手術件数は1950年代が最も多く、手術を受けた全体の約4分の3は女性です。

　1948年から母体保護法に改正される1996年の48年間にもわたり、国は障害や疾患を有する人を差別し、その子孫を抹殺するという残忍なことを法律に基づき容認してきました。司法もまた、20年という除斥期間を根拠に2024年まで国の責任や賠償を認めてこなかったという重い責任があるでしょう。しかし、この最高裁大法廷では、憲法に違反すると判断し、除斥期間も覆す歴史に残る画期的な判決となりました。ここまでに要した時間は、76年間に及びました。同意なく強制不妊手術をされた人々の何人がこの判決による賠償を受けられるのでしょうか。すでに亡くなった方も多くいらっしゃることでしょう。

　これらの出来事は、国や司法だけに責任があるのでしょうか。私は否と考えます。社会福祉を学ぶ私にも皆さんにも、その一端はあるのではないでしょうか。この第2章の18頁で、日本国憲法の第13条「すべて国民は、個人として尊重される。生命、自由及び幸福追求に対する国民の権利については、公共の福祉に反しない限り、立法その他の国政の上で、最大の尊重を必要とする」を学びましたね。この基本的な人権が守られているかいないかを基準に、これから出会う様々なことを判断して欲しいと思います。どんなに小さなことであっても、目の前の人々の自由が奪われるようなことがあれば、声をあげる人になって欲しいと思います。もう一度立ち返って考える必要があるでしょう。

第3章

現代社会の生活問題と社会福祉

【 この章で学ぶこと 】

　本章では、現代社会の生活問題として自殺率の増加、SNS による誹謗中傷、拡大する格差について取りあげます。さらに、家族や子育てにかかわる問題を深く掘り下げて学びましょう。家族形態の変遷では単身世帯の増加、少子化の背景には晩婚化・未婚化があり、それには経済的な問題が影響していることを考察してください。子育て問題としては、「孤育て」「個育て」と表記されるほどの孤立状況の理由に、「ママカースト制」や地域コミュニティの崩壊による子育て不安、子どもの貧困などを関連づけて考えていきましょう。

§1　現代社会の生活問題

1. 生活問題の種類

　社会福祉が取り扱う問題は「生活」です。生活とは、とても広い概念です。「とても大変そうな問題を抱えて生活している人」と捉えるだけではなく、問題を整理することが必要です。事例から検討してみましょう。

【事例 3-1】若い母親の暮らしから考える

　家族は、21 歳の母親と 3 歳の男児の 2 人です。男児の父親は、1 年前から帰宅せず、所在が不明のままのようです。母親の実家は遠方で、子育ての支援を受けられる状況にはありません。母親は生計を立てるため、夜の 21 時から深夜 3 時までの間、スナックでアルバイトをしています。しかし、家賃を支払うと生活費は 5 万円程度しか残りません。

　子どもが言うことを聞かないと母親はイライラして、1 年前くらいから手をあげることがしばしばだといいます。自分自身が疲れてしまうと朝起きるのもつらく、保育所も休みがちになっています。食事や洗濯をするのも面倒なほど体調不良の時もあり、お着替えの下着やお弁当箱が汚れていることも度重なっています。話を聞いてみると、「自分自身の人生のこれからを考えると悲観的になって、ひどく気分が滅入ってしまう」と表情を曇らせています。

＜事例 3-1 に関する解説＞

　この母親の抱えている課題を生活問題の種類から整理してみましょう。生活問題は、以下の 5 つの観点で考えます。

① 　経済状況　　② 　健康状態（身体的・精神的）
③ 　人間関係・支援体制　　④ 　所属・参加　　⑤ 　愛情

　経済的問題は、生活費が 5 万円だとすると、光熱費（水道・ガス・電気代）、食費、衣服費、21 歳であれば携帯電話やスマートフォンなどの費用も、かなり深刻な状況でしょう。クレジットカードをもっていれば、簡単にキャッシングなどができますが、その利子は高額でさらに苦しい経済状況を生みだします。**健康状態**はどうでしょうか。夜間に就労していると生活リズムが昼夜逆転になりますが、子育てをしていれば昼間にまとまった睡眠がとりにくい状況であることは想像できます。身体的な健康だけでなく、精神的にもイライラして、そのはけ口が子どもに向かっている可能性があります。

　このような状況を生みだす背景として、この母親の**人間関係や支援体制**はどうなっているかを考えることが重要です。母親が高熱を出した時に誰か助けてくれる人がいるのだろうか、緊急な事態に陥った時に支援してくれる存在のあるなしは、人間の精神的な状態に強い影響を与えます。さらには、この母親は何らかの集団の一員として**所属・参加**できているかという視点も重要です。なぜなら、人間はある集団の一員であるという帰属意識をもてるとアイデンティティをもつことができ、自分自身の尊厳を保つことができるからです。

　また、**愛情**のある関係をもちえているかという視点も大切です。この愛情とは男女間の恋愛のような狭いものを意味するのではなく、感情を含めた情緒的な分かち合いができる関係を指しています。

2．わたしたちを取り巻く生活問題

（1）自殺率の変遷　―健康状態の維持が困難な生活

　2023（令和 5 ）年の「自殺対策白書」によると図 3-1 で示すように G7
各国の自殺死亡率の中で、「日本」は 16.4％と 7 カ国の中で最も高い状況に
あります。また、若年層の死因順位をみると、死因順位の第 1 位が「自殺」
となっているのは「10 ～ 19 歳」の年齢層では日本のみで、「20 ～ 29 歳」
では「日本」及び「ドイツ」だけとなっています。日本の若者のおかれてい
る深刻な状況がみてとれるでしょう。

　ここから、わたしたちの生活に何が起こっているのかを考えてみましょう。
事例 3-1 で生活問題を分析する 5 つの視点を提示しました。自分で死を選
択するということは、精神的な健康状態が不良であると考えられます。

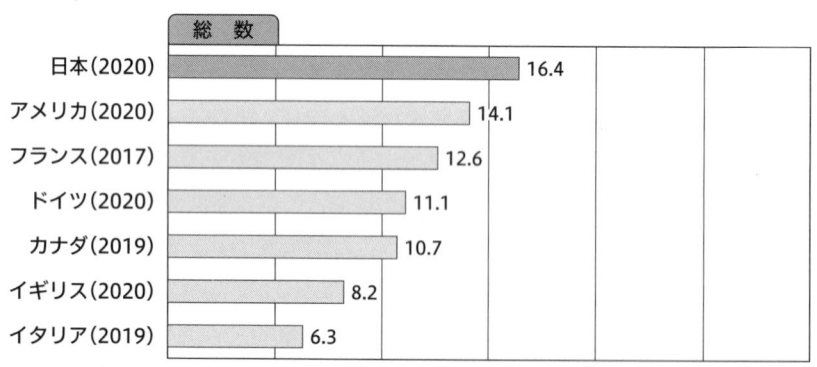

資料：世界保健機関資料（2023年2月）より厚生労働省自殺対策推進室作成

【図 3-1】G7 各国の自殺死亡率

　また、自殺の対人関係理論では以下の 3 つの要素が合わさった時に自殺の
リスクが高まるといわれています。

　①　身についた自殺潜在能力：自分の身体に致死的なダメージを与える
　　力、自殺を実行する力

②　所属感の減弱：自分の居場所がないと感じること、孤独感
③　負担感の知覚：自分が迷惑をかけているという感覚、自責感

　ここからもわたしたちの社会は所属感や情緒的な分かち合い・互恵などが乏しい状況であり、これらが大きな生活問題の根底にあると考えられます。

（2）SNS・インターネットの発展の影で

　令和5（2023）年版の「情報通信白書」によれば、2022（令和4）年のインターネット利用率は、個人では84.9％となっています。また、端末別のインターネット利用率は、「スマートフォン」が71.2％、「パソコン」が48.5％になっています。わたしたちの生活はインターネットなくして、もはや成立しない状況になっているでしょう。また、インターネットを利用したサービスはソーシャルネットワーキングサービス（以後SNSと略）と呼ばれ、X（旧Twitter）、Facebook、LINE、Instagramなどがあります。情報発信や情報収集のしやすさ、情報共有によるつながり感などの理由で、世界に多くのユーザーがいます。

　一方、SNSは誰もが気軽に意見や思いを投稿できますが、その内容によっては人を傷つけてしまいます。悪口を書き込んだり、広めたり、メッセージを送ったりなど、ネット上の誹謗中傷が深刻な社会問題となっています。2020（令和2）年には中傷被害者とされる女子プロレスラー、木村花さんの5月の自死を契機に、様々な社会的な取り組みも行われています（次ページのコラム参照）。

> コラム

インターネットによる発信を考える

全国初のネット中傷被害者支援条例、群馬県議会が可決 22日施行
（産経ニュース 2020年12月15日付）

　群馬県議会第3回後期定例会は15日の本会議で、「県インターネット上の誹謗（ひぼう）中傷等の被害者支援等に関する条例」を全会一致で可決した。県によると、社会問題化している会員制交流サイト（SNS）などでの中傷に対応する条例の制定は全国で初めて。被害者支援と県民のネットリテラシー（情報判断力）の向上を規定し、22日に施行される見通し。

　ネット中傷の被害者とされる女子プロレスラー、木村花さんが5月に死亡し社会問題化したことなどを受け、山本一太知事が6月の会見で独自の条例制定を表明。有識者検討会などで検討を急ぎ、年内の施行にこぎ着けた。

　条例前文では「（ネット利用により）県民が被害者にも加害者にもなることなく、自由に情報を収集し発信でき、安全で安心な社会を実現する」と明記した。

　「ネット上の誹謗中傷」を「著しい心理的、身体的もしくは経済的な負担を強いる情報の発信」などと定義した上で、基本的施策として「被害者支援」「ネットリテラシー向上」を定めた。

　被害者支援では、条例施行に先行して庁内に既に無料相談窓口を開設した。悪質な投稿は、弁護士が発信者情報の開示や投稿の削除手続きなどについて法的な助言を実施。さらに臨床心理士らが心のケアに当たって被害を回復させる。

　一方、県民が加害者にならないよう、適切にネットを使いこなすリテラシー向上にも注力。県民の理解促進のため講演会や研修会の実施のほ

▎か、児童生徒が学ぶ機会も充実させていくと定めた。

ネット中傷防止条例が成立、4月1日施行　大阪府議会

（産経WEST　2022年3月24日付）

▎　インターネット上の誹謗（ひぼう）中傷や差別を防ぐための条例が24日の大阪府議会本会議で全会一致により可決された。被害者支援に加え、中傷を抑止する取り組みを「府の責務」と明記し、加害行為に及ばないための相談体制を整備するとした。施行は4月1日。府によると、都道府県での条例制定は群馬県に次いで全国2例目。府は令和4年度に有識者会議を設けて具体策を検討する。

　条例は大阪維新の会と公明、自民両党が共同提案した。制定目的として「誹謗中傷などの人権侵害を防止し、府民の誰もが加害者にも被害者にもならないようにする」と記載。学校教育や研修会を通じて、インターネットリテラシー（読解力）の向上に取り組むことも盛り込んだ。

　府議会は24日、地方議会の対策には限界があるとして、国に対し実効性ある環境整備を強く求める意見書も全会一致で可決した。

　ネット上の投稿をめぐっては会員制交流サイト（SNS）で、誹謗中傷の被害に遭った木村花さん＝当時（22）＝が令和2年5月に死去。今年1月、花さんの母親の響子さんが吉村洋文知事と面会し、条例制定を訴えていた。

先生からのコメント

　みなさんはSNSを通じてコミュニケーションをしているでしょうか。コミュニケーションのツールが増えたことは、ある意味では豊かになったと考えられますが、新しい道具を手に入れた時は細心の注意をはらって使いこなすことが求められます。自分の感情を「垂れ流し」にすることは人間の品格にかかわることだと思います。また、あなたの単純なつぶやきが第2章で学んだ誰かの「人間の尊厳」や「人権」を侵害することにならないか、一瞬立ち止まって考えて

みましょう。

　思想家の内田樹は、正義をかざして他者のバッシングをする状況について、ブログの中で以下のようにコメントしています。

> 　その言明が「正しいか正しくないか」ということを知るのもたいせつですけれど、僕はそれ以上に「それを言うことによって、あなたはどのような『よきもの』をもたらしたいのか？」ということが気になるのです。言っている言葉の内容は非の打ち所がないけれど、その言葉が口にされ、耳にされ、皮膚の中に浸み込むことによって、周りの人たちの生きる意欲が失せ、知恵が回らなくなるのだとしたら、その言葉を発する人にはそれについての「加害責任」を感じて欲しい。

内田樹「内田樹の研究室　『コロナ後の世界』（文藝春秋）まえがき」2021 年 8 月 2 日付

　SNS でも対面で話をする場合でも、言葉を発する時、「よきもの」がもたらされるのか否かを 1 つの「ものさし」にしてコミュニケーションをすることを大切にしてほしいと思います。

§2 社会福祉の現代的課題

1. 日本の家族の変遷

　日本の家族は大きく変化してきました。次ページ図 3-2 の世帯数の構成割合の年次推移を見てみましょう。

　一番新しいデータである 2022（令和 4）年には単独世帯が 32.9％を占め、日本の世帯の約 3 割は一人暮らしという状況です。2040（令和 22）年には日本の世帯の 4 割が単独世帯となるとの予測も発表されました。また、三世代が同居している家族は 7.1％と減少しています。

　世帯の構成人数だけではなく、「家族」に対する考え方も大きく変化してきています。「家」を守るよりも個人の幸せや自己実現を優先するといった**家族の個人化**が進んでいます。「男は仕事、女は家庭」という性別役割分業から平等主義的共働き家庭へと変化しています。さらには、事実婚カップルや同性カップルなど法的な婚姻関係をもたない家族もあり、新たな家族形態や家族モデルが生まれてきています。

2. 少子化と子育て

（1）少子化の進行

　少子化が初めて社会的なインパクトを与えたのは **1.57 ショック**と呼ばれる 1989（平成元）年になります。1.57 という数字は、一人の女性が一生の間に産む子どもの数とされる合計特殊出生率の数値です。1966（昭和41）年のひのえうまの年の 1.58 という数より下回ったことに、日本社会は大きなショックを受けることになりました。ひのえうま（丙午）とは十干と

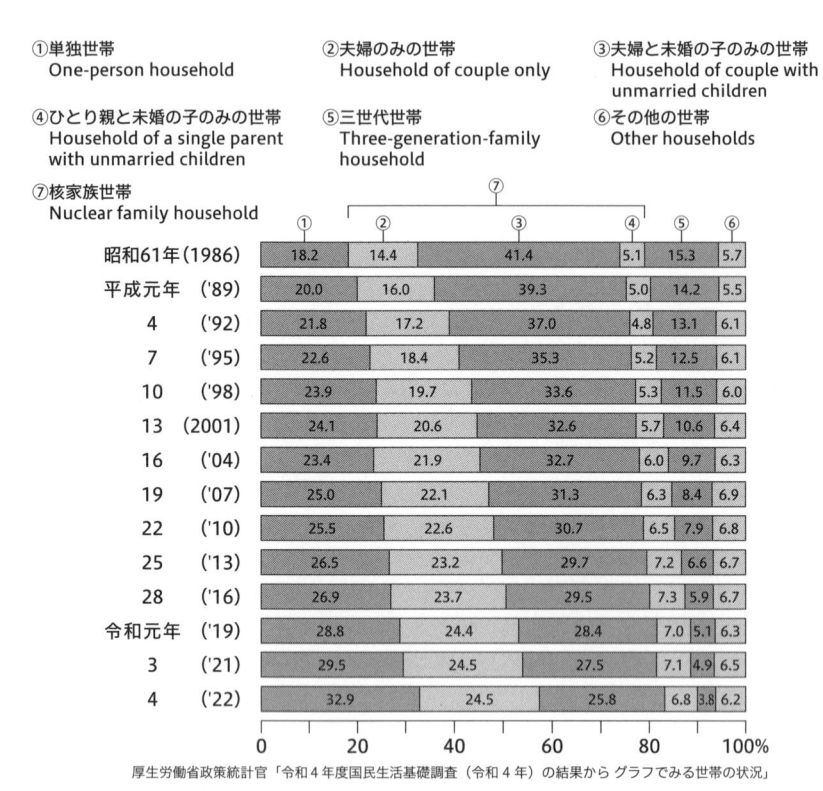

① 単独世帯
One-person household

② 夫婦のみの世帯
Household of couple only

③ 夫婦と未婚の子のみの世帯
Household of couple with unmarried children

④ ひとり親と未婚の子のみの世帯
Household of a single parent with unmarried children

⑤ 三世代世帯
Three-generation-family household

⑥ その他の世帯
Other households

⑦ 核家族世帯
Nuclear family household

	①	②	③	④	⑤	⑥
昭和61年 (1986)	18.2	14.4	41.4	5.1	15.3	5.7
平成元年 ('89)	20.0	16.0	39.3	5.0	14.2	5.5
4 ('92)	21.8	17.2	37.0	4.8	13.1	6.1
7 ('95)	22.6	18.4	35.3	5.2	12.5	6.1
10 ('98)	23.9	19.7	33.6	5.3	11.5	6.0
13 (2001)	24.1	20.6	32.6	5.7	10.6	6.4
16 ('04)	23.4	21.9	32.7	6.0	9.7	6.3
19 ('07)	25.0	22.1	31.3	6.3	8.4	6.9
22 ('10)	25.5	22.6	30.7	6.5	7.9	6.8
25 ('13)	26.5	23.2	29.7	7.2	6.6	6.7
28 ('16)	26.9	23.7	29.5	7.3	5.9	6.7
令和元年 ('19)	28.8	24.4	28.4	7.0	5.1	6.3
3 ('21)	29.5	24.5	27.5	7.1	4.9	6.5
4 ('22)	32.9	24.5	25.8	6.8	3.8	6.2

0　20　40　60　80　100%

厚生労働省政策統括官「令和4年度国民生活基礎調査（令和4年）の結果からグラフでみる世帯の状況」

【図 3-2】世帯構造別に見た世帯数の構成割合の年次推移

十二支とを組み合わせたもので、丙は火の兄で、午は正南の火であるところから、この年には火災が多いとされ、またこの年に生まれた女性は気性が強く、夫を食い殺すという俗信があります。

　次ページの図 3-3 は日本の合計特殊出生率の推移です。1971（昭和 46）年から 1974（昭和 49）年は第 2 次ベビーブームといわれ、合計特殊出生率は 2.14 でした。それを頂点に出生数は急速に減り続けて、2005（平成 17）年には 1.26 となり、最低記録を更新することになりました。さらに 2023 年の人口動態統計（概数）では過去最低の 1.20 で人口の一極集中がすすむ東京都では 0.99 と「1」を割り込みました。第 2 次ベビーブームで生まれた子どもたちの結婚・出産が適齢期となり、2000（平成 12）年以降

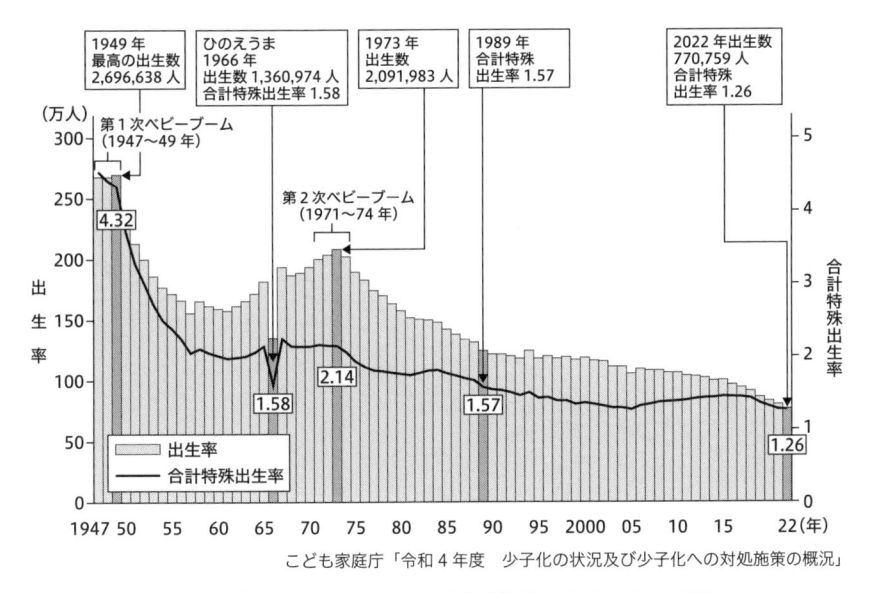

【図 3-3】日本の出生数および合計特殊出生率の年次推移

に第3次ベビーブームが期待されましたが、その到来はなく出生率は低いま
ま移行しているのが現状です。これらの少子化に対する施策については、第
9章で詳しく学ぶことにしましょう。

（2）少子化の背景としての未婚化・晩婚化

　少子化の問題を考える際には、2つの背景を押さえる必要があります。1
つは、人生選択の結婚に対する考え方の変化です。1980年代頃までは、「人
間は結婚して・子どもを産んで一人前」という考え方が主流を占めていまし
た。女性の結婚適齢期をクリスマスケーキ（12月24日：24歳）やおせち
料理（12月31日：31歳）にたとえ、売れ残ると価値が下がるという世俗
的な考え方もありました。それが図3-3の出生数や合計特殊出生率にも顕
著に表れています。

　時代が進み、「皆婚社会」から「結婚は人生のありうる選択肢の1つに過
ぎない」という結婚観の変容がおとずれます。1990年代になると新自由主

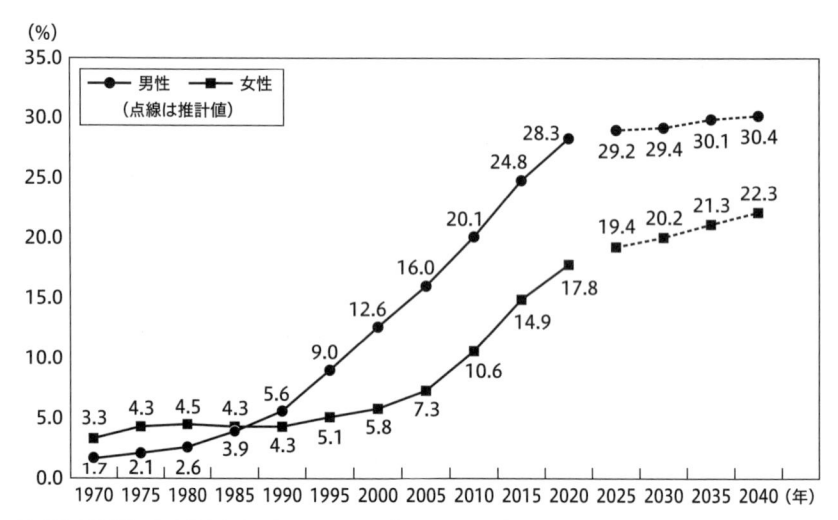

50 歳時未婚割合：国立社会保障・人口問題研究所「人口統計資料集」を基に作成。
（注）総務省統計局「国勢調査報告」により算出。45 〜 49 歳と 50 〜 54 歳未婚率の平均値。2015 年及び
　　　2020 年の配偶関係不詳補完結果に基づく。
　　　　　　　　　　　　　　　　　こども家庭庁「令和 4 年度 少子化の状況及び少子化への対処施策の概況」

【図 3-4】生涯未婚率の推移と予測

義という考え方が浸透し、2000 年代に入ると「家族」に対する規範がゆる
やかになってきます。「家」制度を中心とした考え方から、民主的社会でもっ
とも重要な価値となった「自由」を優先する生き方が尊重されてきます。結
婚や出産にも個人がどのような生き方を選ぶかは自由であるべきであるとい
う考え方が、大きく影響していると推察されます。その現れとして、図 3-4
の生涯未婚率の増加があげられます。少子化の問題は、妊娠・出産する以前
の恋愛行動や結婚という人生選択との関連から考える必要がありそうです。

　未婚化・晩婚化のもう 1 つの背景として、経済的な問題があげられていま
す。**非正規雇用**の増大による雇用の不安定化による生活不安が結婚の障害に
なっています。2021（令和 3）年に国立社会保障・人口問題研究所が実施
した「第 16 回出生動向基本調査」の独身者調査によると、いずれ結婚する
つもりと考える未婚者（18 〜 34 歳）の割合は、男性 81.4%、女性 84.3%
であり、ここ 20 年間を見ても若干の低下はあるものの高い水準を維持して

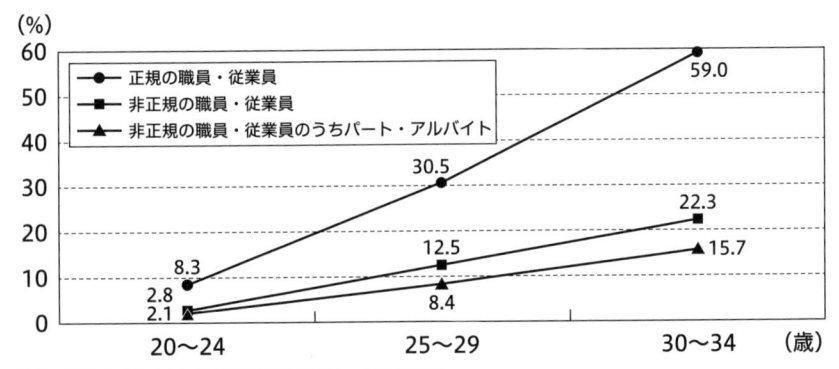

資料：総務省「平成 29 年就業構造基本調査」を基に作成。
注：数値は、未婚でない者の割合。

内閣府「令和元年版少子化社会対策白書」

【図 3-5】就労形態別配偶者のいる割合（男性）

います。そして独身でいる理由の上位は、「適当な相手にめぐり会わない」「自由さや気楽さを失いたくない」などになっています。図 3-5 を見ると、配偶者のいる割合は正社員と非正規雇用では大きな差が認められます。さらに年収別に男性の有配偶率を見ると、年収が高い人ほど結婚している傾向が見られます。結婚行動には考え方だけでなく、経済的事情ということが深く関与していることが見て取れます。

厚生労働省の 2021（令和 3）年の人口動態統計特殊報告の「『結婚期間が妊娠期間より短い出生』の数及び『嫡出第 1 子出生』に占める割合」、いわゆる「授かり婚」の比率をみると、平成 18 年までは増加傾向にあり、26.9% とピークを迎えますが、その後は減少しています。令和元年には 18.4% になりました。年齢別でみると、令和元年には「15 ～ 19 歳」で 8 割、「20 ～ 24 歳」で 6 割、「25 ～ 29 歳」で 2 割、30 歳以降で 1 割となっており、年齢層が若いほど高くなっています。このデータだけでは明確にはいえませんが、未婚化が進む状況の中で妊娠が結婚の契機になることはあるのでしょう。望んだ妊娠であるかどうか、10 代の数が多いことに留意する必要がありそうです。

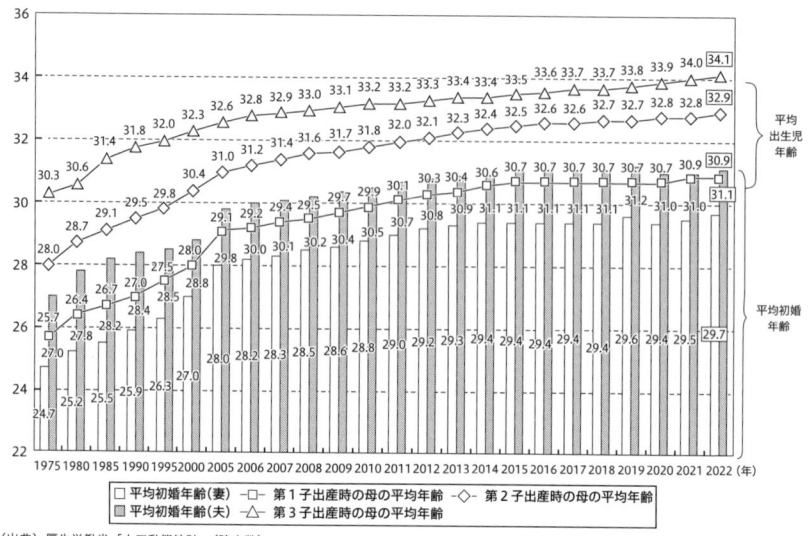

（出典）厚生労働省「人口動態統計」（確定数）
（注）「平均初婚年齢（妻）・（夫）」は、出典統計の「当該年に結婚生活に入り届け出たもの」の値で算出したもの。

こども家庭庁「令和6年版こども白書」

【図 3-6】平均初婚年齢と出生順位別出生児の母の平均年齢の年次推移

　次は、「こども白書」にある晩婚化についてのデータを見ましょう。初婚の妻の年齢別に婚姻件数の構成割合を 10 年ごとに比較すると、ピーク時の年齢が上昇するとともに、その年齢の占める割合が低下し、高い年齢の割合が上昇しています。また、年齢別に妻の初婚率を見ると、20 ～ 34 歳の各年齢階級で低下していますが、35 ～ 39 歳では上昇しています。

　さらに、平均初婚年齢を見ると、1975（昭和 50）年には夫は 27.0 歳、妻は 24.7 歳でしたが、その後上昇し続け、2022（令和 3）年には夫 31.1 歳、妻 29.7 歳で、夫妻ともにほぼ横ばい状態が続いています。

（3）地域コミュニティの崩壊と孤育て

　高度経済成長により、第 1 次産業である農業などに従事する地方から都市部への人口移動が増加し、都市化が急激に進みました。**都市化**が発達すると交通機関は発達し、経済優先の社会が進行すると豊かな自然環境や空き地な

ど地域の子どもの遊び場は減少しました。地域の中での人間関係のつながり が弱まり、かつてのように子育て経験者が若い親に子育ての知識を伝えたり、 他人の子どもを預かり合ったりという支え合いが消失しています。こうして、 子どもの成長を見守る「地域社会の眼差し」は減少していくことになります。

図3-7「児童のいる世帯の割合の推移」を見ると、2022(令和4)年に は18歳未満の児童のいない世帯が約81.7%になっています。子ども・子 育てにかかわりをもたず生活をしている人々がこれだけ多いという状況が、

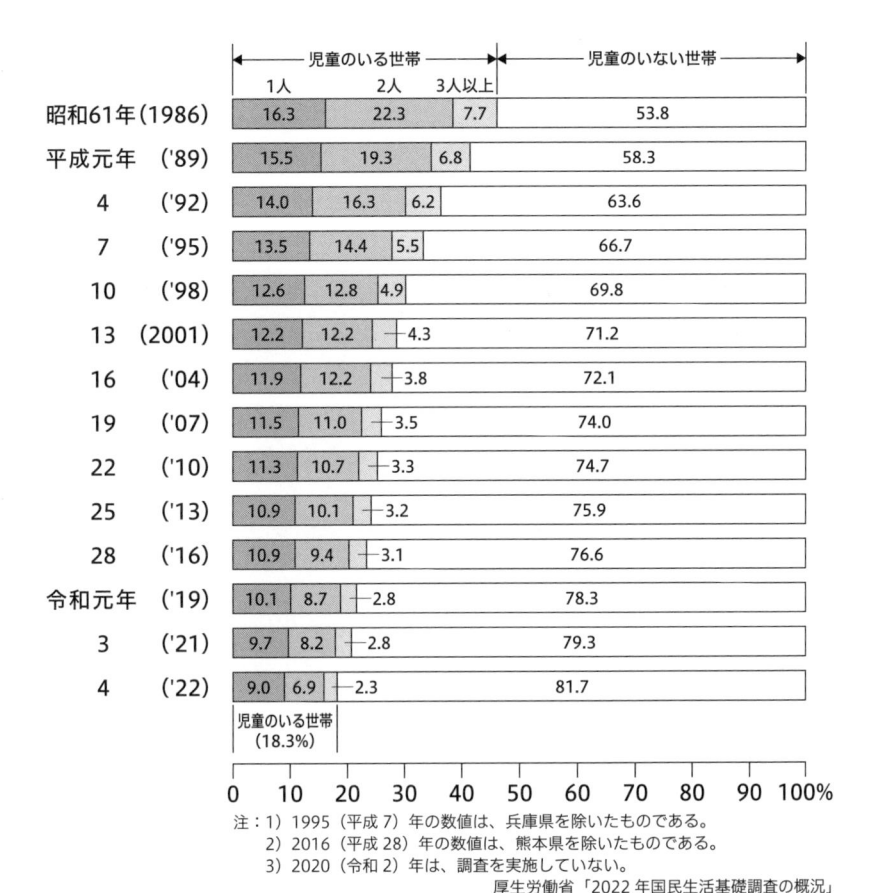

注：1)1995(平成7)年の数値は、兵庫県を除いたものである。
　　2)2016(平成28)年の数値は、熊本県を除いたものである。
　　3)2020(令和2)年は、調査を実施していない。
　　　　　　　　　　　厚生労働省「2022年国民生活基礎調査の概況」

【図3-7】児童のいる世帯の割合の推移

子育て支援への無理解・無関心を助長している背景になっているともいえるでしょう。その結果、地域住民により、保育所や児童相談所の建設反対運動が起こり、子どもの声を騒音と感じる人々が増加しています。子どもやその親に優しくない地域社会の中での子育ては、「孤育て」「個育て」とも呼ばれるようになりました。

　また、都市化により、三世代同居家族から**核家族**へと家族の形態にも変化が生じました。**地縁**や**血縁**というネットワークで支えられていた子育てという営みは、親だけに課せられる状況になってしまいました。

（4）子育て不安とママカースト

　孤立した子育ての中で多くの母親たちは、不安を感じています。子育て不安とは、「子どもの状態や育児のやり方などについて感じる漠然とした恐れを含む不安な感情や疲労感や焦り、イライラなどの精神状態を伴うもの」とされています。§1で見たように、インターネットが発展し、SNSがコミュニケーションツールという情報化・消費化社会の中では、瞬時に情報を入手しネットワークづくりができるようになった一方、子育てには新たな悩みも出現しています。LINEでの連絡にはタイミングの的確さが求められ、Facebookで知らなくてもよい相手の近況を知ることによる「つながり孤独」という現象もあります。また、「LINEハブられ」といういじめなど、学校というコミュニティがママ友関係にそのまま引き継がれているような状況があるとも聞きます。

　ママ友のコミュニティには**ママカースト制**という序列があり、不安で本音を安易に言えない状況があるといわれています。このランクづけには、住んでいるマンションの階数、子どもの習い事、センスのよいコーディネート（ファッション、手土産、インテリアなど）、ホームパーティでのおもてなしなど様々な基準があります。出自や経済的ランクだけで決まらないことが、かえってやっかいです。絶えず、自分を少しでもよく見せようという緊張関係の中での子育ては大変です。

　最後に、母親の不安を助長させる要因として**3歳児神話**を取りあげましょ

う。3歳児神話とは、「子どもは3歳までは、常時家庭において母親の手で育てないと、子どものその後の成長に悪影響を及ぼす」という考え方で、「母性」の果たす役割が過度に強調されています。1998（平成10）年には、「厚生白書」において「合理的根拠はない」と否定されているにもかかわらず、「母性神話」は根強く残っています。母親たちは、「母親は無条件に子どもを愛し、慈しむことができる、子どものためなら自己犠牲も当然である」という母親像と自分自身を比較し、そのようにできない自分自身を責めたり、罪悪感におそわれています。これからの保育や教育に携わる専門職は、子育てに関連する言説を注意深く、俯瞰的に捉えることが望まれます。

　また現代は、「**コスパ・合理性・スピード**」が重視される社会になっているという指摘があります。子育ての営みで大切とされる「ゆっくり、子どものペースを見守って」とまったく逆の価値観が優位になっています。このことが子育てをする親たちの困惑やストレスの源になってはいないか、注視する必要があると思います。

3．拡大する格差と貧困

（1）拡大する格差

　現代社会は格差と貧困という深刻な状況にあるといわれます。格差と貧困の症候は、所得、雇用、資産、住宅、教育、そして健康などあらゆる側面に現れています。深刻化を増し、**格差社会、ワーキングプア、下流社会、ネットカフェ難民**などの用語が日々生みだされています。

　この背景には、国家による福祉、公共サービスを縮小させ、大幅な規制緩和、市場原理主義を重視する**新自由主義**の導入があります。日本においては、1990年代後半以降、小泉政権の構造改革に代表される新自由主義的施策が進みました。**グローバリゼーション**という考え方も推進され、企業の国際競争力強化のためなどとして市場原理万能の規制緩和を行い、自由競争を促し、内需拡大と市場開放に役立てようとする動きが強まりました。「弱肉強食型」の政策ともいわれ、その結果、非正規雇用の割合が拡大し、特に若年層の不

安定な就労や低賃金が問題となっています。

　図 3-8 を見ると、政策の方向性と連動して平成 7（1995）年以降に非正規雇用の割合が高くなるのがわかります。安定した正規雇用と不安定な非正規雇用との待遇格差は非常に大きく、単なる経済的な問題にとどまらず、精神疾患や自殺、無年金や無保険といった生活のあらゆる領域を侵食することになります。毎日必死に働いているにもかかわらず、生活保護以下の賃金しか得られない「ワーキングプア」と呼ばれる層は増加しています。

（2）子どもの貧困

　子どもの貧困は、**格差社会**という構造が生みだしたものともいえるでしょう。日本の子どもの貧困率は 2021（令和 3）年は 11.5% で、主な先進国の中で悪い水準にあります。子どもの貧困率とは、貧困ラインを下回る世帯に属する 17 歳以下の子どもの割合を指します。日本の子どもの約 8 人に 1 人は貧困の中で育っているということになります。

　この状況を解決する施策として、2013（平成 25）年 6 月に「子どもの貧困対策の推進に関する法律」が成立し、翌 2014(平成 26) 年 1 月に施行されました。子どもの将来がその生まれ育った環境によって左右されることのないよう、貧困の状況にある子どもが健やかに育成される環境を整備するとともに、教育の機会均等を図ることを目的としています。さらに、2019（令和元）年 6 月に同法が改正されました。この法律では、子どもの「将来」だけでなく「現在」の生活等に向けても子どもの貧困対策を総合的に推進することなど、法律の目的・基本理念が充実された他、教育の支援については教育の機会均等が図られるべき趣旨が明確化されました。

　さらに、2020（令和 2）年に新型コロナウイルスの感染が全世界に広がり、経済活動が停止・停滞という状況に陥りました。この影響は子どもや女性などより弱い人々に大きなダメージを与えることとなりました。コロナ下における女性に対する DV（配偶者暴力）の相談件数は前年度の 1.5 倍となりました。パンデミックの状況の中で弱い立場の人々を守ることは今後の課題となるでしょう。

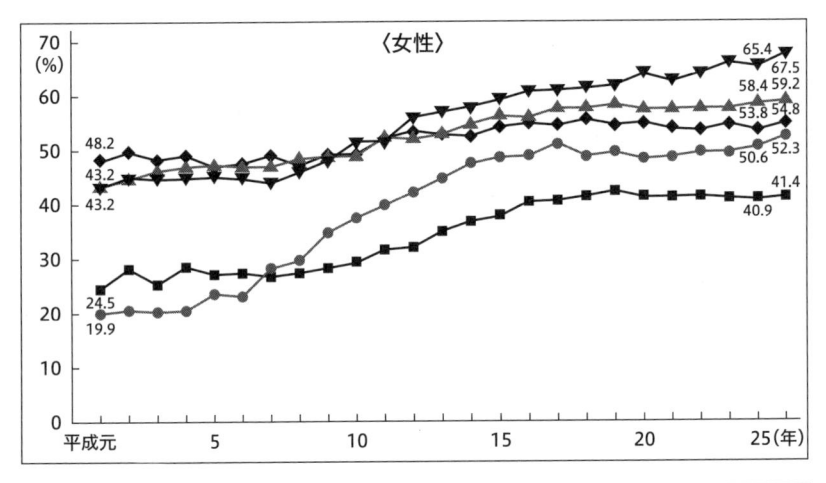

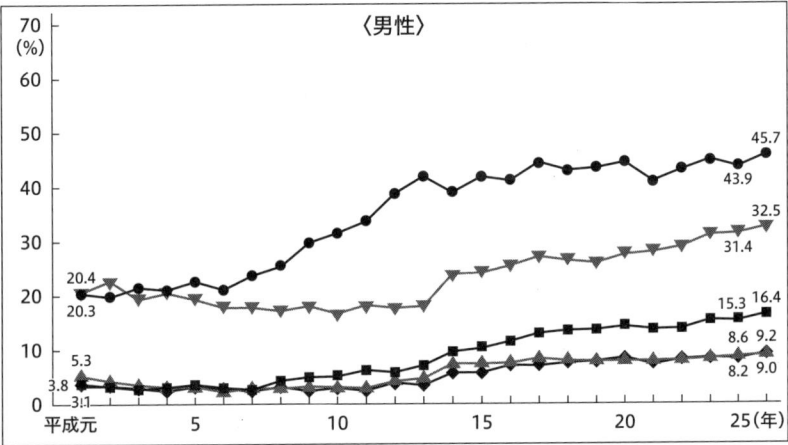

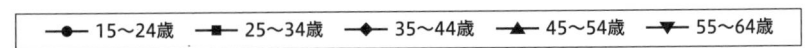

（備考） 1. 平成元年から13年までは総務庁「労働力調査特別調査」（各年2月）より、14年以降は総務省「労働力調査（詳細集計）」（年平均）より作成。「労働力調査特別調査」と「労働力調査（詳細集計）」とでは、調査方法、調査月等が相違することから、時系列比較には注意を要する。
2. 非正規雇用者の割合＝（非正規の職員・従業員）／（正規の職員・従業員＋非正規の職員・従業員）×100。
3. 平成23年のデータは、岩手県、宮城県及び福島県について総務省が補完的に推計した値を用いている。

内閣府「平成26年版男女共同参画白書」

【図3-8】男女別・年齢階級別非正規雇用

4．災害と社会福祉

　1995（平成7）年の阪神・淡路大震災、2011（平成23）年の東日本大震災、その他異常気象による大洪水など近年、多くの自然災害に見舞われています。「災害」は突然起こり、人間の命を奪い、家族や住居を失うなど生活を一変させます。人間の基本的な暮らしである衣食住、ガス・水道・電気などのライフラインを失うこともあります。これは社会福祉の価値である「人間の尊厳」を奪われている状態であり、ウェルビーイング（よりよく生きる）を目指して支援を構築することが求められます。

　先の2つの大震災の被災地では、行政や社会福祉協議会、ボランティアなど様々な組織や人々が復興支援にかかわってきました。社会福祉の専門職は、復興支援を「災害によって翻弄された人生の主導権を被災者に再獲得してもらう支援の総体」とし、実践しています。そこでは被災者の主体性や自己決定を大切にしています。

　また、被災者のニーズを3つのニーズに整理しています。1次的ニーズは生命、家屋、家族、友人を失う、怪我や障害を負う、仕事を失うなどです。2次的ニーズは避難所などでの生活で人間的・健康的でプライバシーが保護された生活環境を失うことです。3次的ニーズは被災への恐怖やショック、将来への不安、制限のある生活から心のバランスを崩すことです。それぞれの次元に応じた支援を構築することが求められます。

コラム

世界の同性婚の状況

　2001（平成13）年にオランダで世界で初めて同性婚が認められ、ヨーロッパ、南北アメリカ、オセアニアなど37の国・地域で同性婚が可能になっています。アジアでは、2019（令和元）年5月から台湾で同性婚ができるようになりました。同性婚および登録パートナーシップなど同性カップルの権利を保障する制度をもつ国・地域は世界中の約20%の国・地域に及んでいます（2023（令和5）年2月現在）。

　日本では、2015（平成27）年に東京の渋谷区と世田谷区で同性カップルを自治体が証明したり、宣誓を受けつけたりなどするようになりました。いわゆる「パートナーシップ制度」は、国が法律で認める「結婚」とはまったく違うものです。民法で定められる相続や扶養義務など法律上の義務や権利を行使することはできません。パートナーシップ制度を導入している自治体は、2024年度6月時点で458自治体であり、人口カバー率85.1%になっています。

　横浜市の例を見てみましょう。2019（令和元）年12月から「横浜市パートナーシップ宣誓制度」を実施しています。お互いを人生のパートナーとして、相互に協力し合う関係であることを宣誓した、性的少数者や事実婚の方に対して、横浜市が「パートナーシップ宣誓書受領証」および「パートナーシップ宣誓書受領証明カード（希望者のみ）」を交付しています。

　「パートナーシップ宣誓書受領証」を取得することによって、当事者にはどんなメリットがあるのでしょうか。この制度は自治体独自の施策であるため法的拘束力がありませんが、公的に認められることで、社会での生きづらさや不安感が軽減されるのが大きいといわれています。また、取り扱う企業によって差異はありますが、クレジットカードの家族カード発行や携帯電話の家族割が受けられる場合もあります。他にも、公営住宅への入居資格が得られるなど、受けられる官民のサービスもある程度広がる可能性があります。

　少数派といわれる人々を社会に包摂するのは、第2章のソーシャルワークの価

値で学んだ「インクルージョン」を実現することになります。社会的に弱い立場にある人々をも含め市民一人ひとりを排除や摩擦、孤立から援護し、地域社会の一員として支え合うことが当然の社会になる取り組みと考えられます。日本で「同性婚」が実現できるプロセスを注意深く見守っていきましょう。

第4章

社会福祉行政と実施体系

【 この章で学ぶこと 】

　本章では、まず日本の社会福祉の企画・立案などの主柱である国の機関である厚生労働省、その通知を受けて地方の行政機関である都道府県や市町村の役割について理解しましょう。次に専門行政機関である福祉事務所や児童相談所、更生相談所、婦人相談所について学びます。行政機関以外にも社会福祉協議会や地域を拠点とした地域包括支援センターやこども家庭センター等の相談機関が設置されています。最後に社会福祉の具体的サービスを提供する社会福祉施設の種類や入所・通所・利用などの形態について学びましょう。

§1　社会福祉の行政機関・組織

1．社会福祉の公的機関

社会福祉が国の役割として位置づけられたのは、第二次世界大戦以降となります。第2章で学んだように、それまでは民間の篤志家たちが私財を投じ、民間慈善事業として実施してきました。第二次世界大戦後に日本国憲法が制定され、それに基づき児童福祉法、老人福祉法など次々と福祉関連の法律が制定され、社会福祉実施体制が構築されてきました。公的機関としては、国と地方自治体に分けられます。その概要は図 4-1 を参照しましょう。

（1）国の行政機関

国のレベルでは、**厚生労働省**が社会福祉行政を所管しています。厚生労働省の各部局のうち、社会・援護局、老健局、雇用環境・均等局の3局が社会福祉に関する事務を担当しています。 また、2023（令和5年）にはこども家庭庁が内閣府外局に位置づけられた総理大臣直属の組織として創設されました。

1）厚生労働省
①社会・援護局
社会福祉法人制度、福祉に関する事務所、共同募金会、社会福祉事業に従事する人材の確保やボランティア活動の基盤整備など社会福祉の各分野に共通する基盤制度の企画や運営を行うとともに、生活保護制度の企画や運営、ホームレス対策、消費生活協同組合に対する指導など幅広く社会福祉の推進のための施策を行っています。また、先の大戦の戦没者の慰霊、その遺族や

厚生労働省「令和5年版 厚生労働白書 資料編」

【図4-1】社会福祉の実施体制

戦傷病者に対する医療や年金の支給などを行うとともに、中国残留邦人の帰国や定着自立の援護なども行っています。

②老健局

老健局は、これまでに例のない高齢社会を迎えるわが国において、高齢者が住み慣れた地域で安心して暮らし続けることができるよう、介護保険制度（介護を必要とする状態になっても、できる限り自宅や地域で自立した日常生活を営むことができるよう、必要な介護サービスを提供するしくみ）をはじめとする高齢者介護・福祉施策を推進しています。

③雇用環境・均等局

非正規雇用労働者の待遇の改善、**ワーク・ライフ・バランス**の推進等労働者が働きやすい職場環境の整備や、性別や働き方にかかわらず、誰もがその能力を十分に発揮し、仕事と家庭を両立させながら働くことができるようにするための男女雇用機会均等の確保、多様な働き方のニーズに対応した就業環境づくりを行っています。

さらに、厚生労働省の諮問機関として社会保障審議会が設置されています。統計分科会、医療分科会、福祉文化分科会、介護給付費分科会、年金記録訂正分科会、年金資金運用分科会の6つの分科会が設置されており、社会福祉・社会保障に関する事項を調査・審議しています。

2）こども家庭庁

2023（令和5）年こども家庭庁は子どもの視点で子どもを取り巻くあらゆる環境を視野に入れ、子どもの権利を保障し、子どもを誰一人取り残さず、健やかな成長を社会全体で後押しするために創設されました。設置に際して、それ以前に管轄であった厚生労働省の子ども家庭局が廃止されました。こども家庭庁は、長官をトップに、長官官房、成育局、支援局の1官房2局体制とされています。

①成育局

全ての子どもの健やかで安全・安心な成長に関する事務を担っています。

妊娠・出産の支援や子育て期にわたる母子保健および成育医療、就学前の全ての子どもの育ちの保障（就学前指針（仮称）の策定）認定こども園教育・保育要領、保育所保育指針の双方を文部科学省とともに策定、相談対応や情報提供の充実、放課後児童クラブや子ども食堂などの全ての子どもの様々な居場所づくり、性的搾取や子どもの事故防止など子どもの安全を守る取り組みなどを行います。

②支援局

困難を抱える子どもや若者、家庭が困難な状況から脱することができ、成育環境にかかわらず子どもが健やかに成長できるよう、子どもと家庭に対する、アウトリーチ型・伴走型の支援に関する事務を担います。

様々な困難を抱える子どもや家庭に対する年齢や制度の壁を克服した切れ目のない包括的支援、児童虐待防止対策の強化やいじめ及び不登校対策、里親やファミリーホーム等の社会的養護の充実及び自立支援、子どもの貧困対策やひとり親家庭の支援、共生社会の実現を目指した障害児支援、いじめ防止を担い文部科学省と連携して施策の推進を行います。

こども家庭庁の日本の子ども政策における土台（推進体制に関する基本方針）として、基本的な理念は以下の6つです。

1. こどもの視点、子育て当事者の視点に立った政策立案
2. 全てのこどもの健やかな成長、Well-being の向上
3. 誰一人取り残さず、抜け落ちることのない支援
4. こどもや家庭が抱える様々な複合する課題に対し、制度や組織による縦割りの壁、年齢の壁を克服した切れ目のない包括的な支援
5. 待ちの支援から、予防的な関わりを強化するとともに、必要な子ども・家庭に支援が確実に届くようプッシュ型支援、アウトリーチ型支援に転換
6. データ・統計を活用したエビデンスに基づく政策立案、PDCA サイクル（評価・改善）

（2）地方の行政機関

　地方の行政機関は、広域行政としての都道府県と基礎自治体である市町村に大きく分けられます。市町村には、**政令指定都市**と**中核市**があります。政令指定都市とは、「地方自治法」に基づき、政令で指定される人口50万人以上の市になります。1956（昭和31）年の創設時には五大都市と呼ばれる大阪、京都、神戸、名古屋、横浜の5市のみでしたが、2020（令和2）年には20市まで広がっています。政令市には「行政区」と呼ばれる区域があり、区役所が設置されています。県と同等の都市計画決定の権限をもつ他、児童相談所の設置や教職員の任免などの権限も認められ、道府県の仕事の8割程度を担っています。中核市とは、地方自治法に基づき、政令による指定を受けた人口20万人以上の市となります。中核市の指定と同時に保健所政令市としての指定も受けることになります。2023（令和5）年4月1日現在、62市が中核市に指定されています。

　また、東京都にある23の区のことを**特別区**といいます。特別区という名称は、戦後間もない1947年（昭和22）年に成立した地方自治法に「都の区は、これを特別区という」と定められたことに由来します。市町村と同様に、住民にもっとも近い基礎的な自治体です。前述したように、政令指定都市にも「区」という区域がありますが、異なる点は、特別区の場合、区長および区議会は選挙によって選ばれ、条例の制定や税の徴収という権限を有していることです。

　地方公共団体の社会福祉の公的機関には大きく分けて、施策や制度の運営を司る**管理運営部門**と、社会福祉の現場や窓口において直接住民と接しながら相談や援助などの福祉サービスを提供する**現業部門**があります。都道府県や指定都市の管理運営部門は、地方自治体によって名称が異なりますが、福祉局、民生部などが社会福祉法人の認可、監督や社会福祉施設の設置・認可、関係行政機関や市町村への指導を行っています。また、近年は医療・保健・福祉サービスの切れ目のない支援として、保健部と福祉部が統合された福祉保健局として設置されている自治体もあります。

　現業部門としては、福祉事務所、児童相談所、社会福祉施設などが設置さ

れ、社会福祉サービスを直接提供しています。実際の相談、申請、調査を一定の基準に照らし合わせて、サービスや現金給付等を行っています。現業部門の担当者をリプスキーは「ストリートレベルの官僚」と名づけ、政策を忠実に実行することと、個人のケースに適切に対応しなければならないという矛盾を抱えていると指摘しています。

　また、近年は地域を基盤とした福祉サービスを展開しており、地域包括支援センターやこども家庭センターが設置されています。p.69 − 70 で詳しく学びましょう。

２．社会福祉における審議機関

　行政が審議機関を置く目的は、議会制民主主義を補完する国民参加機関としての役割を担うことにあると考えられます。政治や行政のみで判断・決定することを避け、国民各層の利益を代表する事業者・生活者団体委員と、実務・学識経験者などのいわゆる公益委員により組織し、その声を反映することに意味があります。当該行政に関する重要な政策方針の策定にかかわり、特定の処分を下す際に意見の答申を行うことが主な機能になっています。

（１）国の審議会
　国においては、**社会保障審議会**が設置されています。2001（平成13）年の中央省庁再編に伴い、中央児童福祉審議会が「厚生労働省設置法」に基づき統合されました。社会保障審議会には領域毎の分科会が設置されており、主なものとしては、統計分科会、医療分科会、福祉文化分科会、介護給付費分科会、年金記録訂正分科会、年金資金運用分科会があります。また、審議会および分科会には部会を置くことができます。

（２）都道府県・指定都市の審議会
１）社会福祉審議会
　社会福祉審議会は、社会福祉法を根拠に都道府県・指定都市・中核市に設

置することとなっています。社会福祉に関する事項（児童福祉および精神障害者福祉に関する事項を除く）を調査審議するとともに、首長の諮問に応じて審議し行政に反映させる諮問機関です。議会議員、社会福祉事業従事者、学識経験者等で構成されています。それぞれの委員の専門的立場から、意見を聴取することで福祉行政の発展につなげていきます。

2）児童福祉審議会

児童福祉法に基づき、都道府県に児童福祉に関する審議会その他の合議制の機関を置くものとされています。主な審議内容は「児童、妊産婦及び知的障害者の福祉に関する事項を調査審議することができる」とされています。具体的には国、県、市町村以外の者が設置する児童福祉施設の認可に対する意見聴取や里親の認定に関する事項が取り扱われています。

3）精神保健福祉審議会

精神保健福祉審議会は、精神保健および精神障害者福祉に関する事項を調査審議することを目的に「精神保健及び精神障害者福祉に関する法律」第9条に基づいて設置されています。精神保健および精神障害者の福祉を取り巻く課題を協議し、当該行政の施策などに対する意見等を具申しています。最近では、「アルコール健康障害対策基本法」や「ギャンブル等依存症対策基本法」、国が示した「依存症対策総合支援事業」等をふまえた依存症対策の推進が求められ、具体的な推進策を検討する自治体もあります。

3．専門行政機関

（1）福祉事務所

福祉事務所は、社会福祉行政の中心となる機関です。**社会福祉法**によって都道府県（政令指定都市の区、特別区を含む）および市に設置が義務づけられています。また同法において福祉事務所はいわゆる福祉六法（生活保護法、児童福祉法、母子及び父子並びに寡婦福祉法、老人福祉法、身体障害者福祉法、

知的障害者福祉法）に定める援護、育成、または更生の措置に関する事務を行うものとされていますが、p.57 ページの図 4-1 を見ると都道府県と市町村の福祉事務所の役割には違いがあることがわかります。都道府県では主に福祉三法（生活保護法、児童福祉法、母子及び父子並びに寡婦福祉法）が中心であり、市町村ではそれ以外の福祉サービスの提供もしています。

　具体的に見ると、生活保護申請に対し必要な調査を行い、開始・却下の決定を行い、経済給付をしながら自立に向けての援助を行っており、それらは福祉事務所の業務の 6 割を占めるともいわれています。また、児童福祉法に規定される助産施設や母子生活支援施設への保護措置や保育所の入所事務、児童扶養手当、障害児福祉手当などについても担当しています。

（2）児童相談所

　児童相談所は、児童福祉行政の中心となる機関です。児童福祉法の規定により都道府県・指定都市に設置が義務づけられています。また、2004（平成 16）年の児童福祉法改正により、2006（平成 18）年 4 月からは中核市程度の人口規模 (30 万人以上) を有する市を念頭に、政令で指定する市（児童相談所設置市）も児童相談所を設置することができるとされています。さらに、2016（平成 28）年の児童福祉法改正により、2017（平成 29）年からは東京特別区（23 区）においても任意で設置することができるようになりました。

　児童相談所は、市町村と適切な役割分担・連携を図りつつ、子どもに関する家庭その他からの相談に応じ、子どもが有する問題または子どもの真のニーズ、子どもの置かれた環境の状況等を的確に捉え、個々の子どもや家庭にもっとも効果的な援助を行い、子どもの福祉を図るとともに、その権利を擁護することを主たる目的としています。立ち入り調査や家庭裁判所への親権喪失審判の請求などの法的強制力をもっていることは、他の相談機関には見られない児童相談所の特徴といえるでしょう。2004 年の児童福祉法改正により、市町村に児童家庭相談の第一義的窓口が位置づけられたことで、児童相談所の主たる役割が専門的知識および技術を必要とする事例や市町村の支

援を行うことになりました。

　相談の種類は子どもの福祉に関する各般の問題に渡りますが、大きくは養護相談、障害相談、非行相談、育成相談、その他（里親希望に関する相談、夫婦関係等についての相談、いじめ相談）に分類されています。

　児童相談所の業務は、通告のほか様々な形で相談を受けつけてから、調査、診断、判定を行い、一時保護、在宅指導、施設入所等の援助方針が決定されます。個々のケースの援助内容の決定は、受理会議、判定会議、臨時方針会議などで検討し、組織的になされています。

（3）身体障害者更生相談所

　身体障害者更生相談所は、身体障害者福祉法により都道府県に設置義務があります。18歳以上の身体障害者手帳の判定や補装具、更生医療等を適切に受けられるように、以下の業務を行っています。

- 身体障害者に関する専門的な知識および技術を必要とする相談および指導業務
- 身体障害者の医学的、心理学的および職能的判定並びに補装具の処方および適合判定業務
- 市町村が行う援護の実施に関し、市町村に対する専門的な技術的援助および助言、情報提供、市町村相互間の連絡調整、市町村職員に対する研修、その他必要な援助およびこれらに付随する業務
- 地域におけるリハビリテーションの推進に関する業務

　身体障害者更生相談所には、所長および事務職員の他、身体障害者福祉司、医師、理学療法士、作業療法士、義肢装具士、言語聴覚士、心理判定員、職能判定員、ケースワーカー、保健師または看護師等の専門的職員を配置することになっています。職能判定員については心理判定員と兼務すること、また作業療法士、義肢装具士、言語聴覚士についても更生相談所の業務に支障がない時は職務の共通する者について他の相談所、更生援護施設等と兼務す

ること等も差し支えないとしています。

（4）知的障害者更生相談所

　知的障害者更生相談所は、知的障害者福祉法により都道府県に設置義務があります。18歳以上の知的障害者の療育手帳の判定や医学的・心理学的・職能的判定を行っています。知的障害者更生相談所の業務は、知的障害者の福祉の向上を目的に、以下のとおり実施されています。

- 知的障害者に関する専門的な知識および技術を必要とする相談および指導業務
- 知的障害者の医学的、心理学的および職能的判定業務
- 市町村が行う援護の実施に関し、市町村に対する専門的な技術的援助および助言、情報提供、市町村相互間の連絡調整、市町村職員に対する研修、その他必要な援助ならびにこれらに付随する業務
- 地域生活支援の推進に関する業務

　知的障害者更生相談所には所長および事務職員の他、知的障害者福祉司、医師(精神科の診療に経験が深い者)、心理判定員、職能判定員、ケースワーカー、保健師または看護師、理学療法士、作業療法士等の専門的職員を配置することが定められています。この場合、職能判定員については心理判定員と兼務することも差し支えなく、また、その他の職員についても更生相談所の業務に支障がない時は職務の共通する者について他の相談所、援護施設等と兼務することも差し支えないとしています。

（5）婦人相談所

　婦人相談所は、**売春防止法**第34条に基づき、各都道府県に必ず1つ設置されている公的機関です。元々は売春を行うおそれのある女子の相談、指導、一時保護等を行う施設でしたが、現在は心身を傷つけられ、人権を侵害されるなど複雑で深刻化する現代の女性の様々な問題に対して、相談・保護・自

立支援など専門的支援を切れ目なく一貫して行うことを目的としています。

さらに、2001（平成13）年4月に成立した配偶者暴力防止法により、配偶者暴力相談支援センターの機能を担う施設の1つとして位置づけられました。なお、配偶者暴力相談支援センターが行う業務のうち、一時保護については婦人相談所が自ら行うか、婦人相談所から一定の基準を満たす者に委託して行うことができます。また、2013（平成25）年には「ストーカー行為等の規制等に関する法律」が改正され、ストーカー被害女性の支援を行うことが規定されました。

婦人相談所が行う支援は、パートナーなどから暴力を受けた女性や売春を強要された女性を含めた性暴力被害者など心身に加えて人としての尊厳や人権を侵害された人に対する支援であることから、その権利の回復と人権の尊重、安心・安全の確保に努めることを理念としています。

4．その他の機関

（1）社会福祉協議会

社会福祉協議会は、民間の社会福祉活動を推進することを目的とした営利を目的としない民間組織です。1951（昭和26）年に制定された社会福祉事業法（現在の社会福祉法）に基づき設置されています。

社会福祉協議会は、それぞれの都道府県、市区町村で、地域に暮らす住民が、社会福祉関係者や保健・医療・教育など関係機関との連携を通して、住み慣れた町で安心して生活することのできる「福祉のまちづくり」の実現を目指した様々な活動を行っています。例えば、各種の福祉サービスや相談活動、ボランティアや市民活動の支援、共同募金運動への協力など、全国的な取り組みから地域の特性に応じた活動まで、地域の福祉増進に取り組んでいます。社会福祉協議会には全国・都道府県・市区町村と3つの種類があります。

市区町村社会福祉協議会は地域住民にもっとも身近な場所で、高齢者や障害者の在宅生活を支援するために、ホームヘルプサービス（訪問介護）や配食サービスをはじめ、様々な福祉サービスを行っています。地域のボラン

ティアと協力し、高齢者や障害者、子育て中の親子が気軽に集える「サロン活動」を進めている他、社会福祉協議会のボランティアセンターではボランティア活動に関する相談や活動先の紹介、また、小中高校における福祉教育の支援等、地域の福祉活動の拠点としての役割を果たしています。

　都道府県社会福祉協議会（都道府県社協）は、県域での地域福祉の充実を目指した活動を行っています。認知症や知的障害、精神障害等によって自身の判断能力に不安のある方を対象に、福祉サービスの利用援助や日常的な金銭の管理等を行う「日常生活自立支援事業」を市区町村社会福祉協議会と連携して実施しています。また、経済的な支援を必要とする方々には、生活や就業等に必要な資金（生活福祉資金）を低利で貸しつけています。

　さらに、社会福祉分野の人材確保を目的として、都道府県ごとに1か所ずつ福祉人材センターが設置されています。福祉人材センターの支所の位置づけである福祉人材バンクは、2018（平成30）年に全国で30か所設置されています。福祉人材センターおよび福祉人材バンクでは、福祉分野に特化した無料職業紹介事業を中心として、福祉についての啓発活動や人材確保にかかわる調査研究、社会福祉事業従事者や従事しようとする方々への研修など、様々な事業を行っています。福祉人材の確保・育成については、行政や福祉施設・事業所、ハローワークなどの関係機関が連携しています。

（2）児童家庭支援センター

　児童家庭支援センターとは、1997（平成9）年の児童福祉法改正によって新たに制度化された子ども家庭福祉に関する地域の相談機関です。事業内容としては、以下の5点があげられます。

①児童に関する家庭その他からの相談のうち、専門的な知識および技術を必要とするものに応じる
②市町村の求めに応じ、技術的助言その他必要な援助を行う
③児童相談所において施設を退所後間もない児童等、継続的な指導措置が必要であると判断された児童およびその家庭への指導を行う

④里親およびファミリーホームからの相談に応ずる等、必要な支援を行う

⑤児童相談所、市町村、里親、児童福祉施設、要保護児童対策地域協議会、民生委員、学校等との連絡調整を行う

その他、社会的養護施設と地域とをつなぐソーシャルワーク拠点として、**子育て短期支援事業**の利用調整や市町村の実施する**乳幼児健診事業**の運営の支援、**要保護児童対策地域協議会**の機能強化や児童虐待防止に関する研修に協力等、各々のセンターが様々な地域ニーズに応じ多彩な地域支援事業を展開しています。p.191 の子ども家庭福祉に関する施設一覧も参照してください。

（3）精神保健福祉センター

　精神保健福祉センターは、精神保健及び精神障害者福祉に関する法律（精神保健福祉法）によって、精神保健の向上および精神障害者の福祉の増進を図るための機関として、各都道府県および政令指定都市に設置することが定められています。

　業務内容は、地域住民の精神的健康の保持増進、精神障害の予防、適切な精神医療の推進から、社会復帰の促進、自立と社会経済活動への参加の促進のための援助に至るまで、広範囲に渡っています。特に、精神保健および精神障害者福祉に関する相談および指導は、複雑または困難なものを行っており、心の健康相談から精神医療にかかわる相談、社会復帰相談をはじめ、アルコール、薬物、思春期、認知症等の特定相談を含め精神保健福祉全般の相談を実施しています。

（4）発達障害者支援センター

　発達障害者支援センターは、「発達障害者支援法」によって発達障害児・者への支援を総合的に行うことを目的として設置される専門的な機関です。都道府県・指定都市自らが運営を認めた社会福祉法人やNPO法人を、支援

センターとして指定することも可能です。具体的には、以下の4点を主たる
業務内容としています。

①発達障害の早期発見、早期の発達支援等に資するよう、発達障害者お
　よびその家族その他の関係者に対し、専門的に、その相談に応じ、また
　は情報の提供若しくは助言を行うこと

②発達障害者に対し、専門的な発達支援および就労の支援を行うこと

③医療、保健、福祉、教育、労働等に関する業務を行う関係機関および
　民間団体ならびにこれに従事する者に対し発達障害についての情報の提
　供および研修を行うこと

④発達障害に関して、医療、保健、福祉、教育、労働等に関する業務を
　行う関係機関および民間団体との連絡調整を行うこと

　2014（平成26）年に発達障害者支援センターの地域支援機能の強化とし
て、市町村・事業所等支援、医療機関との連携や困難ケースへの対応等につ
いて、地域の中核である発達障害者支援センターの地域支援機能の強化を図
り、支援体制の整備を推進することがあげられています。

（5）地域包括支援センター

　地域包括支援センターは、介護保険法に基づき、市町村が設置主体となり、
保健師・社会福祉士・主任介護支援専門員等を配置した3職種のチームアプ
ローチにより、住民の健康の保持および生活の安定のために必要な援助を行
い、その保健医療の向上および福祉の増進を包括的に支援することを目的と
する施設です（介護保険法第115条の46第1項）。自治体から委託され、
社会福祉法人や社会福祉協議会、民間企業などが運営しているケースもあり
ます。人口2～3万人の日常生活圏域（多くの場合、各中学校区域）を1つ
の地域包括支援センターが担当しています。

　主な業務は介護予防支援および包括的支援事業（介護予防ケアマネジメン
ト業務、総合相談支援業務、権利擁護業務、包括的・継続的ケアマネジメン
ト支援業務）で、制度横断的な連携ネットワークを構築して実施しています。

　高齢社会が進行し、2025（令和7）年以降は、医療や介護のニーズがさらに高まることが予想されています。この対応策として、厚生労働省は2025年に向け、高齢者の自立支援の目的のもと、可能な限り住み慣れた地域で暮らし続けることができるよう、地域の包括的な支援・サービス提供体制、**地域包括ケアシステム**の構築を推進しています。地域の高齢者を家庭だけでなく、地域住民で見守るという考え方の転換が求められています。地域包括ケアの中核機能として、具体的な取り組みは第9章の地域包括ケアシステム、および第12章で地域のネットワークにおいて学んでいきましょう。

（6）こども家庭センター

　こども家庭センターは2022（令和4）年に公布された「児童福祉法等の一部を改正する法律（令和6年4月施行）」において、市町村は「こども家庭センター」の設置に努めることとされました。従来の「子育て世代包括支援センター」と「市区町村子ども家庭総合支援拠点」が有してきた機能を引き続き活かしながら、一体的な組織として子育て家庭に対する相談支援を実施します。母子保健・児童福祉の両機能の連携・協働を深め、子育て困難を抱える家庭に対して、切れ目なく、漏れなく対応することを目指す施設です。

　具体的な役割としては、①妊産婦および乳幼児の健康保持・増進に関する包括的支援、②子どもとその家族（妊産婦を含む）の福祉に関する包括的支援を行います。個々の家庭の課題・ニーズに応えるために「家庭支援事業」を中心とする必要なサービスや地域資源を有機的に組み合わせ「サポートプラン」として必要な支援内容を組み立てていきます。「サポートプラン」に沿った支援が適切に提供されるよう関係機関のコーディネートを行い、変化する家庭の状況に応じた支援内容の見直し等を含めた継続的なマネジメントを実施します。

　こども家庭センターが中核となり、子育て家庭の困難を地域社会でしっかり支えていくことは、子どもたちが地域の中で幸せに暮らし続けることができる社会を作り、児童福祉法にある「児童養育優先原則」やパーマネンシー保障の理念を実現することにつながってゆくでしょう。

5．民間機関の参入

　1951（昭和 26）年の**社会福祉事業法**の制定から、社会福祉サービスが措置制度を中心に提供されてきました。措置制度では、行政が福祉サービスの対象者を選定し、福祉サービスの必要性や内容を判断し、適切な社会福祉事業者にサービスの提供を委託しました。またサービス提供の主体は、国、地方自治体、社会福祉法人の 3 主体が中心となり、社会福祉サービスを提供してきました。1990 年代以降、少子化・高齢化が急速に進展し、また障害者の自立意識の高まりなどから社会福祉の需要は増大し、多様化してきました。特に、高齢者介護については 1997（平成 9）年に介護保険制度が導入され、2000（平成 12）年に全面施行されました。

　介護保険制度の導入は、基本的枠組みであった措置制度から契約による利用契約制度への移行という変化をもたらしました。また子ども家庭福祉の分野でも 1997（平成 9）年の児童福祉法改正により保育所の入所における措置制度が廃止され、障害者福祉分野では 2003（平成 15）年 4 月の「支援費制度」の導入により、社会福祉サービスの利用のしくみは大きく変化しました。

　利用契約制度では、利用者に質の高い福祉サービスを提供し、その選択を保障するために、福祉サービスの種類と量の両方を増やす必要があります。社会福祉の様々な分野において、社会福祉サービスの種類を増やすとともに、供給量を増やす方法として、多様な主体の参入を可能とする指定事業者制度が導入されました。それまで行政によって管理されていた市場に競争原理を導入し、自然淘汰により結果としてサービスの質を向上させていくことを目指すこととなりました。従来、原則的に「国、地方公共団体または社会福祉法人」に限られていた第 1 種（施設福祉サービスなど）および第 2 種（在宅福祉サービスなど）のうち、第 2 種社会福祉事業が営利企業を含む民間組織に市場開放されることになりました。

§2　社会福祉施設の種類

１．社会福祉施設とは

　社会福祉施設は、老人、児童、心身障害者、生活困窮者等、社会生活を営む上で様々なサービスを必要としている者を援護・育成し、または更生のための各種治療訓練等を行い、これら要援護者の福祉増進を図ることを目的としています。社会福祉サービスの提供組織として、社会福祉施設は重要な役割を占めています。日常的な生活支援から職業訓練までの幅広いサービスを提供しており、入所・通所・利用などの形態があります。

　また、社会福祉施設および社会福祉事業とは、社会福祉法第2条を根拠とする社会福祉事業のことであり、第1種社会福祉事業と第2種社会福祉事業があります。特に、社会福祉法上では、第1種社会福祉事業を行う施設を指して社会福祉施設と定義・呼称しています。

２．施設の種類と形態

　社会福祉施設の種類は、社会福祉六法と関連法を根拠として位置づけられています。大別して、老人福祉施設、障害者支援施設、保護施設、婦人保護施設、児童福祉施設、その他の施設があります。次ページの表4-1に一覧をあげています。社会福祉の各分野に応じて福祉施設は設置され、社会福祉施設の形態は大きく分けて3つあります。

（１）入所施設
　衣食住という人間の生活基盤となる食事、睡眠、着替え、整容など、基本

【表 4-1】社会福祉施設の現状

施設の種類	施設名（施設数）
保護施設 （290）	救護施設（186）、更生施設（19）、医療保護施設（57）、授産施設（14）、宿所提供施設（14）
老人福祉施設 （5,158）	養護老人ホーム（932）（一般：880、盲：52）、軽費老人ホーム（2,239）（A型：188、B型：13、ケアハウス：2,038）、都市型軽費老人ホーム（91）、 老人福祉センター（1,896）
障害者支援施設等 （5,498）	障害者支援施設（2,575）、地域活動支援センター（2,794）、福祉ホーム（129）
身体障害者社会 参加支援施設 （315）	身体障害者福祉センター（153）（A型：38、B型：115）、障害者更生センター（4）、補装具製作施設（14）、盲導犬訓練施設（13）、点字図書館（71）、点字出版施設（10）、聴覚障害者情報提供施設（50）
婦人保護施設（47）	婦人保護施設（47）
児童福祉施設等 （46,997）	助産施設（382）、乳児院（145）、母子生活支援施設（204）、保育所等（30,358）、地域型保育事業所（7,392）、児童養護施設（610）、障害児入所施設（福祉型）（243）、障害児入所施設（医療型）（221）、児童発達支援センター（福祉型）（703）、児童発達支援センター（医療型）（91）、児童心理治療施設（51）、児童自立支援施設（58）、児童家庭支援センター（164）、児童館（4,301）（小型児童館：2,468、児童センター：1,707、大型児童館A型：15、大型児童館B型：3、大型児童館C型：一、その他の児童館：108）、児童遊園（2,074）
母子・父子福祉 施設（55）	母子・父子福祉センター（54）、母子・父子休養ホーム（1）
その他の社会福祉 施設等 （25,461）	授産施設（61）、盲人ホーム（18）、無料低額宿泊所（637）、隣保館（1,053）、へき地保健福祉館（36）、日常生活支援住居施設（122）、有料老人ホーム（23,534）

厚生労働省「令和 4 年社会福祉施設等調査の概況」より著者抜粋
※2024（令和 6）年の児童福祉法の改正により、児童発達支援センターは福祉型と医療型の区別が廃止されました。また同法によりこども家庭センター及び里親支援センターが位置付けられました。

的な生活習慣をサポートしています。代表的なものは以下となります。介護保険による入所施設は、特別養護老人ホーム、介護老人保健施設、介護療養

型医療施設、障害者自立支援法による入所施設は障害者支援施設、児童福祉法による入所施設は乳児院、母子生活支援施設、児童養護施設などがあります。

（2）通所施設

代表的なものは児童福祉分野では、保育所や児童発達支援センター、障害福祉分野では障害福祉サービス事業所です。高齢者福祉分野では、通所介護（デイサービス）、通所リハビリテーション（デイケア）を実施する施設があります。夜間を過ごす生活基盤は家庭や上記の入所施設などであり、日中の時間に通所するという形態となります。

（3）利用施設

契約や措置という手続きを必要とせず、自由に利用してより豊かな生活や余暇活動を提供する場所です。代表的なものは、子ども家庭福祉分野では児童館や児童遊園、地域子育て支援拠点、地域住民を対象とした**地域包括支援センター**などで開催される様々な事業です。

3．社会福祉施設の設置主体と運営

社会福祉施設の設置および運営には、国家や地方自治体などの公共団体だけでなく、民間の多様な主体が参入しています。社会福祉施設も社会福祉事業の1つです。**社会福祉事業**とは、社会福祉法第2条に定められている第1種社会福祉事業および第2種社会福祉事業をいいます。第1種社会福祉事業の施設としては、特別養護老人ホームや児童養護施設、障害者支援施設、救護施設があります。第2種社会福祉事業の施設としては、保育所、訪問事業、デイサービスなどがあります。第1種社会福祉事業は、利用者への影響が大きいため、経営安定を通じた利用者の保護の必要性が高い事業です。そのため原則として国、地方公共団体、社会福祉法人が経営主体であることが多くなります。

表4-2に経営主体別社会福祉施設の種類を示します。大別して国・地方

【表4-2】経営主体別社会福祉施設の種類

分　類	施設数（か所）	利用者定員（人）
総　数	1) 153,048	1) 2) 6,233,156
①経営主体分類 公　営 私　営	2)　15,614 2) 137,439	2)　876,176 2) 5,356,979
②年齢別分類 成人施設 児童施設	106,488 46,560	2) 3,113,060 3,120,096

資料：厚生労働省政策統括官付参事官付社会統計室「社会福祉施設等調査」（令和3年10月1日現在）及び「介護サービス施設・事業所調査」（令和3年10月1日現在）
（注）1）都道府県・指定都市・中核市が把握する施設について、活動中の施設を集計している。
　　　2）推計値を含んだ数値であり、単位未満を四捨五入しているため、内訳の合計が「総数」に合わない場合がある。

厚生労働省「令和5年版　厚生労働白書　資料編」

公共団体の公営と、社会福祉法人やその他の法人の私営があります。社会福祉施設の種別により違いはありますが、公営では市町村、私営では社会福祉法人が多くの施設の運営主体として経営している実情が見て取れます。

（1）社会福祉法人

　社会福祉法において、社会福祉法人とは、「社会福祉事業を行うことを目的として、この法律の定めるところにより設立された法人」と定義されています。

　社会福祉法人は、第1種社会福祉事業および第2種社会福祉事業の社会福祉事業の他、公益事業および収益事業を行うことができます。公益事業には子育て支援事業などがあります。

　社会福祉法人の設立には所轄庁による認可が必要です。社会福祉法人の所轄庁は、原則として法人の主たる事務所が所在する都道府県とされています。

（2）特定非営利活動法人（NPO法人）

　「特定非営利活動促進法」は、特定非営利活動を行う団体に法人格を付与

すること等により、ボランティア活動をはじめとする市民の自由な社会貢献活動としての特定非営利活動の健全な発展を促進することを目的として、1998（平成10）年に施行されました。法人格をもつことによって、法人の名のもとに取引等を行うことができるようになり、団体に対する信頼性が高まるというメリットが生じます。**NPO法人**が市民の身近な存在として、多様化する社会のニーズに応えていくことがますます期待されています。

（3）営利的な民間団体

　営利企業を中心とした市場原理に基づくサービスを供給する団体になります。株式会社をはじめ有限会社など多様な経営主体がありますが、利潤追求することを目的としている点が特徴です。

（4）その他

　社会福祉法人の他にも、監督や指導を通して法制的にも国や地方自治体との関係が深い医療法人、学校法人、宗教法人、公益社団法人などがあります。また、生活協同組合・農業協同組合などに代表される協同組合など会員や組合員のための共益を目的とした組織が運営する社会福祉事業もあります。

> コラム

たらい回しにならないために：ワンストップサービスとは

改正社会福祉法、来春施行　相談たらい回し解消へ　「断らない窓口」孤立防ぐ（東京新聞 TOKYO Web　2020年7月29日付）

　　高齢者、障害、子育て、生活困窮など分野で縦割りとなり、相談時に「たらい回し」されることもある福祉行政を変えようと、改正社会福祉法が来年4月に施行される。目玉は、どんな相談もワンストップで受ける「断らない」窓口の設置と、継続して寄り添う伴走型支援。市町村の任意事業だが、国は交付金を新設して後押しする方針だ。4年前、ワンストップ窓口を先駆けて設けた茨城県東海村の実践から意義や課題を考える。（五十住和樹）

東海村社会福祉協議会の分野を超えた支援体制

さまざまな生活課題を抱える住民

子育て　発達の遅れ　認知症　社会的孤立　障害者
ひきこもり　虐待　介護　生活困窮

新たな仕組み作り　連携

相談　　訪問相談

サービス提供　連携

総合相談窓口（断らない、ワンストップ）

支え合いコーディネーター

| 自治会 | 地域住民 |

| 学校 | 話し合いの場「絆まるっとプロジェクト」 | 民生委員 |
| 老人クラブ | | NPO法人 |

| ボランティア | 企業・商店 |

専門・関係機関のネットワーク

- 介護保険事業所
- ハローワーク
- 警察・法テラス
- 障害者支援事業所
- 自立相談支援事業所
- 子育て支援事業所など
- 賃貸住宅会社（住まい確保）
- 病院
- 福祉行政

「同居の五十代の息子について相談したい」

　二〇一八年、七十代の母親が民生委員に付き添われ、同村が一六年に社会福祉協議会に設けた総合相談窓口（ワンストップ窓口）を訪れた。世帯の収入は母親の年金だけ。息子は精神疾患があり、食事など日常生活や金銭管理は母親頼り。「自分が亡き後、無職の息子はどうしたらいいのか」という相談だった。

　対応した村社協のコミュニティーソーシャルワーカー（CSW）は、村障がい福祉課に連絡してグループホーム入所や就労支援などの検討を始めた。ところが一カ月後、母親が急死。CSW は息子に付き添って生活保護を申請し、自宅で暮らし続けたいとの息子の希望から、食事や洗濯など障害福祉の家事支援サービスを始めた。認知症や知的障害などがある人向けの「日常生活自立支援事業」による金銭管理も実施。よく買い物をするコンビニに見守りなどを頼み、息子は今も各種の福祉に支えられ暮らす。

　村社協の社会福祉士でこの仕組み作りを担当した古市こずえさん（39）は「生活保護や障害福祉など、それぞれの窓口に本人が行かないと始まらない旧来の態勢では、母が急死しても息子が SOS を出せず、遺体と暮らすような最悪の事態も考えられた」と振り返る。

　「どこの窓口が受けるか微妙な相談や『助けて』と言えない人への支援は課題だった」と古市さん。総合相談窓口は分野を問わず相談を受ける「相談支援包括化推進員」ら七人で担当。平日は毎日開き、相談者の自宅へ出向くこともある。

　村社協への相談件数は一五年度は六十六件だったが、総合相談窓口ができた一六年度は百五十八件に急増。「雨戸がずっと閉まった家がある」「あの家のおばあちゃんが心配」など、村などに寄せられた住民からの情報が総合窓口を通じて福祉サービスにつながった例もある。ひきこもりなど、本人や家族が相談に訪れにくいようなケースは、こちらからアプローチすることもある。（以下省略）

先生からのコメント ー ー ー ー ー ー ー ー

　「役所を訪れたのはいいけれど、適切な窓口になかなかたどり着けずイライ
ラ……」という話をよく耳にします。勇気をもって相談に行ったけれど「たら
い回し」にされただけで、何の解決もしないという経験は、何らかの生きづら
さを抱えた人をさらにパワーレス(力を奪う)にさせることになります。そして、
人生を生き抜く時に必要とされている、苦しい時や困っている時に助けを求め
る**援助希求**行動を失わせ、１人で問題を抱え込むことにつながります。先駆的
な茨城県東海村の実践をはじめ、多くの自治体で取り組みがスタートしていま
す。東京都八王子市では「八王子まるごとサポートセンター」を愛称「はちま
るサポート」として2021（令和３）年10月から市内各地に設置しています。
　はちまるサポートでは、地域福祉の専門職ではCSW（コミュニティソーシャ
ルワーカー）がどこに相談すればよいわからない「困りごと」を受け付けてい
ます。日本のすべての地域でワンストップサービスが実現するために私たちは
働きかけていく必要があります。

第 5 章

社会福祉と
社会保障の制度

【 この章で学ぶこと 】

　本章では、まず社会福祉と社会保障の全体像と関連について学びます。広義の社会福祉は社会保障を含め、人々の生活安定のための教育や経済保障、公共サービスなど広範なものを含み、狭義の社会福祉は社会福祉六法が中心となります。次に社会保障制度の中心である社会保険（医療保険・年金保険・雇用保険・労働者災害補償保険・介護保険）と社会手当について理解を深めましょう。さらに「最後のセーフティーネット」と呼ばれる公的扶助と生活保護制度について、その理念や実施体制およびその種類を詳しく学びます。その上でこの制度がもつ功罪についても考えてみましょう。

§1　社会福祉と社会保障

1. 広義の社会福祉における社会保障制度の位置づけ

　社会福祉とは何を意味するでしょうか。第2章§2で「社会福祉とは何か」を2つに整理して考えました。そこでは、①一般生活に「溶け込んだ」社会福祉、②一般生活から「区分された」社会福祉とに大別しました。前者は自分が利用したことがある、あるいは利用する可能性が高いもので、皆保険・皆年金や介護保険サービス、保育所サービスなどを指し、後者は自分はそうなる可能性は低いが、あの人たちは支援が必要だというような一種の「区分」のイメージである貧困家庭の生活保護や障害状態にある人々への生活保障などがあげられます。

　ここでは、法律や制度を基に社会福祉を考えてみましょう。社会福祉という言葉が法律で用いられたのは日本国憲法第25条第2項で、「国は、すべての生活部面について、社会福祉、社会保障及び公衆衛生の向上及び増進に努めなければならない」と記されています。第1項では「すべて国民は、健康で文化的な最低限度の生活を営む権利を有する」と国民の生存権を認め、国はそれを保障する義務があると位置づけています。日本国憲法や社会保障制度審議会が発表した「社会保障制度に関する勧告」(1950(昭和25)年)では、社会福祉と社会保障を分けて記していますが、社会福祉を広義と狭義に分ける考え方も広く認められています。

　広義の社会福祉は社会保障を含め、人々の社会生活安定のための社会サービス全体を指しています。つまり、教育、住宅、医療、経済保障、公共サービスなどが含まれ、図5-1で示すとおり広範なものになります。これを広義の社会福祉と呼びます。一方、狭義の社会福祉とは、貧困や虐待や障害な

ど特別なニーズや生活課題を抱える人々への援助と考えられます。先の一般
生活から「区分された」社会福祉と捉えることもできるでしょう。

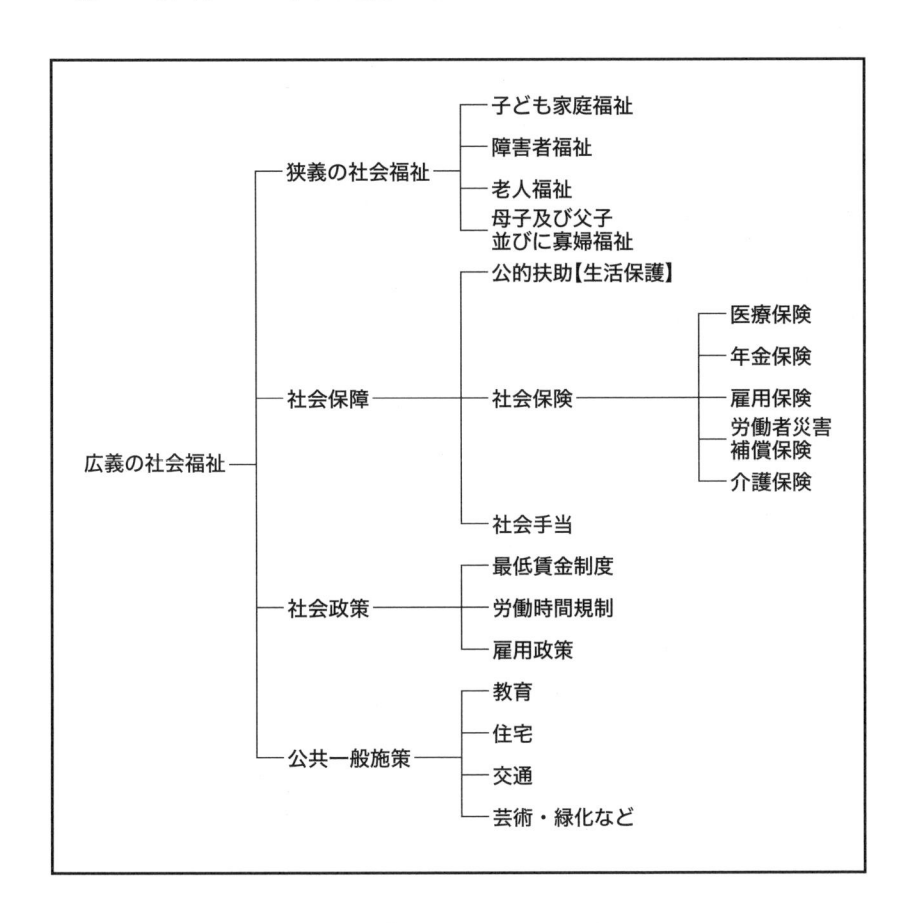

【図 5-1】社会福祉と社会保障

2．社会福祉の財源

　社会福祉を施策として具体的な福祉サービスを展開するためには費用が必要となります。財源としては、税方式、社会保険方式、利用者負担に分類されます。国家予算全体に社会保障費が占める割合は、2020（令和2）年度においては34.9%になっています。

（1）税方式

　税方式とは、もっぱら租税を財源にして給付を行うしくみです。国や地方公共団体の施策として、国民や住民に対して現金または現物（主にサービス）の提供が行われます。その典型は公的扶助としての生活保護制度ですが、その他に児童福祉、障害者福祉といった社会福祉制度も含まれています。

（2）社会保険方式

　社会保険の財源は保険料が中心です。保険料は、被用者保険では被保険者（被用者）本人のみならず、被保険者の職場の事業主も負担するのが原則となっています。また、社会保険制度の財源には、保険料以外にも国庫負担金等があります。医療保険や介護保険の場合は、給付を受ける本人がかかった費用の一部を支払う「一部負担金（利用者負担）」もあります。応能負担の見地から、低所得者を対象に保険料を軽減・免除するために国や地方公共団体も費用の一部を負担しています。

　そして、日本の公的年金制度（厚生年金保険および国民年金等）は、サラリーマン、自営業者などの現役世代が保険料を支払い、その保険料を財源として高齢者世代に年金を給付するという賦課方式による「世代間扶養」のしくみとなっています。

（3）利用者負担

　社会福祉サービス、社会保険を利用する際には、利用者がその一部を負担することがあります。介護保険の場合ですと負担割合は原則1割ですが、一

定以上の所得のある人の負担割合については所得に応じて2割または3割となります。障害福祉サービスを利用した場合は、原則としてサービスの提供に要した費用の1割を負担することになります。また、施設入所や日中活動サービスに伴う光熱水費等の実費や食費については、在宅で生活する人との公平を図るため、自己負担となります。

§2　狭義の社会福祉制度

　狭義の社会福祉とはいわゆる社会福祉六法といわれるもので、生活保護法、児童福祉法、身体障害者福祉法、知的障害者福祉法、老人福祉法、母子及び父子並びに寡婦福祉法になります。加えて1995（平成7）年に「精神保健及び精神障害者福祉に関する法律（精神保健福祉法）」に法律名が改められた精神障害者を対象とした法律も、狭義の社会福祉制度とも考えられるでしょう。

Ⅰ. 狭義の社会福祉の法体系　ー社会福祉六法を中心に

（Ⅰ）社会福祉法

　社会福祉法は、社会福祉を目的とする事業の全分野に共通する基本事項を定めています。戦後、1951（昭和26）年に日本の社会福祉の根幹として成立した社会福祉事業法を改正し、2000（平成12）年に法律名を社会福祉法と改めました。社会福祉を目的とする他の法律と相まって、福祉サービスの利用者の利益保護と地域福祉の推進を図ること、さらに社会福祉事業の適正な実施の確保等をとおして社会福祉の増進に資することを目的としています。

　この法律では、社会福祉事業を第1種社会福祉事業と第2種社会福祉事業に大別し、実施できる事業を規定しています。第1種事業を行えるのは、政府機関、社会福祉法人、それに類するとされる機関（日本赤十字社など）に限られています。第2種事業は、都道府県知事への届出で誰でも行うことができます。福祉サービスの質を守り、利用者の保護を行うことの根幹となる法律ですので、第11章で学ぶ利用者の権利擁護と苦情解決とも深い関係にあります。

（2）生活保護法

　生活保護法は、「健康で文化的な最低限度の生活を営む権利」を明記した憲法第25条の「生存権規定」を受けています。貧困状態におちいっていれば、無差別平等に最低限度の生活が保障されるとともに、「自立」に向けた支援が提供されます。詳しくは本章の§6で学びましょう。

（3）児童福祉法

　子どもの権利について国や地方自治体の公的責任を承認し、法の適用範囲も全児童に拡大する画期的な理念を有しています。2016（平成28）年改正で保護者の責任が強化されています。2023（令和5）年にこども家庭庁が創設されたことをふまえ、子育て世帯に対する包括的な支援体制強化のために2024（令和6）年に大きく改正されました。改正の概要は、要保護児童等への包括的かつ計画的な支援の実施を市町村業務に追加、児童福祉及び母子保健に関し包括的な支援を行うこども家庭センターの設置の努力義務化、子ども家庭福祉分野の認定資格創設、市区町村における子育て家庭への支援の充実等となります。詳しくは第8章の§3で学びましょう。

（4）身体障害者福祉法

　身体障害者の自立と社会経済活動への参加を促進するため、身体障害者を援助し、および必要に応じて保護し、もって身体障害者の福祉の増進を図ることを目的としています。また自立の努力として、身体障害者は自ら進んで

その障害を克服し、その有する能力を活用することにより、社会経済活動に参加することができるように努めなければならないことが示されています。一方、社会環境側の課題として、機会の確保の重要性について「すべて身体障害者は、社会を構成する一員として社会、経済、文化その他あらゆる分野の活動に参加する機会を与えられるものとする」と明示しています。

　この法律において、身体障害者を18歳以上の者であって、①視覚障害、②聴覚または平衡機能の障害、③音声機能、言語機能またはそしゃく機能の障害、④肢体不自由、⑤内部障害があり、都道府県知事から身体障害者手帳の交付を受けた者、と定義しています。

（5）知的障害者福祉法

　障害者自立支援法と相まって、知的障害者の自立と社会経済活動への参加を促進するため、知的障害者を援助するとともに必要な保護を行い、もって知的障害者の福祉を図ることを目的としています。身体障害者福祉法と同様に自立の努力として、その有する能力を活用することにより、進んで社会経済活動に参加するよう努めなければならないこと、参加の機会が確保されることが明示されています。

（6）老人福祉法

　老人福祉法が施行されたのは1963（昭和38）年です。その目的は老人の福祉に関する原理を明らかにするとともに、老人に対し、その心身の健康の保持および生活の安定のために必要な措置を講じ、もって老人の福祉を図ることとしています。また、基本的理念として「老人は、多年にわたり社会の進展に寄与してきた者として、かつ、豊富な知識と経験を有する者として敬愛されるとともに、生きがいを持てる健全で安らかな生活を保障されるものとする」を明確に示していることに注目する必要があります。身体障害者福祉法、知的障害者福祉法と同様に社会的活動に参加する努力と参加の機会の確保の重要性について述べています。また、老人を保護する対象ではなく、知識と経験を活用し、希望と能力に応じて適当な仕事に従事する機会を与え

られるべきとしています。

　2000（平成12）年に介護保険法が施行されてから、老人福祉法で規定される老人福祉施設・サービスを利用する手続きが変更されました。原則介護保険制度が適用され、利用者と事業者との直接契約となりました。しかし、虐待を受けているなどの理由で緊急で施設への入所が必要であると判断された場合、老人福祉法に基づく市区町村の措置によって老人ホームへの入所が行われます。

（7）母子及び父子並びに寡婦福祉法

　この法律の目的は、母子家庭等および寡婦の福祉に関する原理を明らかにするとともに、母子家庭等および寡婦に対し、その生活の安定と向上のために必要な措置を講じ、もって母子家庭等および寡婦の福祉を図ることにあります。基本理念として、すべて母子家庭等には、児童が、その置かれている環境に拘らず、心身ともに健やかに育成されるために必要な諸条件と、その母子家庭の母および父子家庭の父の健康で文化的な生活とが保障されるものとしています。また、法の対象には夫と離死別し、児童を扶養していたことのある独身の女性である「寡婦」も含まれています。2014（平成26）年になってようやく法の対象を父子家庭まで拡大し、法の名称が母子及び寡婦福祉法から現行に改正されています。

（8）精神保健福祉法

　この法律の目的は、主に3つに整理できます。①精神障害者の医療および保護を行い、その社会復帰の促進およびその自立と社会経済活動への参加の促進のために必要な援助を行うこと、②国民の精神的健康の保持および増進に努めることによって国民の精神保健の向上を図ること、③精神障害の発生の予防を図ること、と理解するとよいでしょう。精神障害の状態でない国民を対象にし、その予防についても言及していることに注目しましょう。この法律で「精神障害者」とは、統合失調症、精神作用物質による急性中毒またはその依存症、知的障害、精神病質その他の精神疾患を有する者と定義され

ています。

2．その他の法制度

　社会福祉六法に関連する法律としては、障害福祉の分野では障害者総合支援法や発達障害者支援法があります。老人福祉分野では介護保険法、児童福祉分野では「子ども・子育て支援法」などがあります。それぞれの詳細は、第7章の共生社会の実現と障害者施策、第9章の少子高齢社会と子育て支援で学びましょう。

§3　社会保障制度の概要

　社会保障とは、一般的に、「国民の生活の安定が損なわれた場合に、国民にすこやかで安心できる生活を保障することを目的として、公的責任で生活を支える給付を行うもの」と理解してよいでしょう。厚生労働省は社会保障には4つの機能があるとしています。

①社会的セーフティネット

　病気や負傷、介護、失業や稼得能力を喪失した高齢期、不測の事故による障害など、生活の安定を損なう様々な事態に対して、生活の安定を図り、安心をもたらすための社会的な安全装置の機能

②所得再分配

　市場経済の成り行きだけにまかせていては所得分配における社会的公正が確保されない状態に対して、所得を個人や世帯の間で移転させること

により、所得格差を縮小したり、低所得者の生活の安定を図ったりする
機能

③リスク分散

疾病や事故、失業などは、個人の力のみでは対応し難い生活上の不確実、
危険に対して、社会全体でリスクに対応するしくみをつくることにより、
実際にリスクにおちいったときに、資金の提供等を通じてリスクがもた
らす影響を極力小さくする機能

④社会の安定および経済の安定・成長

生活に安心感を与えたり、所得格差を解消したりすることから社会や政
治を安定化させること。あるいはこうした社会保障給付を通じて、景気
変動を緩和する経済安定化機能や経済成長を支えていく機能

社会保障の主なものとしては、社会保険と公的扶助、社会手当があります。

Ⅰ．社会保険

社会保険は、人生の様々なリスクに備えて人々があらかじめ保険料を出し
合い、実際にリスクに遭遇した人に必要なお金やサービスを支給するしくみ
です。人生の途上で遭遇する様々な危険、例えば傷病や労働災害、退職や失
業による経済的な困窮などは、誰しもに起こりえます。これらのリスクに備
えて保険集団をつくり、保険料を支払っています。保険集団には様々なもの
がありますが、事前に雇用者もしくは雇用主あるいは両者が社会的供出をす
ることによって、保険によるカバーを受けるしくみもあります。

どのような保険事故に対し、どのような単位で保険集団を構成し、どのよ
うな給付を行うかは様々ですが、公的な社会保険制度では法律等によって国
民に加入が義務付けられるとともに、給付と負担の内容が決められています。
日本の社会保険には、病気・けがに備える「医療保険」、歳を取った時や障
害を負った時などに年金を支給する「年金保険」、仕事上の病気、けがや失
業に備える「労働保険」（労災保険・雇用保険）、加齢に伴い介護が必要になっ

た時の「介護保険」があります。

（1）医療保険

国民すべてが公的な医療保険に加入し、病気やけがをした場合に「誰でも」「どこでも」「いつでも」保険を使って医療を受けることができます。これを**国民皆保険**といいます。社会全体でリスクをシェアすることで、患者が支払う医療費の自己負担額が軽減され、国民に対して良質かつ高度な医療を受ける機会を平等に保障するしくみとなっています。

（2）年金保険

老後の生活保障については、日本では、自営業者や無業者を含め国民すべてが国民年金制度に加入し、基礎年金の給付を受けるというしくみになっています。これを**国民皆年金**といいます。基礎年金は、老後生活に必要な収入の基礎的部分を保障するため、全国民共通の現金給付を支給するものであり、その費用については国民全体で公平に負担するしくみとなっています。こうした国民皆年金制度を実現することにより、社会全体で老後の生活を支えています。

本章§1で学んだように、日本では**賦課方式**で費用を負担していますが、**積立方式**という方法もあります。賦課方式は、年金支給のために必要な財源をその時々の保険料収入から用意する方式です。現役世代から年金受給世代への仕送りに近いイメージです。積立方式は、将来自分が年金を受給する時に必要となる財源を現役時代の間に積み立てておく方式です。どちらの方式がよいか議論されています。

また、年金には第1号被保険者から第3号被保険者までの分類があります。

- **第1号被保険者**
  日本国内に在住の20歳以上60歳未満の自営業者、農業・漁業者、学生および無職の方とその配偶者
- **第2号被保険者**

退職給付・個人資産形成

○退職給付・個人の資産形成という視点でみれば、企業年金・個人年金制度のほか、様々な仕組みがある。

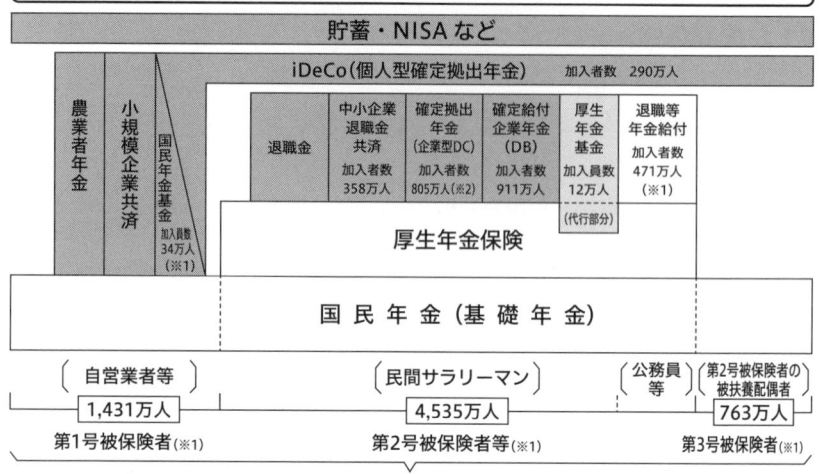

（数値は、2023（令和5）年3月末時点）

※1　2022（令和4）年3月末時点の数値である。

※2　企業型DCの加入者数は、速報値である。

※3　第2号被保険者等とは、厚生年金保険者のことをいう（第2号被保険者のほか、65歳以上で老齢、または、退職を支給事由とする年金給付の受給権を有する者を含む）。

厚生労働省「私的年金制度（企業年金・個人年金）の現状等」令和5年

第1号被保険者	第2号被保険者	第3号被保険者
○20歳以上60歳未満の自営業者、農業者、無業者等	○民間サラリーマン、公務員	○民間サラリーマン、公務員に扶養される配偶者
○保険料は定額 • 平成29年4月現在月16,490円 • 平成17年4月から毎年280円引き上げ、平成29年度以降16,900円（平成16年度価格）で固定 ※毎年度の保険料額や引上げ幅は、物価や賃金の動向に応じて変動。	○保険料は報酬額に比例 • 平成28年9月現在18.182% • 平成16年10月から毎年0.354%引き上げ、平成29年9月以降18.30%で固定 ○労使折半で保険料を負担	○被保険者本人は負担を要しない ○配偶者の加入している厚生年金制度が負担

厚生労働省「平成29年版厚生労働白書　資料編」

【図5-2】年金制度の概要

厚生年金保険や共済組合等に加入している会社員や公務員

- **第3号被保険者**
  第2号被保険者に扶養されている配偶者で、原則として年収が130万円未満の20歳以上60歳未満の者

（3）雇用保険

　失業した場合には、**雇用保険**により**失業等給付**を受給でき、生活の安定が図られています。また、職業と家庭の両立支援策等は子育てや家族の介護が必要な人々が就業を継続することに寄与することで、その生活を保障し安心をもたらしています。　子どもを養育するために休業した労働者の生活および雇用の安定を図るための給付として「育児休業給付」や、家族の介護のために休業した場合の賃金保障として「介護休業給付」があります。他にも、事業として雇用安定事業や能力開発事業を行っています。雇用安定事業の一例では、若者や子育て女性に対する就労支援としてジョブカフェ、マザーズハローワーク等における職業紹介などを実施しています。

（4）労働者災害補償保険

　業務上の傷病等を負った場合には、自己負担なしで医療機関を受診することができます。その療養のために休業している期間の賃金の補償がなされます。また、障害を受けた場合の**障害補償**、介護の必要が生じた場合の**介護補償**、死亡した場合の**遺族補償**もあります。

（5）介護保険

　高齢化の進展に伴い、要介護高齢者は増加し介護ニーズはますます増大しています。一方、核家族化の進行など、要介護高齢者を支えてきた家族をめぐる状況も変化してきたことを背景に高齢者の介護を社会全体で支え合うしくみを創設し、2000（平成12）年に介護保険法が施行されました。詳しくは第9章§2で学びましょう。

　このような社会保障の機能により、わたしたちはライフステージにおけるリスクや社会生活を営む上での危険を恐れずに日常生活を送ることができるとともに、人それぞれの様々な目標に挑むことができるといえるでしょう。

2．社会手当

　社会手当とは**無拠出型**であり、年金のように保険料を納めなくても受け取ることができる金銭給付を指しています。ただし、所得制限があるものと、そうでないものに分かれています。社会手当としては、以下の児童手当、児童扶養手当、特別児童扶養手当、特別障害者手当、障害児福祉手当などがあります。

（1）児童手当
　子ども・子育て支援の適切な実施を図るため、家庭等における生活の安定に寄与するとともに、次代の社会を担う児童の健やかな成長に資することを目的とし、0歳から高等学校卒業までの児童を養育している方に支給されます。

（2）児童扶養手当
　父または母と生計を同じくしていない児童が育成される家庭の生活の安定と自立の促進に寄与するため、当該児童について児童扶養手当を支給します。

（3）特別児童扶養手当
　特別児童扶養手当等の支給に関する法律に基づき、20歳未満で精神または身体に中程度以上の障害を有する児童を家庭で監護・養育している父母等に対して支給される手当です。

（4）特別障害者手当等支給制度
　1）特別障害者手当

　在宅の 20 歳以上の重度障害者に対し、その障害による特別の負担に着目し、その負担の軽減を図る一助として支給するものです。

2）障害児福祉手当

　20 歳未満の在宅における重度障害児に対し、その障害のため必要となる精神的、物質的な特別の負担の軽減の一助として手当を支給することにより重度障害児の福祉の向上を図る目的があります。

§4　社会政策の概要

　社会保障は人生におけるリスクが具体的に起こった際に給付されるしくみだとすると、社会政策はリスクを予防するためにつくられたルールと捉えると理解しやすいでしょう。ここでは労働に関連する社会政策を中心に学んでいくこととします。

　労働に関する法律として、1947（昭和 22）年に制定された「労働基準法」があります。従業員を雇用する会社が守らなくてはいけない最低限の労働条件を定めた法律です。この法律では、賃金や労働時間、休暇等について一定のルールを定め、これに違反した企業には罰則を与えることで、従業員の権利を保護しています。

Ｉ．最低賃金

　1959（昭和 34）年に制定された「最低賃金法」では、賃金の低廉な労働者について、賃金の最低額を保障することにより、労働条件の改善を図り、労働者の生活の安定とともに、国民経済の健全な発展に寄与することを目

的としています。2023（令和5）年10月時点での地域別最低賃金は、最高額は東京都の1,113円、次いで神奈川県の1,112円、最低額は岩手県の893円となっています。

2．労働時間規制

　労働基準法は、法定の労働時間、休憩、休日について定めています。会社や雇用主は、労働者に原則として1日に8時間、1週間に40時間を超えて労働させることを禁止しています。また、労働時間が1日に6時間を超える場合は45分以上、8時間を超える場合は1時間以上の休憩を与えることが定められています。時間外労働については月45時間、年360時間を原則としています。休日については、少なくとも毎週1日の休日か、4週間を通じて4日以上の休日を与える必要があります。

3．雇用政策

　国は、若者、女性、高齢者、障害者など働く意欲のあるすべての人々が、能力を発揮し、安心して働き、安定した生活を送ることができる社会の実現を目指し、様々な雇用対策の施策を打ちだしています。就職を希望しながらも未就職のままでの卒業や、大卒者の3割、高卒者の4割が卒業後3年以内で離職している状況に鑑み、若年者雇用対策として「新卒応援ハローワーク」を設置しています。

　2020（令和2）年に起きた新型コロナウイルスの感染影響により、雇用状況は激変しました。事業が継続できず倒産したり、事業を縮小し従業員に休業を求めるケースも多くありました。そのような事態に対し、従業員の雇用維持を図るために休業手当などの一部を助成する「雇用調整助成金」という制度がスタートしました。

　2023（令和5）年から人手不足への対応が急務となり短時間労働者（パート・アルバイト等）が「年収の壁」を意識せずに働くことができる環境づく

りを支援しています。

§5　公共一般施策

　これまで解説してきた狭義の社会福祉、社会保障、社会政策以外にも、人間が暮らし生きていくためには様々な環境整備が必要となります。成長・発達の過程では、すべての子どもに**義務教育**が権利として保障されています。幼児教育、高等教育を含め文部科学省が所管し、様々な整備をしています。

　また、生活の基盤としては、安全・安心な「衣食住」が何より重要です。**食の安全基準**をつくり、地方公共団体が安価な住宅供給をしています。移動のためには**公共交通機関**の整備も欠かせません。さらに、余暇の充実として公園や遊歩道の整備、博物館や美術館の運営などを国や地方公共団体が行っています。皆さんも社会福祉を広義として捉えると、これまでの人生において多くの恩恵を受けてきたのではないでしょうか。

§6　公的扶助（低所得者の福祉）

Ⅰ．公的扶助と生活保護制度

　日本における公的扶助の主要な制度は生活保護制度となります。生活保護法は社会福祉の理念の根幹ともいえる日本国憲法第25条の以下の「生存権規定」を受けています。

第25条

1　すべて国民は、健康で文化的な最低限度の生活を営む権利を有する。

2　国は、すべての生活部面について、社会福祉、社会保障及び公衆衛生の向上及び増進に努めなければならない。

「日本国憲法」

　この理念に基づき、国が生活に困窮するすべての国民に対し、その困窮の程度に応じ必要な保護を行い、その最低限度の生活を保障するとともに、その自立を助長することを目的としています。すべて国民はこの法律の定める要件を満たす限り、この法律による保護を無差別平等に受けることができます。また、保障される最低限度の生活は、健康で文化的な生活水準を維持することができるものでなければならないと定めています。イギリスのウェッブ夫妻が提唱した**ナショナル・ミニマム**（national minimum）（国家が国民に対して保障する生活の最低限度のこと）という考え方に基づいていると考えられています。この制度の財源は無拠出制の税金であり、社会保険と異

なっている点に留意が必要です。

　大きな特徴として、**保護の補足性**という原理があります。生活に困窮する者がその利用しえる資産、能力その他あらゆるものをその最低限度の生活の維持のために活用した上でなお不足している状態であれば、それを補足するという考え方です。具体的には以下の3点があげられます。

①資産や能力の活用

　貯金や土地、車などを所有している場合では、その土地や貯金を売却してからではないと原則生活保護を受けることができない。また、労働できる能力や健康状態であれば、まずは就労し自立をすることが援助の目的となる場合もある

②親族や扶養義務者の扶養優先

　例えば、自分と生計を一緒にしている家族がいて、その人が働ける状態で、収入がある程度あるならば生活保護を受けることはできない。また、生活保護を申込みした際には、民法において扶養義務のある親や兄弟、3親等以内の親類に対して「扶養照会」が届く

③他法による援助の優先

　生活保護制度は社会保障制度の**最終的なセーフティネット**（安全網）とされていることから、年金や手当など他の制度で給付を受けることができる場合は、まずそれらを優先して活用することになっている

　上記の補足性の原理は、預貯金や不動産の所有の確認という個人生活に踏み込んだ受給資格判定調査を伴っています。加えて、扶養義務者への扶養確認の連絡が行くことが強い抵抗感となり、申請に至らない事例も多くあります。

2．生活保護の実施体制

　生活保護の実施機関は、居住地の市区町村もしくは県の福祉事務所となります。生活保護法の7条には「保護は、要保護者、その扶養義務者または

その他の同居の親族の申請に基いて開始するものとする」と**申請保護の原則**
が定められています。申請の受付後に保護の決定のために、以下のような調
査が実施されます。

- **生活状況等を把握するための実地調査（家庭訪問等）**
  具体的な生活の困窮状況を申請者の暮らしの場に出向き把握する。言葉
  や書類だけではわからない実態を把握する必要がある
- **預貯金、保険、不動産等の資産調査**
  預貯金の通帳や保険金の解約金などについて調査する。それ以外にも株
  式や土地、家屋、車や宝石などの資産も対象となる
- **扶養義務者による扶養（仕送り等の援助）の可否の調査**
  扶養義務者から援助が受けられるか、前項で示したように3親等以内の
  親類に対して「扶養照会」がなされ、扶養ができるか否かを確認する
- **年金等の社会保障給付、就労収入等の調査**
  就労している場合は、給与明細書など収入の状況がわかる証明書に基づ
  き調査する。給与の他、年金や雇用保険などの社会保険や児童扶養手当・
  児童手当などの社会手当についても収入と見なされる
- **就労の可能性の調査**
  能力の調査として、働くことができる場合はその人の能力に応じて働く
  ことが求められる。病気や障害などの理由で働くことができない場合は、
  診断書や障害を証明する手帳などにより確認をする。高齢のため就労が
  不可能という場合もある

　その上で、世帯の収入と厚生労働大臣の定める基準で計算される最低生活
費を比較して、収入が最低生活費に満たない場合に生活保護が適用されます。

３．生活保護の原則と種類

（1）生活保護の原則

①申請保護の原則

　保護は要保護者、その扶養義務者またはその他の同居親族の申請に基づいて開始するものとしている。ただし、要保護者が急迫した状況にある時は、保護申請がなくても必要な保護を行うことができるとされている

②基準および程度の原則

　生活保護基準は、厚生労働大臣の定める最低限度の生活を基準として、保護の程度はその基準の不足分を補う程度において行われることを示したものである。その基準は、要保護者の年齢別、性別、世帯構成別、所在地域別その他保護の種類に応じて必要な事情を考慮した最低限度の生活の需要を満たすに十分なものであって、かつ、これを超えないものでなければならないとされている

③必要即応の原則

　法による保護の決定および実施については、要保護者の年齢別、性別、健康状態等その個人または世帯の実際の必要の相違を考慮して、有効かつ適切に行うものとされている

④世帯単位の原則

　保護は、世帯を単位として保護の必要性や程度を判定し、実施することと定められている。ただし、世帯単位の原則を適用すると自立が損なわれるような場合には、個人を単位として定めることができるとしている

（2）生活保護の種類

　生活保護には、以下の表 5-1 に示す 8 種類があり、世帯の状況によって給付が決定されます。

【表5-1】生活保護の種類

扶助の種類	生活を営む上で生じる費用
生活扶助	日常生活に必要な費用、食費・被服費・光熱費等。妊産婦や障害者、子どもやひとり親家庭などには加算がある。子どもの入学に必要となるもの(ランドセルや制服など)など一時的に必要となる経費は「一時扶助」という形で支給される
教育扶助	義務教育を受けるために必要な学用品費や学校給食費、通学費などが支給される
住宅扶助	アパートや借家の家賃が支給される
医療扶助	医療サービスの費用で、医療行為、投薬、手術や入院などの「現物給付」となる
介護扶助	介護サービスの費用で介護サービスという「現物給付」となる
出産扶助	出産する際の分娩費用が支給される
生業扶助	就労に必要な技能の修得や小規模な事業を営むにかかる費用が支給される。高校は義務教育ではないため教育扶助ではなく、ここから教材費や通学交通費が支給される
葬祭扶助	被保護者が死亡した際の葬祭費用が支給される

4．生活保護制度のこれから

　利用資格に影響する要素として**相互扶助**という考え方があります。生活保護の原則として世帯のすべての所得が収入認定の対象となる**世帯単位の原則**が相互扶助の考え方を反映しています。そのため、この原則が様々に問題を引き起こす要因にもなると考えられます。また、「民法」では3親等までに扶養義務があるとしています。民法上の扶養義務が一般的にあるのは「夫婦、直系血族、兄弟姉妹」の範囲です。このうち直系血族というのは、親、子、祖父母、孫といった縦の関係です。また、家庭裁判所は特別の事情があるときは前項に規定する場合のほか、3親等内の親族間においても扶養の義務を負わせることができる、と示されています。

　あなたが30代を過ぎて生活困窮になった場合、きょうだいや祖父母にまで「扶養する意志はありませんか？」と福祉事務所から連絡が行くと想像した場合、どんな心境になるでしょうか。親族から「世間体が悪い」「恥ずかしい」などと言われることを恐れるかもしれません。「不名誉である、恥である」とレッテル（烙印）を貼られることをソーシャルワークでは**スティグマ**と呼びます。熱中症で孤独死をしたというニュースを毎年聞きますが、このスティグマを避けるために生活保護を申請しなかったとも考えられる事例があるそうです。

　第1章では人生で3度の貧困がおとずれるという「ラウントリーの貧困線」を学びました。第2章ではソーシャルワークの価値として「人権の尊重」「社会正義」が実践に含まれなければならないことを確認しました。そのような自明な「知」があるにもかかわらず、貧困者に恥を押しつけているという現状を理解するには、その人々の**ウェルビーイング**を阻むものの正体を見定めることが必要です。その正体を考えてみてください。自分の心の中にもあるかもしれません。

生活保護制度の理念を見失う実践現場

「税金で飯食ってる自覚あるのか」生活保護受給者に窓口で威圧　桐生
（毎日新聞 2024 年 4 月 5 日付）

　　群馬県桐生市が生活保護費の支給で不適切な対応をしていた問題で、桐生市
生活保護違法事件問題全国調査団（団長・井上英夫金沢大学名誉教授）は 4 日、
同市内で報告会を開催した。受給者が市の窓口で相談員から「お前は税金で飯
を食っている自覚があるのか」「生活保護は他の自治体で申請しろ」などと威
圧的な対応をされた事例が新たに報告された。また、同市が警察 OB を生活保
護担当の部署に非常勤嘱託職員として採用し、専門外の就労支援に当たらせて
いたことも判明。調査団は 5 日、県や市などに改善を要望する。【遠山和彦】

　　会で報告した「反貧困ネットワークぐんま」の町田茂さんによると、1 月に
フリーダイヤルで同市の生活保護支給について情報を募ったところ、窓口で相
談員に威圧的な態度で申請を思いとどまらせるような対応をされたという訴え
が多数寄せられた。相談員から「帽子をかぶって何様だ」と追い返されたり、「全
てお前に原因がある」などと人格を否定するような発言をされたりしたという
訴えもあった。
　　情報提供時に「本当のことを話すと桐生市に仕返しをされる」「絶対に自分
の名前を公表しないで」という人もいたといい、町田さんは「これまで窓口な
どでどれだけ多くの嫌がらせを受けてきたかが分かる」と説明する。
　　また、調査団の調べで、2012 年 7 月から市が警察 OB を非常勤嘱託職員と
して生活保護の面接相談業務の補助者として採用していたことも明らかになっ
た。生活保護の相談者による威嚇や不当要求に対応する狙いだったが、警察
OB は相談者が不当要求者でなくても相談員として対応していた。また専門外
の就労支援員として勤務することもあったという。

　市によると、福祉課には3係があり、現在は警察OBは保護係に2人、社会福祉係に1人の計3人が勤務している。調査団は「警察OBは対行政暴力事案に限って関与するよう見直すべきだ」として5日に市などに改善を要請する。

【先生からのコメント】

　この第5章の6節で生活保護制度（公的扶助）の理念を学びました。その理念は社会福祉の根幹ともいえるもので、最高法である日本国憲法に全ての国民は健康で文化的な最低限度の生活をする権利をもっており、国はその増進を努めるということが明記されています。それを根拠のひとつとして各地方自治体は住民のウェルビーイングを実現し、最低生活を守るために働かなければならないはずです。それにもかかわらず、「他人の税金で飯（めし）を食うな」という考え方を社会福祉の実践者である地方自治体職員がもっているということを断じて許してはなりません。生活保護制度は「最後の命綱」といわれるセーフティネットです。

　「貧乏人は怠け者である、自分のことは自分で解決する努力をしろ」という第2章で学んだ「自助」という考え方が私たちの心のどこかに根強くあるのかもしれません。生活保護制度は「自助」ではなく、「公助」という国家による社会福祉サービスであるという基本原理を忘れてはならないでしょう。

§7　関連制度の概要

1．母子保健法

　母子保健法は、1965（昭和40）年に、母性が児童の健全な出生と育成の基盤として保護され、乳幼児は心身ともに健全に成長していくために健康が保持されるべきという理念のもとに制定されました。具体的なサービスの現状として、妊娠中の段階では妊産婦健康診査の公費負担制度として健診の無料化実施が進められています。また、出産後には乳幼児の健康診査や先天性代謝異常のスクリーニングが実施されています。

　1994（平成6）年に母子保健法は改正され、都道府県と市町村の役割が明確に分担され、住民に身近な市町村で妊産婦や乳幼児の健康診査および訪問指導等の基本的サービスが実施されることになりました。2001（平成13）年からは、乳幼児健康診査に心理相談員や保育士が配置され、育児不安に対する相談や、親子の遊びグループなども行われています。

　最近の改正では、2024（令和6）年の改正では、第9条に新たに相談及び支援について明示されました。これはこども家庭庁の「こどもまんなか」の理念に基づき、制度や組織による縦割りの壁、年度の壁、年齢の壁を克服した切れ目のない包括的な支援をするためにこども家庭センターが新設されました。これまで母子健康包括支援センターで行われてきた妊産婦及び乳児に対する支援は、こども家庭センターにおいて母子保健に関する事業と福祉に関する事業との連携に基づいて一体的に実施することになりました。2022（令和4）年に改正された産後ケア事業についても、こども家庭センターおいてに実施されることになりました。第3章でもふれましたが、核家族化や晩婚化、若年妊娠等によって、産前産後の身体的・精神的に不安定な時期

に家族等の身近な人の助けが十分に得られず、不安や孤立感を抱いたり、う
つ状態の中で育児を行う母親が少なからず存在している状況が背景にありま
す。

> コラム

児童虐待の背後には、母親の自殺がある

妊産婦の死因、自殺がトップ　産後うつでメンタル悪化か
（朝日新聞デジタル　2018年9月5日付より一部引用改変）

　　2016年までの2年間で、産後1年までに自殺した妊産婦は全国で少なくとも102人いたと、厚生労働省研究班が5日発表した。全国規模のこうした調査は初めて。この期間の妊産婦の死因では、がんや心疾患などを上回り、自殺が最も多かった。

　　妊産婦は子育てへの不安や生活環境の変化から、精神的に不安定になりやすいとされる。研究班は「産後うつ」などメンタルヘルスの悪化で自殺に至るケースも多いとみて、産科施設や行政の連携といった支援の重要性を指摘している。

　　妊産婦の死亡例に関する国の統計は、出産時の大量出血などが対象で、産後うつの悪化などメンタル面の影響による自殺は把握されていない。研究班（代表＝国立成育医療研究センター研究所の森臨太郎部長）が、国の人口動態統計をもとに、15〜16年に妊娠中や産後1年未満に死亡した妊産婦357人を調べたところ、自殺は102人だった。ほかの死因は心疾患28人、脳神経疾患24人、出血23人など。

> 先生からのコメント

　　児童虐待予防の観点から、死亡事例を厚生労働省は、子ども虐待による死亡事故等の検証をしています。直近の第19次報告によれば2021（令和3）年4月1日から2022（令和4）年3月31日までの間に発生し、または表面化した子ども虐待による死亡事例は72例でした。内訳を見ると、心中による虐待死18例、心中以外の虐待死が50例でした。

　死亡時点における子どもの年齢について、心中以外の虐待死事例では、「0歳」が24人（48.0％）でもっとも多く、3歳未満は9人（37.5％）と小さな年齢の子どもに多発しています。第1次報告から第19次報告までの推移を見ると、第19次報告までのすべてで「0歳」がもっとも多い結果となりました。また、死亡した子どもの生育歴を見ると、「予期しない妊娠／計画していない妊娠」や「妊婦健康診査未受診」、乳幼児健康診査の受診状況「3～4か月児健康診査」の未受診者などが3割程度おり、妊娠中から周産期といわれる出産前後において丁寧な母子保健からのかかわりが求められます。

　養育者から児童虐待を受け殺されるという、いわゆる「児童虐待の死亡事例」については、メディアは大きく取りあげます。メディアは、殺した養育者を「正義」という武器で叩きつけ、非難します。その陰には報道されない死があることを知る必要があります。

　2016（平成28）年度までの2年間で、出産後1年未満の母親が102人も自ら命を絶っています。専門家が異常事態であると警鐘を鳴らしていますが、この事実はほとんど報道されず、多くの人々は知らないのが現状です。子どもを殺すことも、自分自身に刃を向けることも表裏一体です。後者に世間の目が向かないのは、「死ぬなら1人で死ね」という考え方が支持される土壌があるからかもしれません。この台詞が広まったのは2019（令和元）年6月に神奈川県川崎市で私立小学校の通学バス停で小学生数名を殺傷し、自ら命を絶った容疑者に対して向けられたものです。

2. 児童買春、児童ポルノに係る行為等の処罰及び児童の保護等に関する法律

「児童買春、児童ポルノに係る行為等の処罰及び児童の保護等に関する法律」は、児童の人権を著しく侵害する児童買春や児童ポルノに係る行為などを厳しく罰し、被害にあった児童を保護することを目的に、1999（平成11）年に制定され、同年11月に施行されています。

2014（平成26）年には法律の題名が「児童買春、児童ポルノに係る行為等の規制及び処罰並びに児童の保護等に関する法律」に改正され、児童ポルノの定義や適用上の注意を厳密化しています。さらに2022（令和4）年にはこども家庭庁設置法の施行に伴い審議会の名称が「こども家庭審議会」へと変更されました。

3. 配偶者からの暴力の防止及び被害者の保護等に関する法律

配偶者による暴力は犯罪行為であり、被害者に対する重大な権利侵害です。この法律は配偶者からの暴力を防止し、被害者を保護することによって人権を擁護する目的で2001（平成13）年に制定されました。**配偶者暴力相談支援センター**では、被害者の一時保護や心身の健康回復のために相談やカウンセリングが行われています。

また、同居する家庭における配偶者間の暴力を目撃する子どもは深く傷つくことになります。直接危害を加えられなくとも、その影響ははかりしれないものがあるでしょう。これらの行為は「面前DV」と呼ばれ、児童虐待防止法において心理的虐待として位置づけられています。

2013（平成25）年に生活の本拠を共にする交際相手からの暴力およびその被害者についても、配偶者からの暴力およびその被害者に準じて、法の適用対象とされることとなりました。最近の改正では2023（令和5）年に接近禁止命令などの申立てをすることのできる被害者の拡充及び期間の延長や保護命令違反の厳罰化が規定されました。

4．少年法

　「少年法」は、少年を健全に育成し、非行のある少年に対して性格を矯正したり、環境を調整する等の保護処分をすることを目的に 1948（昭和 23）年に制定されました。少年法でいう少年とは、「20 歳に満たない者」とされており、児童福祉法の児童とは異なっています。

　最近の法改正の動きとしては、2022（令和 4 ）年の成人年齢の引き下げに合わせ、18 歳と 19 歳を**特定少年**と位置づけ、家庭裁判所から検察官に逆送致する事件の対象を拡大することや、起訴された場合には実名報道を可能とすることを盛り込んだ少年法などの改正案が 2021（令和 3 年）年 5 月21 日の衆議院本会議で可決されました。

　そして、事件を起こした場合はすべて家庭裁判所に送致するしくみを維持した上で、家庭裁判所から検察官に原則逆送致する事件の対象を拡大するとしています。また、起訴された場合には、実名や本人と推定できる情報の報道を可能にすることも盛り込まれています。委員会では、18 歳と 19 歳の健全育成や非行防止のために、適切な保護や支援を行う施策の推進を図ることや、実名などの報道を可能にすることで更生の妨げにならないよう十分に配慮することを求める付帯決議も採択されています。

第6章

社会福祉の専門職

【 この章で学ぶこと 】

　本章では、まず社会福祉の専門職について国家資格、任用資格、認定資格という区分で学んでいきます。社会福祉は専門職でない民生委員や里親などの篤志のボランティアによっても支えられています。次に、社会福祉専門職に求められる倫理を国家資格である保育士、社会福祉士、精神保健福祉士、介護福祉士の倫理綱領を参照しながら理解を深めます。倫理綱領は、社会福祉の究極的な価値である「基本的人権」を保障するための実践の土台となるものです。また社会福祉の構成要素である価値・知識・技術を社会福祉の実践の場で活用できるように、将来に向けてしっかり勉強しましょう。

§1　社会福祉の専門職とその資格要件

1. 社会福祉の主な専門職　—国家資格

　社会福祉に関する国家資格は4つあります。1987（昭和62）年に制定された「社会福祉士及び介護福祉士法」に位置づけられた社会福祉士と介護福祉士、1997（平成9）年の「精神保健福祉士法」による精神保健福祉士、2001（平成13）年に改正された児童福祉法によって国家資格化された保育士です。

（1）社会福祉士

　社会福祉士及び介護福祉士法には、**社会福祉士**とは「専門的知識及び技術をもって、身体上若しくは精神上の障害があることまたは環境上の理由により日常生活を営むのに支障がある者の福祉に関する相談に応じ、助言、指導、福祉サービスを提供する者または医師その他の保健医療サービスを提供する者その他の関係者との連携及び調整その他の援助を行うことを業とする者」とされています。

　2006（平成18）年4月より介護保険法によって市町村の中学校単位での設置が義務づけられた**地域包括支援センター**では、社会福祉士が総合相談業務、サービス事業者や行政との連携業務担当者として、初めて配置義務が設けられました。

（2）精神保健福祉士

　精神保健福祉士法には、精神保健福祉士とは「専門的知識及び技術をもって、精神科病院その他の医療施設において精神障害の医療を受け、または精

神障害者の社会復帰の促進を図ることを目的とする施設を利用している者の地域相談支援の利用に関する相談その他の社会復帰に関する相談に応じ、助言、指導、日常生活への適応のために必要な訓練その他の援助を行うことを業とする者」とあります。

　近年では、心神喪失等の状態で重大な他害行為を行った精神障害者の医療および観察に関する法律に規定される**社会復帰調整官**としての活躍が認められています。また、精神保健福祉士が国家資格化される以前より、精神科医療領域で精神医学ソーシャルワーカー（Psychiatric Social Worker）として精神障害者が退院する際の援助や地域での居場所づくりなどの生活基盤を支える仕事をしてきました。精神障害者を従来の医療の対象から1人の人間としての尊厳を守る福祉の対象へと転換することにも貢献する、古い歴史をもつ専門職です。

（3）介護福祉士

　社会福祉士及び介護福祉士法には、介護福祉士とは「専門的知識及び技術をもつて、身体上または精神上の障害があることにより日常生活を営むのに支障がある者につき心身の状況に応じた介護（喀痰（かくたん）吸引その他のその者が日常生活を営むのに必要な行為であつて、医師の指示の下に行われるものを含む）を行い、並びにその者及びその介護者に対して介護に関する指導を行うことを業とする者」とされています。

　介護は生活全般にかかわる広範な仕事ですが、多くの人々は「介護」というと、おむつを交換するなどの排せつ介助やベッドから起こすなどの移乗介助、暑い浴室の中で行う入浴介助などをイメージしていると思います。しかし、介護福祉士が行うのは、これらの介助を行いながら、介護ニーズのある方々の生活に向き合い、その方の生き方や生活全体の支援です。介護サービス利用者のニーズを生活歴や観察を通して集約するとともに、その方の心身の状況等を理解した上で、その方が、その方らしく生活を継続していくためにはどのような課題があるか、いかにその課題に向き合っていくか等を分析し、多職種と連携しながら、環境の整備を行いつつ、その方に最適な介護を

提供する役割です。

（4）保育士

　児童福祉法第18条において、「登録を受け、保育士の名称を用いて、専門的知識及び技術をもつて、児童の保育及び児童の保護者に対する保育に関する指導を行うことを業とする者」と規定されています。保育士として働くには、その業務に就く前に、都道府県知事に対して登録申請手続きを行い、保育士証の交付を受けることが必要になりました。保育士証の交付を受けてはじめて、保育士として働くことができます。

　これら4つの資格は国家資格ですが、医師や弁護士のように**業務独占**の資格でなく、**名称独占**の資格です。名称独占とは、資格をもたない者が「社会福祉士」「精神保健福祉士」「介護福祉士」「保育士」という名称を勝手に使用してはならないということで、それらの資格をもっていなければその業務に就けないということはありません。しかし、国家資格をもっていることは、専門職としての水準の高さを表すものであり、今後、有資格者が増加すれば、将来的に実質的な業務独占状態になることが考えられます。

２．資格の種類

　社会福祉に関する資格は大別すると、**国家資格、任用資格、認定資格**の3つの資格があります。

（1）国家資格

　国家資格とは国の法律に基づいて、各種分野における個人の能力、知識が判定され、特定の職業に従事すると証明される資格です。法律によって一定の社会的地位が保証されるので、社会からの信頼性は高いと考えられています。国家資格は、法律で設けられている規制の種類により分類されます。弁護士、公認会計士、司法書士のように有資格者以外が携わることを禁じられ

ている業務を独占的に行うことができる**業務独占資格**と、栄養士、保育士など有資格者以外はその名称を名乗ることを認められていない**名称独占資格**等があります。

（2）任用資格

任用資格とはその職種に配属される場合に必要とされる要件で、それぞれの任用資格によって条件が異なります。国家資格が職種にかかわらず個人が資格を有しているのに対し、任用資格はその職種を離れると資格名を用いることはできません。社会福祉に関連する代表的な任用資格として、社会福祉主事があります。

社会福祉主事の職務は、社会福祉法第18条において「生活保護法、児童福祉法、母子及び父子並びに寡婦福祉法、老人福祉法、身体障害者福祉法及び知的障害者福祉法に定める援護、育成または更生の措置に関する事務を行う」とされています。社会福祉を専門とする公務員に必要とされる場合が多く、具体的な職域としては虐待の子どもや家族を支援する児童相談所、貧困問題を有する人々の暮らしを援助する福祉事務所の生活保護課、障害者の社会的自立に向けてサポートする更生相談所などがあげられます。また、各種民間社会福祉施設に求められる基礎資格として準用される場合もあり、大学や短期大学において厚生労働大臣が指定する以下の科目（表6-1）のうち、3つ以上を履修して卒業した場合に資格を取得することができます。

【表6-1】社会福祉主事の任用資格取得に必要な科目一覧

社会福祉概論、社会保障論、社会福祉行政論、公的扶助論、身体障害者福祉論、老人福祉論、児童福祉論、家庭福祉論、知的障害者福祉論、精神障害者保健福祉論、社会学、心理学、社会福祉施設経営論、社会福祉援助技術論、社会福祉事業史、地域福祉論、保育理論、社会福祉調査論、医学一般、看護学、公衆衛生学、栄養学、家政学、倫理学、教育学、経済学、経済政策、社会政策、法学、民法、行政法、医療社会事業論、リハビリテーション論、介護概論

厚生労働省「社会福祉士・介護福祉士等　社会福祉士の概要について　2 資格取得方法　9 社会福祉主事任用資格の取得方法」より

（3）認定資格

　国家資格や任用資格の他にも、認定資格というものがあります。これは、一定の養成講習や認定試験を受けて、一定水準に達した人に資格を与えるものです。国家資格と異なり、民間の各種団体が資格を与えるというものなので、「民間」資格などと呼ばれることもあります。

　社会福祉に関連する資格の介護支援専門員とスクールソーシャルワーカーについて解説しましょう。

１）介護支援専門員

　第９章で学ぶ高齢者の福祉についての介護保険法によるサービス利用の相談を担う専門職です。介護支援専門員は**ケアマネジャー**とも呼ばれ、介護保険法に位置づけられた職種です。介護保険法の中では、「要介護者または要支援者（以下「要介護者等」という。）からの相談に応じ、及び要介護者等がその心身の状況等に応じ」適切なサービス「を利用できるよう市町村、居宅サービス事業を行う者、地域密着型サービス事業を行う者、介護保険施設、介護予防サービス事業を行う者、地域密着型介護予防サービス事業を行う者、特定介護予防・日常生活支援総合事業を行う者等との連絡調整等を行う者であって、要介護者等が自立した日常生活を営むのに必要な援助に関する専門的知識及び技術を有するものとして」介護支援専門員証の交付を受けたものと定義されています。介護認定を受け、介護保険サービス等を利用する方などからの相談に応じ、利用者の希望や心身の状態を考慮して、在宅や施設での適切なサービスが受けられるように、ケアプラン（介護サービス計画）を立案し、関係機関との連絡調整を行うことが主な業務となります。

　介護支援専門員の取得については、介護支援専門員は保健・医療・福祉の分野で要援護者等に対する相談・援助の業務に一定期間従事した経験のある人の中から養成するという原則のもとに資格要件を定めています。厚生労働省令で定める実務の経験を有し、介護支援専門員実務研修受講試験に合格し、かつ介護支援専門員実務研修の課程を修了することで、介護支援専門員として登録をすることができます。

2）スクールソーシャルワーカー

スクールソーシャルワーカー（SSW）とは教育の分野に加え、社会福祉に関する専門的な知識や技術を有する者で、問題を抱えた児童・生徒に対し、当該児童・生徒が置かれた環境への働きかけや関係機関等とのネットワークの構築など、多様な支援方法を用いて課題解決への対応を図っていく専門職です。一例として、神奈川県教育委員会では、**スクールカウンセラー**（SC）は「児童・生徒本人の心の問題」に注目することに対して、スクールソーシャルワーカーでは「児童・生徒を取り巻く環境」に注目し問題の解決を図るという専門性の違いを活かした教育相談体制の一層の充実を図っています。

スクールソーシャルワーカーの資格取得については、2008（平成 20）年度に文部科学省による「スクールソーシャルワーカー活用事業」が開始されたのを受け、社団法人日本社会福祉士養成校協会（現：一般社団法人日本ソーシャルワーク教育学校連盟）は新規事業としてスクールソーシャルワーク教育課程認定事業を創設しました。社会福祉士や精神保健福祉士有資格者がスクールソーシャルワークを展開するために必要となる課程の設置要件を定め、それを満たす課程を設置する学校を「一般社団法人日本ソーシャルワーク教育学校連盟認定スクールソーシャルワーク教育課程」として、また当該課程を修了し、かつ社会福祉士等の資格を有する者を「一般社団法人日本ソーシャルワーク教育学校連盟認定スクール（学校）ソーシャルワーク教育課程修了者」として修了証を交付しています。

3）こども家庭シーシャルワーカー

こども家庭ソーシャルワーカーは、こども家庭福祉の現場にソーシャルワークの専門性を十分に身に付けた人材を輩出するために 2024（令和 6）年に新設された認定資格です。児童相談所の児童福祉司や、2024 年度から市区町村に設置される「こども家庭センター」の統括支援員の任用要件の 1 つとして児童福祉法に規定されています。こども家庭ソーシャルワーカーの専門性の柱は以下の 3 つとなります。

- こども家庭福祉を担うソーシャルワークの専門性としての姿勢を培い維持すること
- こどもの発達と養育環境等のこどもを取り巻く環境を理解すること
- こどもや家庭への支援の方法を理解・実践できること

　こども家庭ソーシャルワーカー資格取得に向けた研修の要件としては、①社会福祉士または精神保健福祉士として2年以上主として児童福祉にかかわる相談援助業務の経験があるもの、②こども家庭福祉の相談援助業務の経験が4年以上あるもの、③保育士として保育所、幼保連携型認定こども園等で4年以上児童福祉にかかわる相談業務の経験があるものと定めています。認定研修実施機関においてこども家庭福祉指定研修を受講し、一般財団法人日本ソーシャルワークセンターによる認定試験に合格したものが資格者として登録することで「こども家庭ソーシャルワーカー」となることができます。今後、児童相談所やこども家庭支援センターにおいて活躍することが期待されています。

3．その他の社会福祉従事者

（1）様々な分野における社会福祉専門職

　社会福祉専門職には、働く領域によって多様な呼称があります。医療機関で働く場合には**メディカルソーシャルワーカー**（MSW：Medical Social Worker）、社会福祉協議会といった地域福祉を推進するソーシャルワーカーは地域を基盤とするので**コミュニティソーシャルワーカー**（CSW：Community SW）と呼ばれます。時折、テレビのニュースやドラマで「ゴミ屋敷」に住む独居老人の孤独な心にアプローチして問題解決する様子が描かれています。

　また一見、社会福祉領域には見えない司法分野においても、ソーシャルワークを実践する専門職がいます。**家庭裁判所調査官**は、非行などの少年保護事件、養子縁組の許可、親権喪失宣言や親権の変更などに従事し、**法務教官**は

少年鑑別所や少年院において非行問題を抱える少年に対して矯正教育や相談援助を行う直接処遇の専門職です。少年犯罪や非行の問題は当事者1人の問題ではなく、家庭・学校・地域・友人関係、様々な環境との相互作用で起こることは自明の事実です。個人と社会、双方への視点やアプローチの技術がなければ、当事者の回復や更生は成し遂げられません。これらの仕事は国家公務員試験の上級職に該当しますが、社会福祉主事などの任用資格は必要ありません。

（2）地域で活躍する福祉ボランティア

　わたしたちの生活を支える人材は専門職や有資格者だけではありません。
　同じ地域に居住する篤志の人々が身近な場所で暮らしを見守っています。ここでは行政委嘱型のボランティアである民生委員と里親について紹介しましょう。行政委嘱型のボランティアは、原則無給のためボランティアとされていますが、その業務内容は法律などに規定されており、その業務を遂行できるか適正さを認められて委嘱されることになります。

1）民生委員・児童委員・主任児童委員

　民生委員については地域を支える人材として、第12章でも学びます。1948（昭和23）年に「民生委員法」が成立し、民生委員が各地域に置かれることになりました。民生委員は児童福祉法に基づく**児童委員**も兼ねています。また、1994（平成6）年からは児童福祉分野に関する事項を専門的に担当することを目的に主任児童委員が設置されました。児童委員は市町村の区域に置かれ、地域の子どもたちが元気に安心して暮らせるように子どもたちを見守り、子育ての不安や妊娠中の心配ごとなどの相談・援助等を行いますが、主任児童委員は特定の地域を担当せず、関係機関等と児童委員との連絡調整や、児童委員の活動に対する援助・協力を中心に行います。

　民生委員、児童委員は厚生労働大臣から委嘱を受けた一般市民であり、行政の協力機関として市町村の区域ごとに置かれています。町内会の集まりなどに同じ住民の立場で参加することもあります。

2）里親　※児童福祉法に伴う里親センターの位置付け

里親とは、「保護者のいない児童や保護者に監護させることが不適当であると認められる児童（＝要保護児童）の養育を希望する者であって、都道府県知事が適当と認める者」をいいます。また、里親制度は、様々な事情で家族と離れて暮らす子どもを自分の家庭に迎え入れ、温かい愛情と正しい理解をもって養育する制度です。

里親には大別して、**養育里親**と**養子縁組里親**があります。養育里親は、18歳未満の子どもを家庭に戻るまでの間や自立するまでの間、養育します。期間は1年以内の短期の場合もあれば、それ以上の長期の場合もあります。養子縁組里親は、養子縁組を結ぶことが前提です。養子縁組が成立するまで

STEP1 相談

里親を希望する場合、居住地の児童相談所で相談する

STEP 2 研修

児童養護施設や乳児院などでの実習を含む、数日間の研修と家庭環境の調査

STEP 3 登録

都道府県等の児童福祉審議会での審査を経て、里親として登録される

STEP 4 交流

面会や数時間の外出、宿泊などで子どもと一緒に過ごす

子どもの迎え入れ

【図6-1】里親として子どもを迎え入れるまでの4ステップ

の間、里親として一緒に生活します。また、季節・週末里親といった週末や長期休暇などに数日から1週間ほど子どもを養育する里親もあります。平日は子どもとの時間が取れない人や、最初から長期で養育するのが不安な人などに向いているでしょう。子どもを迎え入れるまでには4つのステップがあります。前ページの図6-1を参照してください。

　2024(令和6)年に里親支援センターが新設されました。里親支援センターは里親支援事業を行うほか、里親および小規模住居型児童養育支援事業を行う者や養育される児童（里子）等についての相談や援助を行い、家庭養育を推進するとともに里子等が心身ともに健やかに育成されるよう、その最善の利益を実現することを目指す施設です。里親等養育支援事業を実施し、里親の相互交流の場や里親等からの相談に応じ、必要な情報提供や助言などの援助を行います。図6-1の里親として子どもを受け入れる各ステップにおいても里親支援センターは、里親研修・トレーニング業務や委託候補里親の選定なども実施しています。

　里親には児童を育てるために必要な**生活費**、**教育費**、**医療費**などが支給されるので、安心して子どもを養育できます。2021（令和3）年は、里親手当1人あたり90,000円／月、生活費として乳児の場合は約60,110円／月、乳児以外の場合には約52,130円／月が支給されています。また、その他教育費や医療費なども支給されます。

　児童が心身ともに健やかに養育されるよう、より家庭に近い環境での養育の推進を図ることが必要とされていますが、社会的養護を必要とする児童の約8割が施設に入所しているのが日本の現状です。里親をはじめ家庭養育が推進されるよう、**家庭養育優先**の理念が2016（平成28）年の児童福祉法改正に盛り込まれました。改革のポイントとして以下の5点があげられています。この改正を契機に2017（平成29）年に「新しい社会的養育ビジョン」が提出されました。

①市区町村を中心とした支援体制の構築
②児童相談所の機能強化と一時保護改革

③代替養育における「家庭と同様の養育環境」原則に関して乳幼児から
　段階を追っての徹底、家庭養育が困難な子どもへの施設養育の小規模化・
　地域分散化・高機能化
④永続的解決（パーマネンシー保障）の徹底
⑤代替養育や集中的在宅ケアを受けた子どもの自立支援の徹底

§2　社会福祉専門職の倫理

1.　社会福祉専門職に求められる倫理

　まずは、専門職の条件について考えてみましょう。元日本ソーシャルワーカー協会会長の仲村優一は、専門職の条件を次のようにまとめました。

- 専門職とは、科学的理論に基づく専門の技術の体系をもつこと
- その技術を身につけるには、一定の教育と訓練が必要であること
- 専門職になるには、一定の試験に合格して能力が実証されなければならないこと
- 専門職は、その行動の指針である倫理綱領を守ることによって、その統一性が保たれること
- 専門職の提供するサービスは、私益ではなく公共の福祉に資するものでなければならないこと
- 社会的に認知された専門職団体として組織されていること

　社会福祉専門職のその独自性や専門領域は、生活者としての人、環境の中

の人間（person in environment）という人間理解を基盤とすることにあります。個人のパーソナリティーにのみ着目するのではなく、利用者の社会環境にも目を向け、環境調整や、はてには社会変革までを対象にします。クライエントやその家族と信頼関係を築き、抱えている問題や課題の状況を把握し、その解決・改善のための適切な援助活動を行うためには、専門的な知識や技術に加えて価値や倫理などの専門性が必要になります。

　社会福祉の専門性を支えるには、p.28 で学んだ価値・知識・技術というソーシャルワークの構成要素があげられます。この3つの要素は、どれか1つ欠けても専門職としての実践は成立しないといわれています。価値は実践の土台となるものであり、**倫理綱領**として明示されています。

2．社会福祉専門職の倫理綱領

　倫理綱領とは、一般的に専門職団体が専門職としての社会的責任、職業倫理を行動規範として成文化したものです。多くの専門職団体では倫理綱領を作成し、公表しています。医師は「ヒポクラテスの誓」以来の伝統をもち、看護師にも「ナイチンゲール誓詞」があります。また、社会的影響力が強いマスコミも出版、新聞、雑誌などの協会が各々倫理綱領を作成しています。ここでは、先にあげた社会福祉分野の4つの国家資格を有する専門職の倫理綱領を確認しましょう。

（I）保育士の倫理綱領

　社会福祉法人 全国社会福祉協議会／全国保育協議会／全国保育士会
「全国保育士会倫理綱領」
（平成 15 年 2 月 26 日 平成 14 年度第 2 回全国保育士会委員総会採択）

> 　すべての子どもは、豊かな愛情のなかで心身ともに健やかに育てられ、自ら伸びていく無限の可能性を持っています。
> 　私たちは、子どもが現在（いま）を幸せに生活し、未来（あす）

を生きる力を育てる保育の仕事に誇りと責任をもって、自らの人間性と専門性の向上に努め、一人ひとりの子どもを心から尊重し、次のことを行います。

・私たちは、子どもの育ちを支えます。
・私たちは、保護者の子育てを支えます。
・私たちは、子どもと子育てにやさしい社会をつくります。

1. 子どもの最善の利益の尊重

　私たちは、一人ひとりの子どもの最善の利益を第一に考え、保育を通してその福祉を積極的に増進するよう努めます。

2. 子どもの発達保障

　私たちは、養護と教育が一体となった保育を通して、一人ひとりの子どもが心身ともに健康、安全で情緒の安定した生活ができる環境を用意し、生きる喜びと力を育むことを基本として、その健やかな育ちを支えます。

3. 保護者との協力

　私たちは、子どもと保護者のおかれた状況や意向を受けとめ、保護者とよりよい協力関係を築きながら、子どもの育ちや子育てを支えます。

4. プライバシーの保護

　私たちは、一人ひとりのプライバシーを保護するため、保育を通して知り得た個人の情報や秘密を守ります。

5. チームワークと自己評価

　私たちは、職場におけるチームワークや、関係する他の専門機関との連携を大切にします。

　また、自らの行う保育について、常に子どもの視点に立って自己評価を行い、保育の質の向上を図ります。

6. 利用者の代弁

　私たちは、日々の保育や子育て支援の活動を通して子どものニーズを受けとめ、子どもの立場に立ってそれを代弁します。

　また、子育てをしているすべての保護者のニーズを受けとめ、それを代弁していくことも重要な役割と考え、行動します。

7. 地域の子育て支援

　私たちは、地域の人々や関係機関とともに子育てを支援し、そのネットワークにより、地域で子どもを育てる環境づくりに努めます。

8. 専門職としての責務

　私たちは、研修や自己研鑽を通して、常に自らの人間性と専門性の向上に努め、専門職としての責務を果たします。

（2）社会福祉士の倫理綱領

　公益財団法人 日本社会福祉士会「社会福祉士の倫理綱領」
（2020年6月30日採択）

前　文

　われわれ社会福祉士は、すべての人が人間としての**尊厳を有し、価値ある存在であり、平等であること**を深く認識する。われわれは平和を擁護し、**社会正義、人権、集団的責任、多様性尊重および全人的存在の原理**に則り、人々がつながりを実感できる社会への変革と社会的包摂の実現をめざす専門職であり、多様な人々や組織と協働することを言明する。

　われわれは、社会システムおよび自然的・地理的環境と人々の生活が相互に関連していることに着目する。社会変動が環境破壊および人間疎外をもたらしている状況にあって、この専門職が社会にとって不可欠であることを自覚するとともに、社会福祉士の職責についての一般社会及び市民の理解を深め、その啓発に努める。

　われわれは、われわれの加盟する国際ソーシャルワーカー連盟と国際ソーシャルワーク教育学校連盟が採択した、次の「ソーシャルワーク専門職のグローバル定義」（2014年7月）を、ソーシャルワーク実践の基盤となるものとして認識し、その実践の拠り所とする。

　われわれは、**ソーシャルワークの知識、技術の専門性と倫理性の**

維持、向上が専門職の責務であることを認識し、本綱領を制定して
これを遵守することを誓約する。

原　理

Ⅰ（人間の尊厳）社会福祉士は、すべての人々を、出自、人種、民族、
　国籍、性別、性自認、性的指向、年齢、身体的精神的状況、宗教的
　文化的背景、社会的地位、経済状況などの違いにかかわらず、かけ
　がえのない存在として尊重する。

Ⅱ（人権）社会福祉士は、すべての人々を生まれながらにして侵すこ
　とのできない権利を有する存在であることを認識し、いかなる理由
　によってもその権利の抑圧・侵害・略奪を容認しない。

Ⅲ（社会正義）社会福祉士は、差別、貧困、抑圧、排除、無関心、暴
　力、環境破壊などの無い、自由、平等、共生に基づく社会正義の実
　現をめざす。

Ⅳ（集団的責任）社会福祉士は、集団の有する力と責任を認識し、人
　と環境の双方に働きかけて、互恵的な社会の実現に貢献する。

Ⅴ（多様性の尊重）社会福祉士は、個人、家族、集団、地域社会に存
　在する多様性を認識し、それらを尊重する社会の実現をめざす。

Ⅵ（全人的存在）社会福祉士は、すべての人々を生物的、心理的、社
　会的、文化的、スピリチュアルな側面からなる全人的な存在として
　認識する。

※著者太字

　ここで改めてソーシャルワーク専門職のグローバル定義を確認します。

ソーシャルワーク専門職のグローバル定義

　ソーシャルワークは、社会変革と社会開発、社会的結束、および人々
のエンパワメントと解放を促進する、実践に基づいた専門職であり

学問である。**社会正義、人権、集団的責任、および多様性尊重の諸原理は、ソーシャルワークの中核をなす。**ソーシャルワークの理論、社会科学、人文学、および地域・民族固有の知を基盤として、ソーシャルワークは、生活課題に取り組みウェルビーイングを高めるよう、人々やさまざまな構造に働きかける。

　この定義は、各国および世界の各地域で展開してもよい。

※著者太字　社会福祉専門職団体協議会＋一般社団法人日本社会福祉教育学校連盟「ソーシャルワークのグローバル定義　日本語定訳」

　社会福祉士の倫理は、前文にもあったとおり、このグローバル定義にある「社会正義、人権、集団的責任、および多様性尊重の諸原理」を基盤としてつくられたことが理解できるでしょう。

倫理基準

Ⅰ クライエントに対する倫理責任

1.（クライエントとの関係）社会福祉士は、クライエントとの専門的援助関係を最も大切にし、それを自己の利益のために利用しない。

2.（クライエントの利益の最優先）社会福祉士は、業務の遂行に際して、クライエントの利益を最優先に考える。

3.（受容）社会福祉士は、自らの先入観や偏見を排し、クライエントをあるがままに受容する。

4.（説明責任）社会福祉士は、クライエントに必要な情報を適切な方法・わかりやすい表現を用いて提供する。

5.（クライエントの自己決定の尊重）社会福祉士は、クライエントの自己決定を尊重し、クライエントがその権利を十分に理解し、活用できるようにする。また、社会福祉士は、クライエントの自己決定が本人の生命や健康を大きく損ねる場合や、他者の権利を脅かすような場合は、人と環境の相互作用の視点からクライエントとそこに関係する人々相互のウェルビーイングの調和を図ることに努める。

6.（参加の促進）社会福祉士は、クライエントが自らの人生に影響を及ぼす決定や行動のすべての局面において、完全な関与と参加を促進する。

7.（クライエントの意思決定への対応）社会福祉士は、意思決定が困難

なクライエントに対して、常に最善の方法を用いて利益と権利を擁護する。

8.（プライバシーの尊重と秘密の保持）社会福祉士は、クライエントのプライバシーを尊重し秘密を保持する。

9.（記録の開示）社会福祉士は、クライエントから記録の開示の要求があった場合、非開示とすべき正当な事由がない限り、クライエントに記録を開示する。

10.（差別や虐待の禁止）社会福祉士は、クライエントに対していかなる差別・虐待もしない。

11.（権利擁護）社会福祉士は、クライエントの権利を擁護し、その権利の行使を促進する。

12.（情報処理技術の適切な使用）社会福祉士は、情報処理技術の利用がクライエントの権利を侵害する危険性があることを認識し、その適切な使用に努める。

II 組織・職場に対する倫理責任

1.（最良の実践を行う責務）社会福祉士は、自らが属する組織・職場の基本的な使命や理念を認識し、最良の業務を遂行する。

2.（同僚などへの敬意）社会福祉士は、組織・職場内のどのような立場にあっても、同僚および他の専門職などに敬意を払う。

3.（倫理綱領の理解の促進）社会福祉士は、組織・職場において本倫理綱領が認識されるよう働きかける。

4.（倫理的実践の推進）社会福祉士は、組織・職場の方針、規則、業務命令がソーシャルワークの倫理的実践を妨げる場合は、適切・妥当な方法・手段によって提言し、改善を図る。

5.（組織内アドボカシーの促進）社会福祉士は、組織・職場におけるあらゆる虐待または差別的・抑圧的な行為の予防および防止の促進を図る。

6.（組織改革）社会福祉士は、人々のニーズや社会状況の変化に応じて組織・職場の機能を評価し必要な改革を図る。

III 社会に対する倫理責任

1.（ソーシャル・インクルージョン）社会福祉士は、あらゆる差別、貧困、抑圧、排除、無関心、暴力、環境破壊などに立ち向かい、包摂的な社会をめざす。

2.（社会への働きかけ）社会福祉士は、人権と社会正義の増進において変革と開発が必要であるとみなすとき、人々の主体性を活かしながら、社会に働きかける。

3.（グローバル社会への働きかけ）社会福祉士は、人権と社会正義に関する課題を解決するため、全世界のソーシャルワーカーと連帯し、

グローバル社会に働きかける。

Ⅳ 専門職としての倫理責任

1．（専門性の向上）社会福祉士は、最良の実践を行うために、必要な資格を所持し、専門性の向上に努める。

2．（専門職の啓発）社会福祉士は、クライエント・他の専門職・市民に専門職としての実践を適切な手段をもって伝え、社会的信用を高めるよう努める。

3．（信用失墜行為の禁止）社会福祉士は、自分の権限の乱用や品位を傷つける行いなど、専門職全体の信用失墜となるような行為をしてはならない。

4．（社会的信用の保持）社会福祉士は、他の社会福祉士が専門職業の社会的信用を損なうような場合、本人にその事実を知らせ、必要な対応を促す。

5．（専門職の擁護）社会福祉士は、不当な批判を受けることがあれば、専門職として連帯し、その立場を擁護する。

6．（教育・訓練・管理における責務）社会福祉士は、教育・訓練・管理を行う場合、それらを受ける人の人権を尊重し、専門性の向上に寄与する。

7．（調査・研究）社会福祉士は、すべての調査・研究過程で、クライエントを含む研究対象の権利を尊重し、研究対象との関係に十分に注意を払い、倫理性を確保する。

8．（自己管理）社会福祉士は、何らかの個人的・社会的な困難に直面し、それが専門的判断や業務遂行に影響する場合、クライエントや他の人々を守るために必要な対応を行い、自己管理に努める。

（3）精神保健福祉士の倫理綱領

　公益社団法人 日本精神保健福祉士協会「精神保健福祉士の倫理要綱」（2013 年 4 月 21 日採択／ 2018 年 6 月 17 日改訂）

前　文

　われわれ精神保健福祉士は、個人としての尊厳を尊び、人と環境の関係を捉える視点を持ち、共生社会の実現をめざし、**社会福祉学を基盤とする精神保健福祉士の価値・理論・実践**をもって精神保健福祉の向上に努めるとともに、クライエントの社会的復権・権利擁

護と福祉のための専門的・社会的活動を行う専門職としての資質の向上に努め、誠実に倫理綱領に基づく責務を担う。

目 的

　この倫理綱領は、精神保健福祉士の倫理の原則および基準を示すことにより、以下の点を実現することを目的とする。

1．精神保健福祉士の専門職としての価値を示す
2．専門職としての価値に基づき実践する
3．クライエントおよび社会から信頼を得る
4．精神保健福祉士としての価値、倫理原則、倫理基準を遵守する
5．他の専門職や全てのソーシャルワーカーと連携する
6．すべての人が個人として尊重され、共に生きる社会の実現をめざす

倫理原則

1．クライエントに対する責務

（1）クライエントへの関わり
　精神保健福祉士は、クライエントの基本的人権を尊重し、個人としての尊厳、法の下の平等、健康で文化的な生活を営む権利を擁護する。

（2）自己決定の尊重
　精神保健福祉士は、クライエントの自己決定を尊重し、その自己実現に向けて援助する。

（3）プライバシーと秘密保持
　精神保健福祉士は、クライエントのプライバシーを尊重し、その秘密を保持する。

（4）クライエントの批判に対する責務
　精神保健福祉士は、クライエントの批判・評価を謙虚に受けとめ、改善する。

（5）一般的責務
　精神保健福祉士は、不当な金品の授受に関与してはならない。また、クライエントの人格を傷つける行為をしてはならない。

2．専門職としての責務

（1）専門性の向上
　精神保健福祉士は、専門職としての価値に基づき、理論と実践の向上に努める。

（2）専門職自律の責務
　精神保健福祉士は同僚の業務を尊重するとともに、相互批判を通じて専門職としての自律性を高める。

（3）地位利用の禁止

　精神保健福祉士は、職務の遂行にあたり、クライエントの利益を最優先し、自己の利益のためにその地位を利用してはならない。

（4）批判に関する責務

　精神保健福祉士は、自己の業務に対する批判・評価を謙虚に受けとめ、専門性の向上に努める。

（5）連携の責務

　精神保健福祉士は、他職種・他機関の専門性と価値を尊重し、連携・協働する。

3．機関に対する責務

　精神保健福祉士は、所属機関がクライエントの社会的復権を目指した理念・目的に添って業務が遂行できるように努める。

4．社会に対する責務

　精神保健福祉士は、人々の多様な価値を尊重し、福祉と平和のために、社会的・政治的・文化的活動を通し社会に貢献する。

倫理基準

1．クライエントに対する責務

（1）クライエントへの関わり

　精神保健福祉士は、クライエントをかけがえのない一人の人として尊重し、専門的援助関係を結び、クライエントとともに問題の解決を図る。

（2）自己決定の尊重

a　クライエントの知る権利を尊重し、クライエントが必要とする支援、信頼のおける情報を適切な方法で説明し、クライエントが決定できるよう援助する。

b　業務遂行に関して、サービスを利用する権利および利益、不利益について説明し、疑問に十分応えた後、援助を行う。援助の開始にあたっては、所属する機関や精神保健福祉士の業務について契約関係を明確にする。

c　クライエントが決定することが困難な場合、クライエントの利益を守るため最大限の努力をする。

（3）プライバシーと秘密保持

　精神保健福祉士は、クライエントのプライバシーの権利を擁護し、業務上知り得た個人情報について秘密を保持する。なお、業務を辞めたあとでも、秘密を保持する義務は継続する。

a　第三者から情報の開示の要求がある場合、クライエントの同意を得た上で開示する。クライエントに不利益を及ぼす可能性がある時には、クライエントの秘密保持を優先する。

b　秘密を保持することにより、クラ

に緊急の被害が予測される場合は、クライエントとの協議を含め慎重に対処する。

c　複数の機関による支援やケースカンファレンス等を行う場合には、本人の了承を得て行い、個人情報の提供は必要最小限にとどめる。また、その秘密保持に関しては、細心の注意を払う。クライエントに関係する人々の個人情報に関しても同様の配慮を行う。

d　クライエントを他機関に紹介する時には、個人情報や記録の提供についてクライエントとの協議を経て決める。

e　研究等の目的で事例検討を行うときには、本人の了承を得るとともに、個人を特定できないように留意する。

f　クライエントから要求がある時は、クライエントの個人情報を開示する。ただし、記録の中にある第三者の秘密を保護しなければならない。

g　電子機器等によりクライエントの情報を伝達する場合、その情報の秘密性を保証できるよう最善の方策を用い、慎重に行う。

（4）クライエントの批判に対する責務

精神保健福祉士は、自己の業務におけるクライエントからの批判・評価を受けとめ、改善に努める。

（5）一般的責務

a　精神保健福祉士は、職業的立場を認識し、いかなる事情の下でも精神的・身体的・性的いやがらせ等人格を傷つける行為をしてはならない。

b　精神保健福祉士は、機関が定めた契約による報酬や公的基準で定められた以外の金品の要求・授受をしてはならない。

2．専門職としての責務

（1）専門性の向上

a　精神保健福祉士は専門職としての価値・理論に基づく実践の向上に努め、継続的に研修や教育に参加しなければならない。

b　スーパービジョンと教育指導に関する責務

1）精神保健福祉士はスーパービジョンを行う場合、自己の限界を認識し、専門職として利用できる最新の情報と知識に基づいた指導を行う。

2）精神保健福祉士は、専門職として利用できる最新の情報と知識に基づき学生等の教育や実習指導を積極的に行う。

3）精神保健福祉士は、スーパービジョンや学生等の教育・実習指導を行う場合、公正で適切な指導を行い、スーパーバイジーや学生等に対して差別・酷使・精神的・身体的・

性的いやがらせ等人格を傷つける行為をしてはならない。

（2）専門職自律の責務

a 精神保健福祉士は、適切な調査研究、論議、責任ある相互批判、専門職組織活動への参加を通じて、専門職としての自律性を高める。

b 精神保健福祉士は、個人的問題のためにクライエントの援助や業務の遂行に支障をきたす場合には、同僚等に速やかに相談する。また、業務の遂行に支障をきたさないよう、自らの心身の健康に留意する。

（3）地位利用の禁止

精神保健福祉士は業務の遂行にあたりクライエントの利益を最優先し、自己の個人的・宗教的・政治的利益のために自己の地位を利用してはならない。また、専門職の立場を利用し、不正、搾取、ごまかしに参画してはならない。

（4）批判に関する責務

a 精神保健福祉士は、同僚の業務を尊重する。

b 精神保健福祉士は、自己の業務に関する批判・評価を謙虚に受けとめ、改善に努める。

c 精神保健福祉士は、他の精神保健福祉士の非倫理的行動を防止し、改善するよう適切な方法をとる。

（5）連携の責務

a 精神保健福祉士は、クライエントや地域社会の持つ力を尊重し、協働する。

b 精神保健福祉士は、クライエントや地域社会の福祉向上のため、他の専門職や他機関等と協働する。

c 精神保健福祉士は、所属する機関のソーシャルワーカーの業務について、点検・評価し同僚と協働し改善に努める。

d 精神保健福祉士は、職業的関係や立場を認識し、いかなる事情の下でも同僚または関係者への精神的・身体的・性的いやがらせ等人格を傷つける行為をしてはならない。

3．機関に対する責務

精神保健福祉士は、所属機関等が、クライエントの人権を尊重し、業務の改善や向上が必要な際には、機関に対して適切・妥当な方法・手段によって、提言できるように努め、改善を図る。

4．社会に対する責務

精神保健福祉士は、専門職としての**価値・理論・実践**をもって、地域および社会の活動に参画し、社会の変革と精神保健福祉の向上に貢献する。

※著者太字

（4）介護福祉士の倫理綱領

　公益社団法人 日本介護福祉士会「日本介護福祉士会倫理綱領」
（1995年11月17日宣言）

前　文

　私たち介護福祉士は、介護福祉ニーズを有するすべての人々が、住み慣れた地域において安心して老いることができ、そして暮らし続けていくことのできる社会の実現を願っています。そのため、私たち日本介護福祉士会は、一人ひとりの心豊かな暮らしを支える介護福祉の専門職として、ここに倫理綱領を定め、自らの**専門的知識・技術及び倫理的自覚**をもって最善の介護福祉サービスの提供に努めます。

（利用者本位、自立支援）
1. 介護福祉士は、すべての人々の**基本的人権を擁護**し、一人ひとりの住民が心豊かな暮らしと老後が送れるよう利用者本位の立場から自己決定を最大限尊重し、自立に向けた介護福祉サービスを提供していきます。

（専門的サービスの提供）
2. 介護福祉士は、常に**専門的知識・技術**の研鑽に励むとともに、豊かな感性と的確な判断力を培い、深い洞察力をもって専門的サービスの提供に努めます。また、介護福祉士は、介護福祉サービスの質的向上に努め、自己の実施した介護福祉サービスについては、常に専門職としての責任を負います。

（プライバシーの保護）
3. 介護福祉士は、プライバシーを保護するため、職務上知り得た個人の情報を守ります。

（総合的サービスの提供と積極的な連携、協力）

4. 介護福祉士は、利用者に最適なサービスを総合的に提供していくため、福祉、医療、保健その他関連する業務に従事する者と積極的な連携を図り、協力して行動します。

（利用者ニーズの代弁）

5. 介護福祉士は、暮らしを支える視点から利用者の真のニーズを受けとめ、それを代弁していくことも重要な役割であると確認したうえで、考え、行動します。

（地域福祉の推進）

6. 介護福祉士は、地域において生じる介護問題を解決していくために、専門職として常に積極的な態度で住民と接し、介護問題に対する深い理解が得られるよう努めるとともに、その介護力の強化に協力していきます。

（後継者の育成）

7. 介護福祉士は、すべての人々が将来にわたり安心して質の高い介護を受ける権利を享受できるよう、介護福祉士に関する教育水準の向上と後継者の育成に力を注ぎます。

※著者太字

さて、みなさんは4つの倫理綱領を学び感じたことはありますか。相違点や類似点について考えてみましょう。全国保育士会の倫理綱領は、他の社会福祉士、精神保健福祉士、介護福祉士の倫理綱領と比べると非常にシンプルです。そして、ソーシャルワークの構成要素である価値・知識・技術という柱立てで書かれてはいません。社会に対する視点についても、地域の子育て支援という範囲までに限定されているようです。子どもと保護者と地域を中心に考えられています。

【表6-2】社会福祉専門職倫理綱領の比較

	価値	知識	技術
社会福祉士	社会正義、人権、集団的責任、多様性尊重および全人的存在の原理	ソーシャルワークの知識、技術の専門性と倫理性の維持、向上が専門職の責務であることを認識	
精神保健福祉士	• 専門職としての価値に基づき実践する • 精神保健福祉士としての価値、倫理原則、倫理基準を遵守する	専門職として利用できる最新の情報と知識に基づいた指導	
	専門職としての価値・理論・実践をもって、地域および社会の活動に参画		
介護福祉士	すべての人々の基本的人権を擁護	• 常に専門的知識・技術の研鑽に励む • 自らの専門的知識・技術および倫理的自覚をもって最善の介護福祉サービスの提供に努める	

　他の3つの専門職の倫理綱領について、ソーシャルワークの構成要素である価値・知識・技術の観点から表6-2を参照し比較してみましょう。

　3つの社会福祉専門職すべて、ソーシャルワークの構成要素である価値・知識・技術という視点で自らの職務や専門性について論じています。精神保健福祉士の倫理綱領は「技術」ではなく「実践」という言葉を用い、介護福祉士は「価値」の内容について基本的人権として描いています。多少の違いはありますが、ソーシャルワークの実践に不可欠である、価値・知識・技術が包含されていることが理解できたと思います。

〉　コラム　〈

施設内虐待が起こる背景を考えよう

なぜ起きる障害者施設の虐待　「施設ある限り繰り返す」
（朝日新聞デジタル　2021 年 8 月 11 日付）

　【千葉】市原市の知的障害者支援施設で、元職員の男（26）が入所者3 人に傷を負わせたとして傷害の容疑で 5 日逮捕された。障害者施設での虐待事件はなぜなくならないのか。行政は問題を起こした職員個人の資質を問題視して再発防止策をとってきたが、閉鎖性の高い施設の構造的な問題が根本的要因だとの指摘もある。

　事件があったのは「千原厚生園」。同園や市原署によると、容疑者は約5 年前から正職員として勤務していた。被害者の入浴支援中に他の職員が傷に気がつき、3 月 26 日に市に報告。傷は物で引っかかれたようで、いずれも軽傷だった。

　警察の捜査開始後、元職員がけがを負わせたと認めたため、5 月に懲戒解雇された。同園ではパートも含む職員約 30 人が交代制で入所者約50 人を支援。夜勤は 3 人体制で、この元職員が担当することもあった。

　同園ではこれまで同様の事例はなかったとし、「障害者の生活や人生を充実させるために取り組んできたなかで、あってはならないこと」と謝罪した。今後、第三者を交えて施設の運営を抜本的に見直すことを検討しているという。

　県でも、施設の運営状況について調査する方針。今回の事件を市町村職員への研修や、障害者施設に配布するリーフレットの内容に盛り込むことも検討する。

　厚生労働省によると、2019 年度に全国の自治体が確認した障害者施設の職員らによる虐待は 547 件。県によると、県内では 34 件で、うち障害者支援施設では 7 件だった。

　同省の調査によると、自治体が判断した発生要因は、「教育・知識・介護技術等に関する問題」「職員のストレスや感情コントロールの問題」「**倫理観や理念の欠如**」といった、**職員個人の資質**を問題視する回答が上位を占めた。

　一方で、「組織風土や職員間の関係性の悪さ」「人員不足や多忙さ」といった、**構造的な問題**を指摘する回答は 2 割前後にとどまった。だが、虐待があった施設の多くでは、管理者や職員への研修を実施して虐待防止に努めていた。

　県内では 13 年、障害者施設「県立袖ケ浦福祉センター」で知的障害のある入所者の少年（当時 19）が職員の暴行で死亡する事件があった。県の調査で、13 年までの 10 年間で 15 人の職員が入所者 23 人に暴行をしていたことが判明した。県の第三者委員会は、人材育成や研修、外部のチェック体制の不備が背景にあったと指摘。県は大規模施設での支援を見直し、センターを 22 年度末に廃止して、入所者を民間の小規模施設に移す方針を示している。

※著者太字

先生からのコメント

　社会福祉専門職の倫理が厳密に定められているのにもかかわらず、このような事件が繰り返されるのはなぜでしょうか。この記事ではその要因を「倫理観や理念の欠如」などの職員個人の資質が上位で、「人員不足や多忙さ」などの構造的な問題は 2 割前後であったという調査結果を紹介しています。個人の資質が原因であれば、人を変え、研修をすれば改善されるべきですが、施設内虐待は改善の方向にはありません。

　社会福祉の範囲から考えてみると、個人の資質はミクロレベルになります。そこに留まらず、メゾ・マクロの視点で検討することが必要です。特定の異常な人の犯した罪にするのではなくて、その背景ごとにきちんと原因を探って先につなげていこうとする取り組みが重要です。メゾレベルである施設の雰囲気に「不穏な状態になる入所者をとにかく上から力で押さえるようなことをしても仕方がない」などの暴力を許容するムードはなかったのか、マクロレベルでは配慮の程度が高い利用者の対応ができる手厚い予算措置があったのかを分析することが大切でしょう。

第7章

共生社会の実現と
障害者施策

【 この章で学ぶこと 】

　本章では、障害のある人との共生社会をノーマライゼーションやダイバーシティ（多様性）という理念から考えていきます。そして「障害」とは個人と社会的障壁との相互作用によって生じる状態であること、さらに「障害」を生活という観点から捉える国際生活機能分類（ICF）を学ぶことを通して「障害とは何か」について考察してください。また、生きづらさや生活課題を解決するための障害者総合支援法を中心とした法律の体系や具体的な障害福祉サービスを学びましょう。

§1　共生社会の理念

1. 障害者権利条約　—国際的な潮流

　2006（平成18）年12月第61回国連総会で障害者の権利に関する条約（障害者権利条約）が採択され、日本は2014（平成26）年1月に批准しました。この障害者権利条約は、障害者の人権および基本的自由の享有を確保し、障害者の固有の尊厳の尊重を促進することを目的として、障害者の権利の実現のための措置等について定められた条約です。

　この条約の重要な点としては、以下を明示したことがあります。

- 一般原則：障害者の尊厳、自律及び自立の尊重、無差別、社会への完全かつ効果的な参加及び**包容（インクルージョン）**等
- 一般的義務：**合理的配慮**の実施を怠ることを含め、障害に基づくいかなる差別もなしに、全ての障害者のあらゆる人権及び基本的自由を完全に実現する

※著者太字　「障害者権利条約」を著者一部改変

　上記の中から特に、**インクルージョン**と**合理的配慮**を取りあげ、確認しましょう。第2条では、合理的配慮を「障害者が他の者との平等を基礎として全ての人権及び基本的自由を享有し、または行使することを確保するための必要かつ適当な変更及び調整であって、特定の場合において必要とされるものである」と定義しています。また、第5条（平等及び無差別）では、障害に基づくあらゆる差別を禁止することや、合理的配慮の提供が確保されるための適当な措置をとることを求めています。この「合理的配慮の否定」を障

害に基づく差別に含めたことは、条約の特徴の1つとされています。

インクルージョンの理念が明記されているのは、第19条（自立した生活及び地域社会への包容）です。締約国は、すべての障害者が他の者と平等の選択の機会をもって地域社会で生活する平等の権利を有することを認め、障害者がこの権利を完全に享受し、地域社会に完全に包容され、参加することを容易にするための効果的かつ適当な措置をとることを定めています。

日本の定訳ではインクルージョンを「包容」としていますが、これには賛否両論があります。

さらに第24条では、障害者を包容する教育制度（いわゆるインクルーシブ教育システム）について明示しています。**インクルーシブ教育**システムとは、障害のある児童がその潜在能力を最大限に発達させ、自由な社会に効果的に参加できるようにするという教育理念のもと、障害のある児童と障害のない児童とが可能な限り一緒に教育を受けられるよう配慮することと考えられています。

この権利条約の掲げるインクルージョンは、1994（平成6）年のサラマンカ宣言（スペインのサラマンカで開催された「特別ニーズ教育世界会議」で採択された宣言）の考え方を引き継いでいると考えられます。

批准した国には、障害のある人が社会生活を営む分野で、障害のある人の権利を守るための厳しい義務が課せられることになりました。EUやその加盟国では、近年の社会福祉の再編に当たって、社会的排除（失業、技術および所得の低さ、粗末な住宅、犯罪率の高さ、健康状態の悪さおよび家庭崩壊などの互いに関連する複数の問題を抱えた個人あるいは地域）に対処する戦略として、その中心的政策課題の1つとされています。次項以降で述べますが、日本においても、障害者権利条約を批准するために国内の法律を次々と整備していくことになります。

2. インクルージョンの理念

日本国内の動きを確認しましょう。2000（平成12）年12月に厚生省（当時）

でまとめられた「社会的な援護を要する人々に対する社会福祉のあり方に関する検討会報告書」に、社会的に弱い立場にある人々を社会の一員として包み支え合う**ソーシャルインクルージョン**の理念を進めることを提言しています。ソーシャルインクルージョンとは、「全ての人々を孤独や孤立、排除や摩擦から援護し、健康で文化的な生活の実現につなげるよう、社会の構成員として包み支え合う」というすべての人々を対象にした考え方や「障害者が社会の中で当然に存在し、障害の有無にかかわらず誰もが排除されず、分離・隔離されずに共に生きていく社会こそが自然な姿であり、誰にとっても生きやすい社会である」という障害者や社会のあり方に着目した定義です。

また、教育界を中心に広がってきた概念としての**インクルージョン**には、サラマンカ宣言や障害者権利条約批准という背景があると考えられます。

2013（平成25）年に「学校教育法施行令」が改正され、従来一定程度以上の障害のある児童生徒は特別支援学校への就学が原則で、小中学校への就学は例外だったものが、障害の状態等をふまえ、総合的な観点から就学先を決めるようになりました。また、2011（平成23）年に「障害者基本法」が改正され、「可能な限り障害者である児童及び生徒が障害者でない児童及び生徒と共に教育を受けられるよう配慮」すること等が新たに規定されました。

3．共生社会の実現に向けて　—多様性の尊重

障害者権利条約の締結に先立ち、国内法の整備が始められました。2009（平成21）年12月に内閣総理大臣を本部長、全閣僚をメンバーとする「障がい者制度改革推進本部」が設置され、集中的に障害者に関する制度改革を進めていくこととしました。これを受けて、障害者基本法の改正（2011（平成23）年8月）、障害者総合支援法の成立（2012（平成24）年6月）、障害者差別解消法の成立と「障害者雇用促進法」の改正（2013（平成25）年6月）等、様々な制度改革が行われました。

2011年の障害者基本法の改正では、障害者の**基本的人権**や**共生社会**の実現を法律に明記しています。

第1条（目的）
この法律は、全ての国民が、障害の有無にかかわらず、等しく基本的人権を享有するかけがえのない個人として尊重されるものであるとの理念にのっとり、全ての国民が、障害の有無によって分け隔てられることなく、相互に人格と個性を尊重し合いながら**共生する社会**を実現するため、障害者の自立及び社会参加の支援等のための施策に関し、基本原則を定め、及び国、地方公共団体等の責務を明らかにするとともに、障害者の自立及び社会参加の支援等のための施策の基本となる事項を定めること等により、障害者の自立及び社会参加の支援等のための施策を総合的かつ計画的に推進することを目的とする。

第3条（地域社会における共生等）
第1条に規定する社会の実現は、全ての障害者が、障害者でない者と等しく、基本的人権を享有する個人としてその尊厳が重んぜられ、その尊厳にふさわしい生活を保障される権利を有することを前提としつつ、次に掲げる事項を旨として図られなければならない。

  1　全て障害者は、**社会を構成する一員**として社会、経済、文化その他あらゆる分野の活動に参加する機会が確保されること。
  2　全て障害者は、可能な限り、どこで誰と生活するかについての選択の機会が確保され、**地域社会において他の人々と共生すること**を妨げられないこと。
  3　全て障害者は、可能な限り、言語（手話を含む。）その他の意思疎通のための手段についての選択の機会が確保されるとともに、情報の取得又は利用のための手段についての選択の機会の拡大が図られること。

＊著者太字　「障害者基本法」

　共生社会とは、これまで必ずしも十分に社会参加できるような環境になかった障害者等が、積極的に参加・貢献していくことができる社会をいいま

す。それは、誰もが相互に人格と個性を尊重し支え合い、人々の多様なあり方を相互に認め合える全員参加型の社会ともいえるでしょう。また、類似している考え方として、**ダイバーシティ**や**多様性の尊重**という理念が聞かれるようになりました。ダイバーシティ (diversity) という言葉は、直訳すると「多様性」という意味です。この考え方はアメリカの経営などの分野で誕生し、「ダイバーシティ・マネジメント」に発展し、性別、人種、国籍、宗教、年齢、学歴、職歴など多様さを活かし、企業の競争力につなげる経営上の取り組みのことを指します。日本でも経済産業省がこの考え方を取り入れ、「ダイバーシティ経営」として推進しています。

　この理念を拡大し、障害をはじめとしたマイノリティー（少数派）を包含した共生社会を目指す際に多様性の尊重、ダイバーシティという言葉が頻繁に用いられるようになりました。**ノーマライゼーション**は「障害者」と「非障害者」を分けて考えていますが、ダイバーシティやインクルージョンは障害も非障害も、どちらも少数派も多数派も社会を構成する多様性の 1 つとしては同等であるという前提です。インクルージョンとノーマライゼーションの違いについては、第 2 章を復習すると学びがさらに深まるでしょう。

§2 障害児・者福祉の展開

I. 障害児・者福祉の理念

（1）法律から見る理念

　障害者基本法（2011（平成 23）年改正）の第 2 条では、障害者（障害児を含む）の定義を「身体障害、知的障害、精神障害（発達障害を含む。）その他の心身の機能の障害（以下「障害」と総称する）がある者であつて、障害及び社会的障壁により継続的に日常生活または社会生活に相当な制限を受ける状態にあるものをいう」としています。ここで注目しておくべきことは、障害と社会的障壁がかけ合わさって「障害者」となるという考え方です。社会的障壁の定義を「障害があるものにとつて日常生活または社会生活を営む上で障壁となるような社会における事物、制度、慣行、観念その他一切のものをいう」としています。

　以下に具体的な詳細を示しましょう（表 7-1）。

【表 7-1】障害者への社会的障壁例

障壁の種類	具 体 例
〈事物の障壁〉 施設や設備などによる障壁	階段しかない、点字ブロックの上に停められた自転車、右手でしか使えないはさみなど
〈制度の障壁〉 ルールや条件などによる障壁	申込方法が来店のみ・電話のみなどの受付、同伴者を求めるサービス、墨字（印字された文字）のみの試験問題など
〈慣行の障壁〉 明文化されていないがマジョリティが従うしきたり、情報提供など	緊急時のアナウンスは音声のみ、注意喚起は赤色を使う、視覚でしかわからない署名・印鑑の慣習など
〈観念の障壁〉 無知、偏見、無関心など	「こうあるべきだ」「～できるはずがない」「障害者はかわいそう」など

　例えば、コミュニケーションという観点から考えてみると、聞こえが悪い人を「聴覚障害」としていますが、周囲の人びとすべてが手話を身につけていれば意思疎通に何ら問題はなく、障害の状態にはないということになります。手話は障害者基本法第3条で言語に含むとされ、いくつかの地方自治体の条例においては「言語」として位置づけられています。以下に鳥取県の例を紹介します。

> **第1条**　この条例は、手話が言語であるとの認識に基づき、手話の普及に関し基本理念を定め、県、市町村、県民及び事業者の責務及び役割を明らかにするとともに、手話の普及のための施策の総合的かつ計画的な推進に必要な基本的事項を定め、もってろう者とろう者以外の者が共生することのできる地域社会を実現することを目的とする。

「鳥取県手話言語条例」

　社会的障壁の「観念」については、わたしたちのもつ障害者への偏見や差別などが彼らの生活に制限を与えていることになっていないかを改めて考える必要があると思います。

（2）障害観の転換　―国際障害分類から国際生活機能分類へ

1）国際障害分類（ICIDH モデル）

　WHO（世界保健機関）の障害分類は、国際的にも広く認知されています。WHO は 1980（昭和 55）年に「国際障害分類（ICIDH：International Classification of Impairments,Disabilities and Handicaps）」を提示しました。その考え方は障害を3つのレベル、機能障害・能力障害・社会的不利に整理したものです（表 7-2）。病気や変調により機能障害が生じ、それがもとで能力障害が発生し、その結果として社会的不利がもたらされるというものです（図 7-1）。

　ノーマライゼーションの普及などにより、障害を一方向で捉えることは本

【表7-2】国際障害分類における3つの障害レベル

障害レベル	内　　　　容
機 能 障 害	心身の形態または機能が、病気や外傷などでの原因で損なわれている状態
能 力 障 害	機能障害の結果生じる活動能力の制限されている状態
社会的不利	能力障害のために進学、就職、文化活動などの社会的参加が制限されること

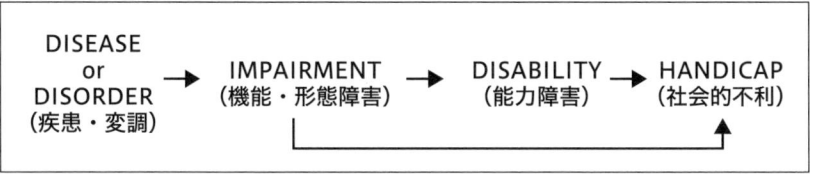

上田敏「国際障害分類初版（ICIDH）から国際生活機能分類（ICF）へ ―改定の経過・趣旨・内容・特徴―
日本障害者リハビリテーション協会『ノーマライゼーション 22（6）』2002

【図 7-1】国際障害分類（ICIDH モデル）

人の能力の制限に問題を帰していることへの批判や、社会的不利は環境との
相互作用において決まるという観点を取り入れる考え方が広まってきまし
た。そこでWHOの障害分類は見直され、2001（平成13）年に新たに国
際生活機能分類として改訂されました。

2）国際生活機能分類（ICF モデル）

　国際生活機能分類（ICF：International Classification of Functioning,
Disability and Health）は人間の生活機能と障害に関する状況を記述する
ことを目的とした分類であり、健康状態、心身機能、身体構造、活動と参加、
環境因子、個人因子から構成されています（次ページの表7-3）。
　ICIDHモデルとの一番大きな違いは、対象が「障害」から「生活機能」
に変わったことにあります。これは病気や「障害」といったマイナス面から

「生活機能」というプラス面に視点を移したということで、いわば180度の考え方の転換とも考えられます。また、ICFモデルは生活機能から障害を分類し、障害のある人々の人生や生き方にまで視野を広げ、ICIDHからICFへの変換は**医療モデル**から**社会モデル**への変換ともいわれています（図7-2）。

　これまで見てきたように、法律やWHOの国際生活機能分類は新しい「障害観」を提唱していると考えられます。「障害」とは特定の個人にもともと存在するのではなく、社会環境との相互作用においてつくりだされるものであるという考え方に変わってきました。社会のしくみや制度が人々に不自由さや制限をもたらすのであれば、個人の能力の向上に着目するだけでなく、社会環境の整備や充実によって解消する必要があります。このような障害観を障害のある子どもの保育や暮らしに当てはめて考えてみると、子どもの可能性を広げるための環境構成などの重要性を再認識することができます。

【表7-3】国際生活機能分類における構成内容

機能と状況・因子	内　　　容
心身機能	身体系の生理的機能（心理的機能を含む）
身体構造	器官、肢体とその構成部分などの身体の解剖学的部分
活　　動	課題や行為の個人による遂行
参　　加	生活・人生場面へのかかわり
環境因子	人々が生活し、人生を送っている物的・社会的・態度的環境
個人因子	個人の人生や生活の特別な背景

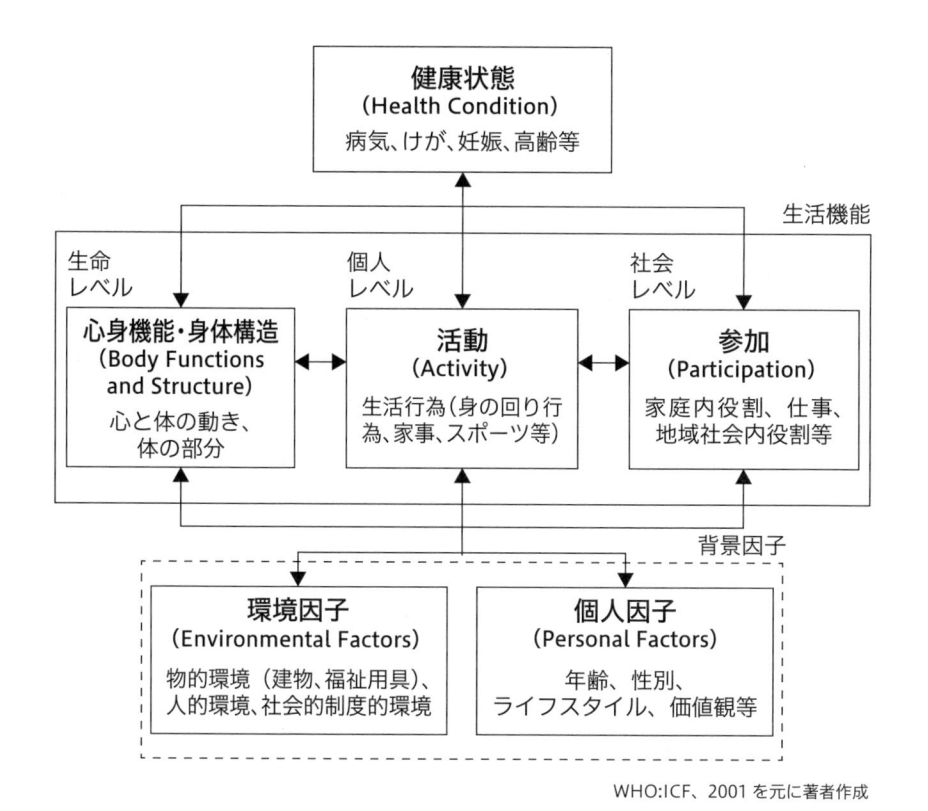

WHO:ICF、2001 を元に著者作成

【図7-2】国際生活機能分類（ICF モデル）

> コラム

新型出生前診断のこれから

「念のため」だった出生前検査　苦悩を経て気になったサポートの現状
（朝日新聞デジタル　2021年9月12日付より一部引用改変）

　　胎児の染色体疾患などが推定できる「出生前検査」では、妊婦の血液を採取するだけで調べられる検査があります。昨年、第2子を出産した記者（36）は「念のために」と検査を受け、想像を超える悩みに直面しました。実感したのは、検査を受ける際のサポート体制の大切さでした。

　　受けたのは「母体血清マーカー検査」で、ダウン症候群、18トリソミーや神経管閉鎖障害の可能性がわかる。費用は約2万5千円。妊婦健診で通う産院に案内が貼ってあり、申し込んだ。

　　当時は妊娠4カ月で、少しずつおなかが出てきたころ。2週間後に聞いた結果は、ダウン症についてのみ「陽性」だった。

　　胎児がダウン症である確率は、基準値（295分の1）を上回る「189分の1」とあった。パーセンテージで表せば約0.5%だが、どう判断すればよいかわからなかった。

　　可能性だけを示す非確定的検査のため、確定診断を得るためには羊水検査が必要だ。

　　医師は少し困った表情で、「（中絶ができる）22週が近いから早めに決めてね」。心の準備ができておらず、何も考えられなかった。

　　おなかや子宮に針を刺す羊水検査は約15万円と高額な上、紹介された病院は1晩の入院が必要。まだ1歳だった長女のことが気がかりだった。また、約300人に1人の割合で流産する可能性があると示された。

　　何よりも、もし羊水検査で確定した場合、どうするのか。「命の選別」という言葉が頭を回った。

　　さらに困ったのは、相談先だった。

　担当の産科医は話を聞いてはくれたが、「最終的にはあなたが決めること」。困り果てて相談した自治体の保健師に教えてもらい、ある総合病院の「遺伝カウンセリング」にたどりついた。

　専門医は丁寧な説明をしてくれた。基準値と私の数字が割と近いこと、そして「新生児の先天性疾患は、全出生数の約５％」という数字を聞いて考えが固まった。生まれてくる子が、出生前検査ではわからない他の病気を持っている可能性はある。

　夫とも何度も相談し、最終的には羊水検査を受けなかった。ダウン症の子たちと交流があった義母から「その時はみんなで育てましょう」と言葉をかけられたことにも勇気づけられた。

　カウンセリングによって自分の考えを整理できたが、もっとアクセスしやすい相談先はないだろうか。自治体やNPOにも尋ねてみたが、今のところはほぼないようだ。（以下、省略）

先生からのコメント

　2013（平成25）年の４月から、妊婦の血液だけで判定できる新型の出生前診断がスタートしました。それまでは、胎児のいる子宮に針を刺し、採取した羊水から判断するという母体に危険を伴う検査でした。

　2013年の検査開始から３年間の実態は、検査を受けた３万615人のうち染色体異常の疑いがある「陽性」と判定されたのは547人。さらにお腹に針を刺す羊水検査に進んで異常が確定したのは417人で、うち94％に当たる394人が人工妊娠中絶を選択しました。

　ダウン症や障害のある子どもたちは産まれてきてはいけないのでしょうか。「命の選別」が現実に行われている社会に危惧を覚えます。また、「自己決定」に価値を置き、その判断を個人にゆだねることは、はたして正しいやり方なのでしょうか。子どもの権利条約でも保障されている、障害のある子どもの尊厳を守る社会の実現について考え続けなければなりません。

2．障害福祉の法体系

（1）障害者基本法

　障害者基本法は、2011（平成 23）年にも改正が行われました。「全ての国民がかけがえのない個人として尊重される」理念に基づき、障害の有無によって分け隔てられることなく**共生する社会**の実現がうたわれています。前項で学んだように大きな特徴としては、「障害者の定義」の拡大と「合理的配慮」という概念の導入を指摘することができます。特別な配慮ではなく、合理的な配慮という考え方の大きな転換が見て取れます。

（2）障害者自立支援法

　2003（平成 15）年にノーマライゼーションの理念に基づいて、従来の措置制度から大きく転換した支援費制度が施行されました。しかし、支援費制度には多くの問題点が指摘され、2006（平成 18）年に障害者自立支援法が施行されました。この法律のポイントには、以下があげられます。

　利用者本位のサービス体系として、障害の種別（身体障害・知的障害・精神障害）にかかわらず、障害のある人々が必要とするサービスを利用できるよう、サービスを利用するためのしくみを一元化しています。

　これまでは、サービスの提供主体が都道府県と市町村に分かれていましたが、障害のある方々にとってもっとも身近な市町村が責任をもって一元的にサービスを提供することになりました。また、支援の必要度に応じてサービスが利用できるように**障害程度区分**が設けられました。支給手続きの公平公正の観点から、市町村審査会における審査を受けた上で支給決定を行うなど、支給決定のプロセスの明確化・透明化が図られました。その後、障害者総合支援法へ移行することになります。

（3）障害者総合支援法

　2011（平成 23）年の改正障害者基本法をふまえた新たな法律として、また、障害者自立支援法における法の目的を変更し、同年に障害者総合支援法（障

害者の日常生活及び社会生活を総合的に支援するための法律）が公布されました。この法律では、目的として「基本的人権を享有する個人としての尊厳にふさわしい日常生活または社会生活を営む」という人としての権利を明記しました。また、身体障害、知的障害、精神障害（発達障害を含む）に加えて、政令で定める難病等による障害がある者を障害者の範囲に加え、**制度の谷間**のない支援の提供を目指しています。

　基本理念を以下のように明示しています。

- すべての国民が、障害の有無にかかわらず等しく基本的人権を享有するかけがえのない個人として尊重されるものである
- 相互に人格と個性を尊重しながら共生する社会の実現
- 社会参加の機会が確保されること、およびどこで誰と生活するかの選択の機会の確保
- 障壁となるような社会における事物、制度、慣行、観念その他一切のものの除去に資する

　またこの法律では、障害福祉サービスにかかわる給付、**地域生活支援事業**その他の支援を総合的に行うといった具体的なサービスや事業についても規定しています。次項で具体的に学びます。

（4）障害者差別解消法　―合理的配慮

　障害者差別解消法はすべての国民が障害の有無によって分け隔てられることなく、相互に人格と個性を尊重し合いながら共生する社会の実現を目指すために、2016（平成28）年4月1日に施行されました。この法律では、行政や民間事業者に対して障害を理由とした「不当な差別的な取り扱い」を禁止する他に、障害者から社会的障壁の除去の意思表明があった際に、過重な負担にならないときは必要かつ「合理的な配慮」をするように努めなくてはならないということが定められています。

　合理的配慮について事業者においては努力義務とされていましたが、

2021（令和3）年に同法の改正により義務化され、2024（令和6）年より施行されました。本法における「障害者」とは、障害者手帳を所持している人のみでなく、障害や社会の中にあるバリアによって、日常生活や社会生活に相当な制限を受けている人すべてが対象となります。また事業者とは商業等を行う企業や団体、店舗であり目的の営利・非営利、個人・法人の別を問いません。個人事業主やボランティア活動をするグループも事業者に入ります。

　これは障害者が受ける制限は障害のみに起因するものではなく、社会における様々な障壁と相対することによって生ずるものという、いわゆる「社会モデル」の考え方をふまえたものです。合理的な配慮とは、障害者の権利・利益を侵害することとならないよう、障害者が個々の場面において必要としている社会的障壁を除去するための必要かつ合理的な取り組みであり、その実施に伴う負担が過重でないものとしています。

　以下に具体的な例を示します。

1）不当的差別の取り扱い

- 保護者や介助者がいなければ一律に入店を断る
- 障害のある人向けの不動産物件はないと言って対応しない
- 障害のあることを理由として、障害のある人に対して一律に待遇の差をつける

2）合理的配慮の提供

・物理的環境への配慮

　肢体不自由のある本人から、飲食店で車椅子のまま着席したいという申し出があった

　→机に備え付けの椅子を片付けて、車椅子のまま着席できるスペースを確保した

・意思疎通への配慮

　弱視があるため、筆談によるコミュニケーションを希望した

　　→細いペンや小さな文字では読みづらいため太いペンで大きな文字を
　書いて筆談を行った
・**慣行の柔軟な変更**
　学習障害のため文字の読み書きに時間がかかるので、セミナーへ参加
中にホワイトボードの文字を最後まで書き写すことができない
　→書き写す代わりに、デジタルカメラ、タブレット型端末などでホワ
イトボードを撮影することとした

（5）障害者雇用促進法

　障害者の権利に関する条約の第 27 条（労働及び雇用）の趣旨をふまえ、
2013（平成 25）年 6 月に障害者雇用促進法が一部改正され、雇用分野にお
ける障害者差別の禁止や、精神障害者を障害者の**法定雇用率**の算定基礎に加
えること等が盛り込まれました。国や地方公共団体では、知的障害者を非常
勤職員として雇用し、一定の業務経験の後に企業への就職を目指す「チャレ
ンジ雇用」が進められています。障害者の雇用に伴う事業主の負担を軽減す
るため、**障害者雇用納付金制度**が設けられ、法定雇用率を未達成の企業から
は納付金を徴収し、法定雇用率を超えて障害者を雇用している企業には障害
者雇用調整金が支給される等、様々な助成が行われています。
　2013 年 4 月からは、「障害者優先調達推進法」の制定を受け、国や地方
公共団体、独立行政法人等の公的機関による障害者就労施設等からの優先的
な購入も行われています。この他、全国障害者技能競技大会「アビリンピッ
ク」の開催を通じて、広く社会の障害者に対する理解と認識が深められ、雇
用の促進が図られています。

3．障害の種別とその内容

（1）身体障害

　身体障害者とは、身体障害者福祉法第 4 条で定義された身体障害の種類
に該当し、同法に規定された身体障害者手帳の交付の対象となります。身体

障害の種類には「視覚障害」「聴覚・平衡機能障害」「音声・言語・そしゃく機能障害」「肢体不自由（上肢・下肢・体幹）」「内部障害（心臓・腎臓・呼吸器・ぼうこうまたは直腸・小腸機能障害、ヒト免疫不全ウイルスによる免疫機能障害）」があります。

（2）知的障害

　知的障害者の定義は、法令上規定されていません。一般的には、知能検査による**知能指数**（IQ）がおおむね70以下であり、日常生活能力に支障があるかが障害の有無の判定のポイントになっています。

（3）精神障害

　精神保健福祉法第5条に精神障害者とは「統合失調症、精神作用物質による急性中毒またはその依存症、知的障害、精神病質その他の精神疾患を有する者」と定義されています。

（4）発達障害

　発達障害者支援法において発達障害とは、「自閉症、アスペルガー症候群その他の広汎性発達障害、学習障害、注意欠陥多動性障害その他これに類する脳機能の障害であってその症状が通常低年齢において発現するものとして政令で定めるもの」と定義されています。

4．障害児・者福祉施策の現状

　2012（平成24）年に障害者自立支援法の体系を引き継いで制定された、障害種別に共通した自立支援システムの整備をした障害者総合支援法により、様々なサービスや事業は規定されています。

（1）障害福祉サービスの体系

　具体的なサービスの体系は図7-3に示していますが、サービスは個々の

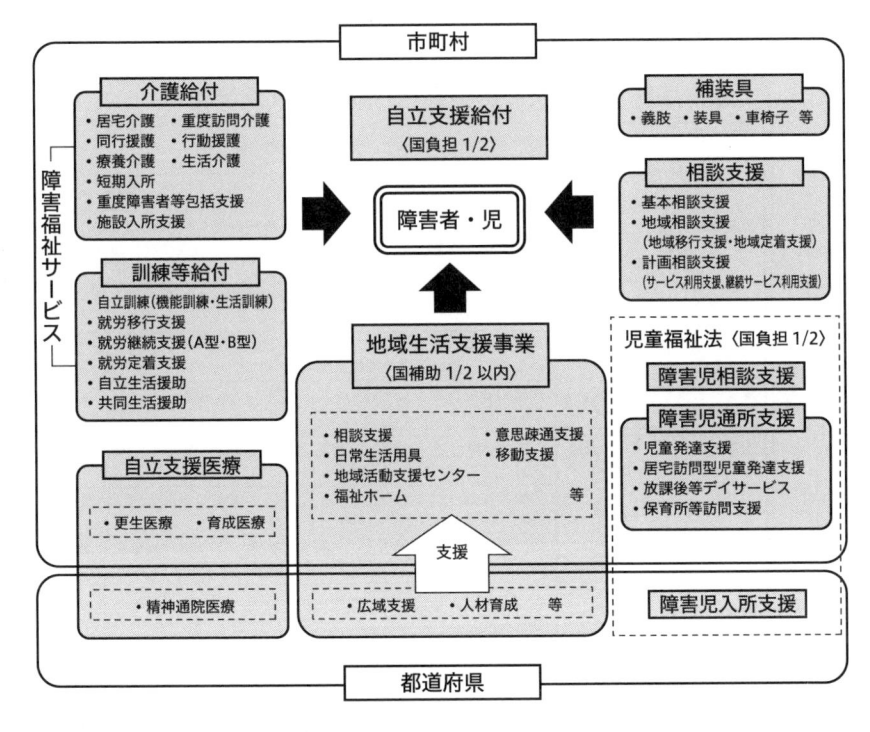

内閣府「令和3年版 障害者白書」

【図7-3】総合的な自立支援システムの構築

障害のある人々の障害の程度や勘案すべき事項（社会活動や介護者、居住等の状況）をふまえ、個別に支給決定が行われる「障害福祉サービス」と、市町村の創意工夫により利用者の方々の状況に応じて柔軟に実施できる「地域生活支援事業」に大別されます。

　障害福祉サービスは、介護の支援を受ける場合には「介護給付」、訓練等の支援を受ける場合は「訓練等給付」に位置づけられ、それぞれ利用の際のプロセスが異なります。また、従来は入所施設では1日24時間、入所している障害者に衣食住から訓練、余暇活動などまで提供してきましたが、夜間の生活の場としての「入所支援」と日中の活動の場としての「療養介護」「生活介護」という体系へと変化しました。

【表7-4】障害福祉サービスの体系

障害福祉サービス等の体系（介護給付・訓練等給付）

		サービス名		内容
訪問系	介護給付	居宅介護（ホームヘルプ）	者児	自宅で、入浴、排せつ、食事の介護等を行う
		重度訪問介護	者	重度の肢体不自由者又は重度の知的障害若しくは精神障害により行動上著しい困難を有する者であって常に介護を必要とする人に、自宅で、入浴、排せつ、食事の介護、外出時における移動支援、入院時の支援等を総合的に行う（日常生活に生じる様々な介護の事態に対応するための見守り等の支援を含む。）
		同行援護	者児	視覚障害により、移動に著しい困難を有する人が外出する時、必要な情報提供や介護を行う
		行動援護	者児	自己判断能力が制限されている人が行動するときに、危険を回避するために必要な支援、外出支援を行う
		重度障害者等包括支援	者児	介護の必要性がとても高い人に、居宅介護等複数のサービスを包括的に行う
日中活動系		短期入所（ショートステイ）	者児	自宅で介護する人が病気の場合などに、短期間、夜間も含めた施設で、入浴、排せつ、食事の介護等を行う
		療養介護	者	医療と常時介護を必要とする人に、医療機関で機能訓練、療養上の管理、看護、介護及び日常生活の世話を行う
		生活介護	者	常に介護を必要とする人に、昼間、入浴、排せつ、食事の介護等を行うとともに、創作的活動又は生産活動の機会を提供する
施設系		施設入所支援	者	施設に入所する人に、夜間や休日、入浴、排せつ、食事の介護等を行う
居住支援系	訓練等給付	自立生活援助	者	一人暮らしに必要な理解力・生活力等を補うため、定期的な居宅訪問や随時の対応により日常生活における課題を把握し、必要な支援を行う
		共同生活援助	者	夜間や休日、共同生活を行う住居で、相談、入浴、排せつ、食事の介護、日常生活上の援助を行う
訓練系・就労系		自立訓練（機能訓練）	者	自立した日常生活又は社会生活ができるよう、一定期間、身体機能の維持、向上のために必要な訓練を行う
		自立訓練（生活訓練）	者	自立した日常生活又は社会生活ができるよう、一定期間、生活能力の維持、向上のために必要な支援、訓練を行う
		就労移行支援	者	一般企業等への就労を希望する人に、一定期間、就労に必要な知識及び能力の向上のために必要な訓練を行う
		就労継続支援（A型）	者	一般企業等での就労が困難な人に、雇用して就労の機会を提供するとともに、能力等の向上のために必要な訓練を行う
		就労継続支援（B型）	者	一般企業等での就労が困難な人に、就労する機会を提供するとともに、能力等の向上のために必要な訓練を行う
		就労定着支援	者	一般就労に移行した人に、就労に伴う生活面の課題に対応するための支援を行う

（注）表中の「者」は「障害者」、「児」は「障害児」であり、利用できるサービスにマークを付している。

厚生労働省「障害福祉サービスについて」

【表 7-5】市町村地域生活支援事業（必須事業のみ）

事業名	内　　容
理解促進研修・啓発事業	障害のある方が日常生活および社会生活をする上で生じる「社会的障壁」をなくすため、地域の住民に対して、障害のある方に対する理解を深めるための研修会やイベントの開催、啓発活動などを行う
自発的活動支援事業	障害のある方、その家族、地域住民などが地域において自発的に行う活動（ピアサポート、災害対策、孤立防止活動、ボランティア活動など）を支援する
相談支援事業	障害のある方、その保護者、介護者などからの相談に応じ、必要な情報の提供や権利擁護のための援助を行い、自立した生活ができるよう支援する
成年後見制度利用支援事業	障害福祉サービスを利用し、または利用しようとする知的障害のある方または精神障害のある方に対して、成年後見制度の利用について必要となる経費のすべてまたは一部について補助を行う
成年後見制度法人後見支援事業	成年後見制度における法人後見活動を支援するために、実施団体に対する研修、安定的な実施のための組織体制の構築、専門職による支援体制の構築などを行う
意思疎通支援事業	聴覚、言語機能、音声機能、視覚その他の障害のため、意思疎通を図ることに支障がある方のために、手話通訳者や要約筆記者の派遣、点訳、代筆、代読、音声訳による支援などを行う
日常生活用具給付等事業	重度障害のある方等に対し、自立生活支援用具等の日常生活用具の給付または貸与を行う
手話奉仕員養成研修事業	聴覚障害のある方との交流活動の促進、市区町村の広報活動などの支援者として期待される手話奉仕員（日常会話程度の手話表現技術を取得した者）の養成・研修を行う
移動支援事業	屋外での移動が困難な障害のある方について、外出のための支援を行う
地域活動支援センター機能強化事業	障害のある方に対し、創作的活動または生産活動の機会の提供、社会との交流の促進等を行う

【表7-6】都道府県地域生活支援事業（必須事業のみ）

事　業	内　　容
専門性の高い相談支援事業	発達障害、高次脳機能障害に関するものなど、特に専門性の高い相談について、必要な情報提供等を行う
専門性の高い意思疎通支援を行う者の養成研修事業	手話通訳者、要約筆記者、盲ろう者向け通訳・介助員の養成を行う
専門性の高い意思疎通支援を行う者の派遣事業	手話通訳者または要約筆記者について、市区町村域を越える広域的な派遣、複数市区町村の住民が参加する障害者団体などの会議や研修への派遣、専門性の高い分野で市区町村では対応できない場合の派遣を行う。また盲ろう者向け通訳・介助員の派遣を行う
意思疎通支援を行う者の派遣に係る市区町村相互間の連絡調整事業	市区町村域または都道府県域を越えた広域的な派遣を円滑に実施するため、市区町村間では派遣調整ができない場合には、都道府県が市区町村間の派遣調整を行う
広域的な支援事業	市区町村域を越えて広域的な支援が必要な事業を行う

（2）障害福祉サービス

　p.160の表7-4では、障害福祉サービスを介護給付と訓練等給付に分け、訪問系、日中活動系、施設系、居住支援系、訓練系・就労系に整理し、それぞれの事業の内容を説明しています。

（3）地域生活支援事業

　障害のある方が、自立した日常生活または社会生活を営むことができるよう、地域の特性や本人の状況に応じ、柔軟な形態により事業を計画的に実施します。市町村地域生活支援事業（p.161の表7-5）と都道府県地域生活支援事業（p.162の表7-6）に大別されています。

（4）障害福祉サービス利用に対する利用者負担

　障害者総合支援法に基づく障害福祉サービスを利用した場合、利用したサービスに要する費用の一部を利用者が負担することになっています。障害福祉サービスの自己負担は、所得に応じて4区分があり、それぞれの**負担上限月額**が設定されています。ひと月に利用したサービス量にかかわらず、それ以上の負担は生じません。生活保護世帯、市町村民税非課税世帯には利用者負担はありません。

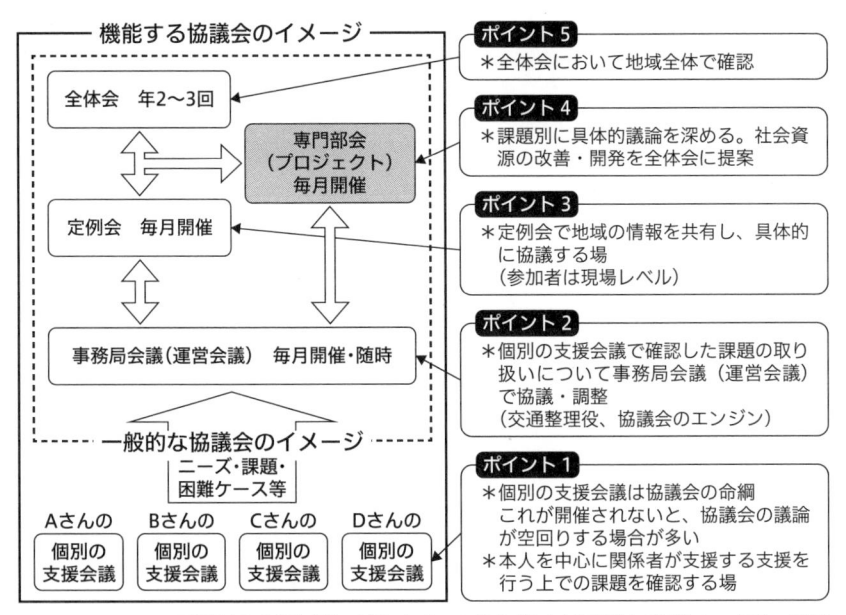

財団法人日本障害者リハビリテーション協会「自立支援協議会の運営マニュアル」2008

【図7-4】 自立支援協議会のイメージ

5．自立支援協議会

　2012（平成24）年に制定された障害者総合支援法において、地方公共団体に「協議会」としていわゆる**自立支援協議会**の設置の努力が規定されました。自立支援協議会では、関係機関等が相互に連絡を図ることによって、地域における障害者等への支援体制を検討し、地域全体に共通する課題があれば体制の整備についてまで協議を行うとされています。

　この自立支援協議会には、障害者等の福祉、医療、教育、または雇用に関連する支援者が、障害者本人やその家族などの当事者を中心にした関係者が支援を行う上での課題を確認する場として機能することが求められています。p.163の図7-4で自立支援協議会の機能を示します。個別のケースの支援会議の積み重ねの中から不足している社会資源などを見出し、それらを開発していくという重層的な協議会を目指しています。

> コラム

「津久井やまゆり園事件」から わたしたちが考え続けなければいけないこと

「相模原障害者殺傷事件から3年。障害者の東大生が語る "私たちがすべきこと"」
（ハーバー・ビジネス・オンライン　板垣聡旨　2019年8月8日付より一部抜粋）

「優生思想」に気を取られ続け、"植松" 自身と向き合わなかった社会

　取材を引き受けていただいたのは、東京大学文学部哲学科4年の慎允翼（しん・ゆに）さん（22歳）。慎さんは、10万人に1〜2人が発症する脊髄性筋萎縮症（通称：SMA）全身の筋力が弱まるといった障害を抱えており、24時間の介助を必要としている。もちろん自分の力で歩くことはできなく、ストレッチャーでの移動だ。

　慎さんは特別支援学校には行かず、高校まで健常者と同じ学校、同じクラスで過ごし、2016年に東大に推薦合格。今現在、西洋哲学を専攻している大学生だ。相模原障害者殺傷事件に対して言葉のトーンを強めて話す。

　「植松の『なんで障害者を生かさなくてはいけないのか』という問いを誰も掘り下げて考えようとしなかった。彼の問いは抹殺されたんだ。『優生思想』というものは、そもそも『思想』に値しないのではないか。それなのに植松の考えに『優生思想』というレッテルを貼って済まそうとしてしまっていたよね。植松の主張が、どのような根拠により、どのような人格から成される主張なのか。検討と対話をしてこなかった」

　慎さんは、私たちが植松被告と対話をしなかった点を指摘する。事件発生後、多くのメディアに取り上げられ、世間を騒がせた。平成で最悪の事件と謳われ、多くの人が怒りを露わにした。

　しかし慎さんは「被害者でも、遺族でもない我々が被疑者に対して怒るのはお門違いだ」と話す。私たちがすべきことは、「被疑者を恨むのではなく、なぜこの事件が起きたかを考えること」だという。

先生からのコメント

　この事件にふれた時、非常に苦しい気持ちになりました。そして、それは今も続いています。「津久井やまゆり園事件」について考えることは社会福祉学を専門とし研究・教育している著者であっても強い葛藤をともない、ましてや語ることには大きな逡巡があります。なぜならそれは、自分自身も「当事者であること」を問われることにつながる作業であるからです。ここでいう当事者とは、植松被告と地続きに自分もいるのではないかという思いです。

　事件から6日後の2016（平成28）年8月5日に公益社団法人日本発達障害連盟は声明を発表しました。その一部を引用します。

> 「この人権無視の認識がどのように生まれ、この異常な行動に至ったのかを考えるとき、それは決して容疑者本人の中だけで芽生え醸成されたものではなく、**どこにおいても誰の中にも生じうるものではないかと気づかされるのです**。幼い時から様々な場面で一定の価値基準により序列化され、競争社会の中で、誰もが選別と排除の意識に囚われる危険性をはらんでいるのではないでしょうか。」（＊著者太字）

　皆さんにも是非、自分の中にある差別や排除の意識と向き合ってみてほしいと思います。それが第10章で学ぶ相談援助をする際の「自己覚知」につながります。

　差別観を見直すきっかけが、先に紹介したハーバー・ビジネス・オンラインの記事内にありました。以下に紹介します。「障害」をわたしたち社会がどのように捉え、社会として保障すべきか、考え方のヒントになるでしょう。

> 「まず社会は、"個人が責任を負えない、負う必要のないものをみんなで分散して負う"もの。強盗が入った時は、個人では解決できないので警察を呼ぶよね。警察とは、みんなが税金をだして構成されている組織。警察だけじゃなくて、水道や道路も同じ」
> 　慎さんが強調しているのは、「強盗に対処するかや水道の水を引けるかどうかは、個人の責任の範疇にない。優劣とは結びつかない」ということ。同様に、個人の責任の範疇にない障害の有無も優劣とは結び付けようがないのだ。

ピープルデザインとは
〜ユニバーサルデザインを超えて

NPO法人ピープルデザイン研究所『ピープルデザイン：超福祉 インクルーシブ社会の実現に向けたアイデアと実践の記録』「はじめに」より一部引用

福祉サービスの受益者として見えてきた「？」

　1995年5月、そもそもこの活動を始めたきっかけは24年前に遡る。我が家の次男が、重度の脳性麻痺を伴って生まれてきた日が全ての始まりだ。当時もハートビル法の施行などを背景に、世の中では「バリアフリー」や「ユニバーサルデザイン」というフレーズが頻繁に語られていた。中には「ユニバーサルファッション」というものまであった。例えば公共施設、交通機関や新しいビルなどには、法に則った「バリアフリー」が、そここに謳われていた。駅のホームの最後尾で、駅員さんが三人がかりで車イスに乗った障害者を電車に乗せている風景も、その頃から目につくようになった。しかしながら一般の人々が車イスユーザーに手を貸している姿はほとんど見ない。むしろ、それは「駅員さんのすることで、私のすることではない」「自分が手伝って、もし何かあったらどうしよう」という気持ちが先行しているのではないかと想像したほどだ。なによりも、当時は車イスユーザーが介助者なく、ひとりで街に出てくる姿を見るのは稀だった。息子ははたしてこの国で、将来自立した生活を送れるのだろうか？人口減による社会保障費の大幅な削減が予想される中で、彼や彼の出生をきっかけに知った福祉の受益者たちが、ひとりで生活していく上で本当に必要なものは何なのか？そのために自分自身でできることは何か？そんな素朴な疑問から、既存の福祉関連の施設や数多くの行事にボランティアとして参加してみたが、正直なところコレだと思える切り口を見出すことはできなかった。誤解を恐れず言えば、そんな関わり合いから得た印象は、「ダサイ」「地味」「ヘンな優しさと思いやり」。

当時の福祉業界に従事する方々の特徴と言えば、それまで商業の世界で徹底的に叩き込まれた私から見るに、コスト意識も低く、当然の「よきこと」として関わっておられた。そのギャップに気持ちは沈むばかりだった。悶々とした日々を経た数年の後、14年勤めていた会社を退職した。自分自身の時間と身体を使って、自分の仕事として、自ら「理想と思える選択肢」を独立した事業として「つくって」みたいと思ったからだ。

渋谷のド真ん中、渋谷ヒカリエで開催する超福祉展

　PDIが主催している2020年で7回目を迎えるイベントが「超福祉展/Super Welfare Expo」（正式名称「2020年、渋谷。 超福祉の日常を体験しよう展」）だ。この企画で私たちは渋谷という街を「媒体」として活用し、イベントを「手段」と明確化することに徹している。伝えるべきは、超福祉の傘を通した「心のバリアフリー」の具現化と、そこで体感いただく障害者をはじめとするマイノリティ起点のイノベーションの可視化。そして、多様な人たちが当たり前に混ざり合う**ダイバーシティ**の意味する、未来へのクリエイティブな可能性や憧憬の喚起だ。前述のとおり、かつて私が感じた福祉に明日は見えなかった。1970年代にデンマークで立ち上がったノーマライゼーションの思考に底流を置く「マイナスをゼロに引き上げる」視座にアンカーしている限り、憐憫の情が先行しがちなのは否めない。そこで先ずはこうステートメントすることにした。ハンディキャップがある人＝障害者が、健常者よりも「カッコイイ」「カワイイ」「ヤバイ」と憧れられるような未来を目指し、「意識のバリア」を「憧れ」へ転換させる心のバリアフリー、意識のイノベーションを「超福祉」と定義する。一人ひとりの心の中に存在する、障害者をはじめとしたマイノリティや福祉に対する「負い目」にも似た「心のバリア」。従来の福祉のイメージ、「ゼロ以下のマイナスである『かわいそうな人たち』をゼロに引き上げようとする」のではなく、「超福祉」の視点では全員がゼロ以上の地点にいて、混ざり合っていることを当たり前と考える。「かわいそう」から「かっこいい」へ。「隠す」から「見せる・魅せる」へ。社会保障費の受け手たる「TAX TAKER」（厚労省領域）か

ら市場を創造する「TAX PAYER」（経産省領域）へ。超福祉展は、イノベーションとは「新たなものの捉え方」であり、市民が主体者として立ち上げていけるものなのだと実感できるイベントだ。超福祉展は市場創造やイノベーションを感じる場であり、新しい発想に基づく技術や視点を、展示とシンポジウムの二軸で展開している。例えば電動車イスは、自転車やスケボーに代わる街の新しいモビリティとして提案されている。

※著者太字

先生からのコメント

「ピープルデザイン」の提唱者の須藤シンジがかつて代表理事を務めた特定非営利活動法人ピープルデザイン研究所では、様々なプロジェクトを行っています。「ピープルデザイン」と似た概念の呼称として、「バリアフリー」や「ユニバーサルデザイン」がありますが、それらとは一線を画しています。後者は障害者向けの機能性を重んじていますが、ピープルデザインはファッション性を重視し、同時に機能性を兼ね備えているデザインを目指しています。また、マイノリティの目線で存在する様々な課題を、人々の行動の力で解決するという「行為・行動を発動するためのデザイン」とも定義されています。

ピープルデザイン研究所のホームページには「道の段差はお金の問題もあり、すぐにはなくなりませんが、心の段差は行動次第で埋めていけます。でも、行動を変えるには、きっかけと勇気、そして何より街の空気の変化が必要です。ピープルデザインが目指すのはひとりひとりの気持ちのデザイン。違いを受け入れて、助ける必要があれば助け、理解する必要があれば理解する。そういう人が増えて空気が変わっていけば、マイノリティの人たちも臆せず街に来てたのしめるはずです。そのために私たちは既存の常識や考え方にとらわれず、クリエイティブに、たのしく、気持ちが動いていくような取り組みをしていきます。どんなものも吸収して、新しい文化にしてきたシブヤだから目指せる、みんなの幸せのかたち。いわば「超」福祉な街を目指して活動していきます」と書かれています。

須藤シンジの発言を見ると、「福祉」や「バリアフリー」などという考え方はもう古く、障害の有無や少数派や多数派などという切り分け方さえ胡散臭（うさんくさ）いと感じてしまいます。カッコイイ、楽しい、心地よいを追求することはひょっとするとすべての人々に共通していて、その実現を目指すピープルデザインという概念をさらに深めていきたいと思えてきませんか。

第8章

子ども家庭福祉と社会福祉

【 この章で学ぶこと 】

　本章ではまず、子どもが健やかに育つための親や家庭への支援の重要性について考えます。次に、子どもの権利条約や児童福祉法で明記されている「子どもの人権を尊重」するという理念について学びましょう。加えて 2023（令和5）年に新設されたこども基本法の理解を深めましょう。全ての子どもが将来にわたって幸福な生活を送ることができる社会を具体的に実現するための児童相談所を中心とする児童福祉の機関と5つの基本的な施策への理解を深めます。近年増加の一途をたどる児童虐待に関する児童虐待防止法や児童福祉法の改正が、子どもと親への支援につながっているか否かを考察できるとよいでしょう。

§1　子ども家庭福祉とは

　子ども家庭福祉とは何かを考える時に、いくつかの重要な視点があります。人間の赤ちゃんは非常に未熟な状態で出生し、誰かに保護を受けなければ生きていくことができません。また、単に生命の存続というだけでなく、子ども期は人生の出発点であり、その精神的な土台、人間としての基礎がつくられる大切な時期となります。

　したがって子ども期には、手厚い保護や養護、教育的配慮、あたたかな社会の眼差しなど多くのものが必要とされます。子どもの養育を一番近くで見守る家庭が子育てを担うだけではなく、地域や社会がともに重層的に子どもを養育するという理念が「子ども」と「家庭」の組み合わせになっていると考えられます。

1. 子ども家庭福祉の理念

（1）児童福祉法に見る理念

　第2章で学んだように日本の社会福祉の大きな転換は、1945（昭和20）年の第二次世界大戦終戦後の翌年1946（昭和21）年に日本国憲法が制定されたことにあります。第11条では基本的人権を享有していること、第13条では個人の尊重・幸福追求権を有していること、第25条では国民の生存権と国家責任による福祉の増進を規定しています。

　日本国憲法を背景に、その1年後の1947（昭和22）年に児童福祉法が制定されました。

（児童福祉保障の原理）

第1条

1　すべて国民は、児童が心身ともに健やかに生まれ、且つ、育成されるよう努めなければならない。

2　すべて児童は、ひとしくその生活を保障され、愛護されなければならない。

第2条

国及び地方公共団体は、児童の保護者とともに、児童を心身ともに健やかに育成する責任を負う。

「児童福祉法」

　初めて制定された児童福祉法は、子どもの権利について国や地方自治体の**公的責任**を承認し、法の適用範囲も全児童に拡大する画期的な理念を有していたといえます。しかし、2016（平成 28）年には児童福祉法の改正が行われます。これについては、§3で詳しく見ていきましょう。

（2）児童憲章に見る理念

　児童憲章とは法律ではなく、有識者が自主的に制定した社会協約です。1951（昭和26）年5月5日に制定され、この日を記念してこどもの日が祝日として定められています。　前文において「われらは、日本国憲法の精神にしたがい、児童に対する正しい観念を確立し、すべての児童の幸福をはかるために、この憲章を定める」としています。子どもの基本的人権を尊重し、子どもの福祉を図ることが国民全体の責任であるという考え方を啓発する意図でつくられました。以下の3つを基本的な理念と考えてよいでしょう。

・児童は、人として尊ばれる

・児童は、社会の一員として重んぜられる

・児童は、よい環境のなかで育てられる

（3）子どもの権利条約に見る理念

　子どもの権利条約では**子どもの最善の利益**の尊重が、子どもを支援する際の基本的な原則として定められています。また、子どもは愛護されるだけの存在ではなく、権利行使の主体であるとし、以下の4つの権利について明示しています。

・**生きる権利**：すべての子どもの命が守られること
・**育つ権利**：もって生まれた能力を十分に伸ばして成長できるよう医療や教育、生活への支援などを受け、友達と遊んだりすること
・**守られる権利**：暴力や搾取、有害な労働などから守られること
・**参加する権利**：自由に意見を表したり、団体を作ったりできること

2．子ども家庭福祉の視点　—親への視点

　第3章で現代日本における子育ての状況を見ました。子育ては**個育て**や**孤育て**と表現されるほど深刻な実態があります。地域の支え合いは減少し、**ママカースト**という状況においては子育ての悩みや不安などの本音を語ることもできず、ますます孤立した状況に追い詰められていきます。

　さらに、「子育て罰」という言葉が2021（令和3）年の国会で取りあげられ、問題視されています。また、OECDのワーキングペーパーでは、**チャイルド・ペナルティ**という言葉が用いられています。チャイルド・ペナルティとは、子どもを育てることによって背負うキャリアの中断や賃金格差などを指すといわれています。「ペナルティ」を直訳すると「罰」となり、子育てという営みは罰と同等という意味とされ、また、社会学者の古市憲寿が「東京での子育ては、まるで罰ゲームみたいだ」と論じるほど過酷な現状であることを認識する必要があります。

　子どもの最善の利益を保障するためには、子どもの一番近くにいる養育者の気持ちが安定し、子どもに向き合うゆとりがあることが何よりも必要でしょう。「子ども支援はまず養育者支援から」という考え方への転換が求め

られています。愛着理論を提唱した**ボウルビィ**の研究では、「少数の親密な養育者を形成し、その愛着対象によって安定的に育てられることが、子どもの健全な心身の発達のために望ましい」という部分が強調され、親の立場やその支援についても論じていることは忘れられています。「子どもには、母親、または親代わりの人と、親密で安定した関係をもつことが重要である」に次いで、以下の言葉が続けられています。「その関係は、子どもだけでなく親にとっても楽しくて満足できるものであるべきだ」「子どもたちが生存のために親を必要としているのと同じくらい、親も、とくに母親は、より大きな社会からの支援を必要としている。もし社会が子どもを大切に思うなら、社会はまず親たちを大切にしなければならない」と論じています。「子育て」を「孤育て」としてしまった社会の変化に応じて、子ども家庭福祉が、親たちを大切にする理念や施策を構築していかなければなりません。

§2　子どもと人権

1. 子どもの権利とは　—子どもの権利条約

(1) 子どもの権利条約の批准まで

　人間に「子ども期」があるということは、現在では当然のように考えられていますが、その発見は18世紀から19世紀になされたものであるといわれています。それまでは「小さなおとな」として捉えられており、子ども特有のものが存在すると理解されていませんでした。しかし、保護され、愛され、教育される対象としての「子ども観」が誕生しました。1900（明治33）年に**エレン・ケイ**が『児童の世紀』を発表し、それ以降も子どもにある権利に

ついて述べています。さらには、子どもの保護のために親の権利を制限する
立法を提案しています。それらをひとつの契機として、国際的に子どもの権
利について法律や宣言でまとめられるようになりました。

　以下に、日本国内の動きとあわせて、子どもの権利条約に関する主要な流
れを列挙しました。1989（平成元）年に児童の権利に関する条約（子ども
の権利条約）が国連総会において全会一致で採択されました。日本国はそこ
から5年の歳月を経て、1994（平成6）年に158番目の締約国となりました。

【表8-1】児童の権利条約に関する主要な流れ

年　度	動　　き
1924（大正13）年	「児童の権利に関するジュネーブ宣言」が国際連盟で採択
1945（昭和20）年	国際連合が組織化
1947（昭和22）年	「児童福祉法」制定
1948（昭和23）年	「世界人権宣言」が国連総会で採択
1951（昭和26）年	「児童憲章」制定
1959（昭和34）年	「児童権利宣言」が国連総会で採択
1989（平成元）年	「児童の権利に関する条約」が国連総会で採択
1994（平成6）年	日本国「児童の権利に関する条約」を批准

（2）子どもの権利条約とは

　子どもの権利条約は、子どもの基本的人権を国際的に保障するために定め
られた条約です。18歳未満の児童を**権利をもつ主体**と位置づけ、おとなと
同様一人の人間としての人権を認めるとともに、成長の過程で特別な保護や
配慮が必要な子どもならではの権利も定めています。前文と本文54条から
なり、子どもの生存、発達、保護、参加という包括的な権利を実現・確保す
るために必要となる具体的な事項を規定しています。

子どもの権利条約の中で、一般原則といわれる4つの考え方を示します。

一般原則

第6条　生命、生存及び発達に対する権利（命を守られ成長できること）
すべての子どもの命が守られ、もって生まれた能力を十分に伸ばして成長できるよう、医療、教育、生活への支援などを受けることが保障されます。

第3条　子どもの最善の利益（子どもにとって最もよいこと）
子どもに関することが決められ、行われる時は、「その子どもにとって最もよいことは何か」を第一に考えます。

第12条　子どもの意見の尊重（意見を表明し参加できること）
子どもは自分に関係のある事柄について自由に意見を表すことができ、おとなはその意見を子どもの発達に応じて十分に考慮します。

第2条　差別の禁止（差別のないこと）
すべての子どもは、子ども自身や親の人種、性別、意見、障害、経済状況などどんな理由でも差別されず、条約の定めるすべての権利が保障されます。

日本ユニセフ協会「子どもの権利条約　一般原則」を著者一部改変

その他にも、子どももおとなと同じように以下の市民的自由の諸権利について有することを明示しています。

- 第13条　表現の自由
- 第14条　思想・良心・宗教の自由
- 第15条　結社・集会の自由
- 第16条　プライバシー・名誉の保護
- 第17条　情報及び資料の利用

　また、子どもの権利条約には、3つの「選択議定書」がつくられています。「選択議定書」は、ある条約に新たな内容を追加や補強する際に作られる文書で、条約と同じ効力をもちます。2000（平成12）年5月に2つの選択議定書が、そして2011（平成23）年12月に3つめの選択議定書が国連総会で採択されました。日本政府は、2004（平成16）年8月に**武力紛争における児童の関与に関する児童の権利条約選択議定書**を、2005（平成17）年1月に「児童の売買、児童買春及び児童ポルノに関する児童の権利に関する条約の選択議定書」を批准しています。

2．子どもの権利に関する施策　―児童虐待防止法

（1）児童虐待防止法の成立

　子どもの権利条約を批准したことを背景に児童虐待が社会問題化しました。こうした動きに歩調を合わせるように、「児童相談所における虐待に関する相談処理件数」は、統計を取り始めた当初の1990（平成2）年度から上昇し（図8-1）、子ども虐待に関係する人たちや研究者たちからの「子ども虐待に対応するための法律が必要だ」という声が高まりました。

　児童虐待の防止等に関する法律（児童虐待防止法）が成立したのは2000（平成12）年5月、施行は同年11月でした。この立法により、第2条に「児童虐待の定義」が初めて定められ、**身体的虐待、性的虐待、ネグレクト、心**

- **身体的虐待**：児童の身体に外傷が生じ、または生じるおそれのある暴行を加えること
- **性的虐待**：児童にわいせつな行為をすることまたは児童をしてわいせつな行為をさせること
- **ネグレクト**：児童の心身の正常な発達を妨げるような著しい減食または長時間の放置、その他の保護者としての監護を著しく怠ること
- **心理的虐待**：児童に著しい心理的外傷を与える言動を行うこと

※著者太字　「児童虐待防止法」を著者一部改変

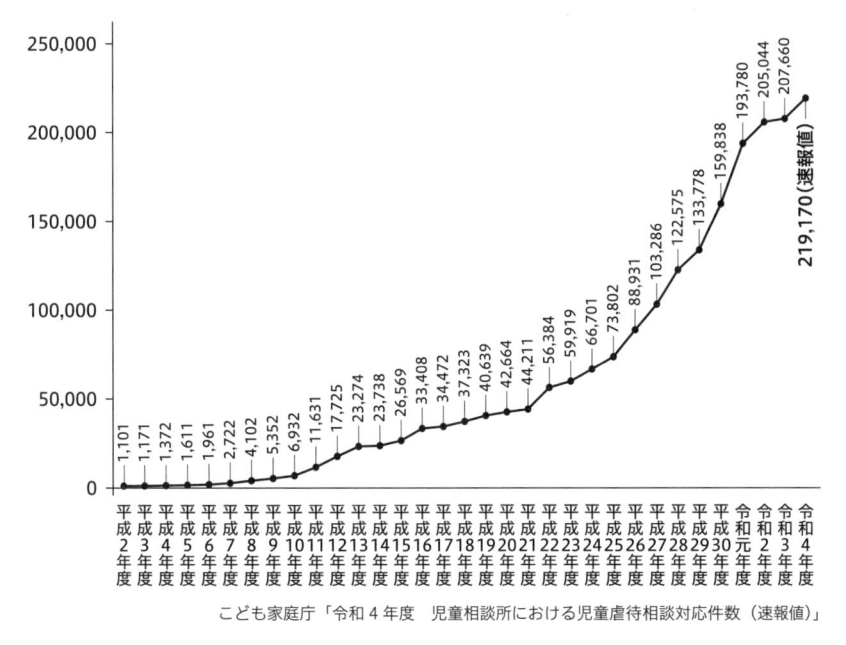

こども家庭庁「令和 4 年度　児童相談所における児童虐待相談対応件数（速報値）」

【図 8-1】児童相談所での児童虐待相談件数とその推移

理的虐待の 4 種類とされました。

（2）児童虐待防止法の改正

1）第 1 回改正

　2000 年に制定された児童虐待の防止等に関する法律附則第 2 条にこの法律の施行後 3 年を目途として、この法律の施行状況等を勘案することが記されていました。それに基づき、改正が行われました。「児童虐待は著しい人権侵害である」と明記され、子どもの人生に深刻な影響を与えることを明らかにした点が大きなポイントです。また、児童虐待の定義の見直しがされ、児童の目の前で**ドメスティック・バイオレンス**（DV）が行われること等、児童への被害が間接的なものについても児童虐待に含まれるものとなりました。**面前 DV** と呼ばれることがあります。

　この児童虐待の防止等に関する法律の改正に合わせ、児童福祉法の一部改正がされました。大きな改正ポイントは、市町村が子ども虐待の相談窓口となり必要な調査や指導を行うことです。

2）第2回改正

　第2回目の改正案は、2007（平成19）年4月に国会に提出され、同年6月に可決・成立しました。第1条の目的に「児童の権利利益の擁護に資すること」が明記されました。主な改正点は児童相談所の権限強化で、立入調査に関しては親の同意が得られない場合、一定の手順を踏んだあと裁判所の許可を得て**強制立入**できるとしました。

　この児童虐待の防止等に関する法律の改正に合わせ、児童福祉法の一部改正も行われました。主な改正点は「地方公共団体は、**『要保護児童対策地域協議会』**を置くよう努めなければならない」として設置義務としたことです。虐待を受けた子どもの早期発見や適切な保護を行う関係機関の連携を強化するためです。この法律は2008（平成20）年4月から施行されました。

3）第3回改正

　2019（令和元）年の千葉県野田市および北海道札幌市の児童虐待による死亡事件を背景に、2020（令和2）年に児童虐待防止法の改正が行われました。その目的は児童虐待防止対策の強化を図るため、児童の権利擁護、児童相談所の体制強化および関係機関間の連携強化等の所要の措置を講ずることにありました。

　特に注目すべきは、児童の権利擁護として、「親権者は児童のしつけに際して体罰を加えてはならないこととする。児童福祉施設の長等についても同様とする」と明示した点にあります。また、児童相談所の体制強化として、「都道府県は、一時保護等の介入的対応を行う職員と保護者支援を行う職員を分ける等の措置を講ずるものとする」と定め、これまでも指摘されていた親子分離という指導的役割と親と信頼関係を構築する支援的役割を切り離したことは前進といえるでしょう。附則として「施行後5年間を目途に、中核市及

び特別区が児童相談所を設置できるよう、施設整備、人材確保・育成の支援等の措置を講ずるものとする」とし、東京都23区をはじめ中核都市が児童相談所の設置を急ピッチで進めています。

(3) 要保護児童対策地域協議会

　2004（平成16）年の児童福祉法改正で「要保護児童対策地域協議会」を位置づけ、地域の関係機関が情報を共有化できるようにしました。さらに2007（平成19）年の改正では、地方公共団体は要保護児童対策地域協議会の設置が努力義務とされました。住民の身近な市町村で、要保護児童の援助にかかわる機関連携のしくみが法定化されたのには大きな意義があります。特に家庭支援のためには、保育所、幼稚園、学校、児童委員、福祉事務所、児童相談所、保健センター、各種教育機関、民間虐待防止機関、必要に応じて警察、弁護士など関係機関による連携が必要です。

　要保護児童対策地域協議会の機能として、①関係機関相互の連携や役割分担の調整を行う機関を明確化すること、②個人情報保護の要請と関係機関における情報共有のあり方を明確化すること、があげられます。要保護児童の早期発見や適切な保護を図るためには、関係機関が対象となる児童等に関する情報や考え方を共有し、適切な連携のもとで対応していくことが重要です。詳細は次ページの図8-2で示しています。

3. 親権と子どもの権利

　子どもを育てる役割を「親」「保護者」と呼称・表記することが一般的に行われています。保護者については、児童福祉法において「保護者とは、（中略）親権を行う者、未成年後見人その他の者で、児童を現に監護する者をいう」と定義されています。次に、**親権**とは何かについて考えてみると、それは子どもの利益のためにある保護者の義務と捉えることができます。民法における親権の効力として、「監護教育の権利義務」「居所指定権」「懲戒権」「職業許可権」「財産の管理及び代表権」があります。

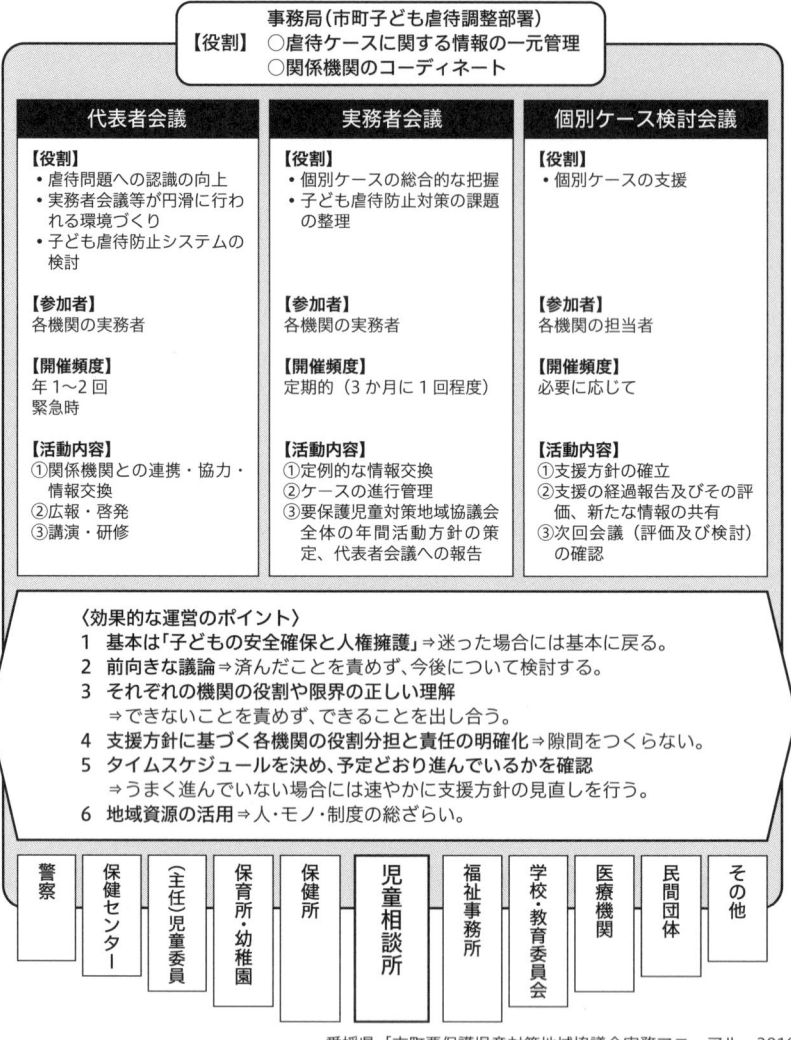

愛媛県「市町要保護児童対策地域協議会実務マニュアル」2019

【図 8-2】要保護児童対策地域協議会の構造と運営について

　親権について子ども家庭福祉の分野では、児童虐待の中で問題になることがしばしばあります。保護者は親権を有しているため、生命にかかわる虐待

が行われていても、保護者の同意がなければ児童養護施設への措置が難しい
ことがあります。その場合には、**親権の一時停止**等を家庭裁判所に請求する
必要があります。児童福祉法第 28 条では、保護者に児童を監護させること
が著しくその児童の福祉を害する場合で、施設入所等の措置が保護者である
親権者等の意思に反するときは、家庭裁判所の承認を得て、施設入所等の措
置を採ることができる、と定められています。

　2024（令和 6）年 5 月に民法等の一部を改正する法律が成立し、離婚後
の親権者に関する規律が見直されました（同月 24 日公布）。この法律は、
父母の離婚等に直面する子の利益を確保するため、子の養育に関する父母の
責務を明確化するとともに、親権・監護、養育費、親子交流、養子縁組、財
産分与等に関する民法等の規定を見直すものです。離婚後の親権は、父また
は母のどちらか一方を指定するという「単独親権」に限られていましたが、
改正案では、現行法の「単独親権」に加えて「共同親権」も選択できる形に
なっています。この法律は、上記公布の日から起算して 2 年を超えない範囲
内において政令で定める日に施行されます。加えてこの改正案では、婚姻関
係の有無にかかわらず父母が子に対して負う責務、子の心身の健全な発達を
図るため子の人格を尊重すること、父母が互いに人格を尊重し協力すること
等を明確化しました。

§3　子ども家庭福祉の制度と支援

Ⅰ．児童福祉法と最近改正

　§1 で学んだように、1945（昭和 20）年の第二次世界大戦終戦の 2 年後

の 1947（昭和 22）年に児童福祉法が制定されました。この法律は子ども家庭福祉の根幹となる法律です。

> 第1条（児童福祉の理念）すべて国民は、児童が心身ともに健やかに生まれ、且つ、育成されるよう努めなければならない。
>
> 第2条（児童育成の責任）国および地方公共団体は、児童の保護者とともに、児童を心身ともに育成する責任を負う。

「児童福祉法」

　第2条では児童育成の責任が国、地方公共団体は保護者とともに責任があることが明記されています。

（1）2016（平成 28）年改正

　その後、数回の改正がなされていますが、2016（平成 28）年の理念規定および責任の変更は、1947 年の児童福祉法制定後初めてです。

> 第1条（児童福祉の理念）　全て児童は、児童の権利に関する条約の精神にのつとり、適切に養育されること、その生活を保障されること、愛され、保護されること、その心身の健やかな成長及び発達並びにその自立が図られることその他の福祉を等しく保障される権利を有する。
>
> 第2条（児童育成の責任）　全て国民は、児童が良好な環境において生まれ、かつ、社会のあらゆる分野において、児童の年齢及び発達の程度に応じて、その意見が尊重され、その最善の利益が優先して考慮され、心身ともに健やかに育成されるよう努めなければならない。
> ②児童の保護者は、児童を心身ともに育成することについて**第一義的責任**を負う。
> ③国及び地方公共団体は、児童の保護者とともに、児童を心身ともに育成す

る責任を負う。

※著者太字「改正児童福祉法」

改正の大きなポイントは2つあります。

1つめは、子どもの権利条約を批准後の改正となるので「児童の権利に関する条約の精神にのつとり」という国際的な理念を新たに明示していることです。2つめは、児童育成の責任について保護者に**第一義的責任**を負うことと変更していることです。改正前の児童福祉法には、まったくふれられてない考え方となります。皆さんはどのように考えますか。「社会が子どもを大切に思うなら、社会はまず親たちを大切にしなければならない」とボウルビィが主張したことが活かされているか、慎重に吟味したいと思います。

2020（令和2）年の改正は、児童虐待防止法の改正と連動して行われました。児童の権利擁護の視点からいくつかの規定が明示されました。親権者等による**体罰の禁止**および親権が有する民法の懲戒権のあり方の検討をすること、児童相談所の業務として一時保護の解除後の家庭その他の環境の調整、当該児童の状況の把握その他の措置により当該児童の安全を確保することが明文化されています。

さらに、児童福祉審議会における児童等の意見聴取の際の配慮事項として、「児童、妊産婦及び知的障害者、これらの者の家族その他の関係者に対し（中略）意見を聴く場合においては、意見を述べる者の心身の状況、その者の置かれている環境その他の状況に配慮しなければならない」ことや児童の**意見表明権**を保障するしくみの検討についても言及されています。

（2）2022（令和4）年改正

2022（令和4）年に児童虐待の相談対応件数の増加など、子育てに困難を抱える世帯がこれまで以上に顕在化してきている状況を踏まえ、子育て世帯に対する包括的な支援の体制強化のために児童福祉法の一部が改正されました（2024（令和6）年4月施行）。改正のポイントは7つの柱で示されています。

①子育て世帯に対する包括的な支援のための体制強化及び事業の拡充

②一時保護施設及び児童相談所による児童への処遇や支援、困難を抱える妊産婦等への支援の質の向上

③社会的養育経験者・障害児入所施設の入所児童等に対する自立支援の強化

④児童の意見聴取等の仕組みの整備

⑤一時保護開始時の判断に関する司法審査の導入

⑥子ども家庭福祉の実務者の専門性の向上

⑦児童をわいせつ行為から守る環境整備（性犯罪歴等の証明を求める仕組み（日本版DBS）の導入に先駆けた取組強化）等

　特に注目するのは、こども家庭センターや里親支援センターなど児童福祉法に基づく新たな施設を創設し、具体的なサービスを届けられるように整備したことにあるでしょう。また、児童虐待の予防を妊産婦の段階から「妊産婦等生活援助事業」として位置づけました。出産後の母子等に対する支援の強化を図るため、一時的な住まいや食事の提供、養育等に係る相談・助言を行い、安心した生活を行うことをできるよう支援します。児童虐待で命を落とす子どもの年齢は「生後0日」である現状からも有効な支援が講じられたと考えられます。

2．こども基本法の制定

　こども基本法は、こども施策を社会全体で総合的かつ強力に推進していくための包括的な基本法として、2022（令和4）年6月に成立し、2023（令和5）年4月に施行されました。同法は、日本国憲法および児童の権利に関する条約の精神にのっとり、全てのこどもが、将来にわたって幸福な生活を送ることができる社会の実現を目指し、こども政策を総合的に推進することを目的としています。同法は、こども施策の基本理念のほか、こども大綱の策定やこども等の意見の反映などについて定めています。

基本理念は以下の6つとなります。

①全てのこどもについて、個人として尊重されること・基本的人権が保障されること・差別的取扱いを受けることがないようにすること

②全てのこどもについて、適切に養育されること・生活を保障されること・愛され保護されること等の福祉に係る権利が等しく保障されるとともに、教育基本法の精神にのっとり教育を受ける機会が等しく与えられること

③全てのこどもについて、年齢及び発達の程度に応じ、自己に直接関係する全ての事項に関して意見を表明する機会・多様な 社会的活動に参画する機会が確保されること

④全てのこどもについて、年齢及び発達の程度に応じ、意見の尊重、最善の利益が優先して考慮されること

⑤こどもの養育は家庭を基本として行われ、父母その他の保護者が第一義的責任を有するとの認識の下、十分な養育の支援・家庭での養育が困難なこどもの養育環境の確保

⑥家庭や子育てに夢を持ち、子育てに伴う喜びを実感できる社会環境の整備

3．子ども家庭福祉の機関と機能

（1）行政機関

　社会福祉全体の行政機関の役割については、第4章で学びました。重複する部分もありますが、ここでは子ども家庭福祉に限定して見ていきましょう。

1）国の役割

　2023（令和5）年に新設されたこども家庭庁が主な所管となり、法律の策定や改正を中心に行っています。

2）都道府県・指定都市の役割

　児童相談所・福祉事務所・保健所の設置義務があります。市町村への情報提供や専門的知識や技術の支援や児童福祉施設の設置認可・指導監督、一部の児童福祉施設の入所措置の権限を有しています。

　助産施設・母子生活支援施設への入所契約事務は福祉事務所の役割です。また、福祉事務所は家庭児童相談室の設置が認められており、児童相談所との密接な連携のもとに、地域住民に身近な立場で子どもと家庭に関する相談援助業務を実施しています。児童相談所は児童福祉行政の中心となる機関です。児童相談所は市町村と適切な役割分担・連携を図りつつ、子どもに関する家庭その他からの相談に応じています。

3）市町村の役割

　2004（平成16）年の児童福祉法改正により、市町村は児童家庭相談の一義的窓口となっています。児童や妊産婦の福祉に関する実情の把握・情報提供、保育所の設置、子育て支援サービスにかかわる福祉サービスの提供を行っています。また、母子健康手帳の交付、1歳6か月児健診や3歳児健診の実施など、子育て支援の最前線の役割を担っています。

　また、2022（令和4）年の児童福祉法の改正により、市区町村は全ての妊産婦・子育て世帯・子どもの包括的な相談支援等を行うこども家庭センターの設置や身近な子育ての場における相談機関の設置に努めるよう定められました。加えて、訪問による家事支援や児童の居場所作り、親子関係の形成の支援事業などについても市区町村が必要に応じて利用の進めや措置を実施することになりました。

（2）児童福祉施設の体系

　様々なニーズを抱えた子どもや家庭に対して具体的なサービスを提供する機能の多くは児童福祉施設になります。児童福祉法に規定される児童福祉施設は12種類あります。また、ひとり親家庭を支援する施策は、母子及び父子並びに寡婦福祉法が根拠となる場合があります。それらは子ども家庭福祉

の5つの施策に整理することができます。

1）子ども家庭福祉の5つの施策

①児童自立支援施策

　子どもの自立支援が目的であり、その前提にはまず保護することが優先されています。被虐待児童をはじめ家庭で養育を受けられない子どもを対象とした施設としては、「乳児院」と「児童養護施設」があります。非行などの反社会的・非社会的な問題を抱えた子どもを対象とした施設には、「児童自立支援施設」「児童心理治療施設」があります。

②障害児施策

　障害のある子どもを対象とし、保護、日常生活における基本動作の指導や集団生活への適応のための訓練を中心に行います。医療型と福祉型の2つの種類があり、医療型では肢体不自由などの児童を対象にし、医療的なケアなど治療を含めて行います。利用の形態は入所と通所があります。入所には「障害児入所施設（福祉型・医療型）」、通所には「児童発達支援センター」があります。

③母子・父子・寡婦福祉施策

　児童福祉法に基づいて設置される施設は、母子のための施設が中心です。経済的理由により入院助産を受けられない妊産婦に入所させ助産させる「助産施設」と、配偶者のない女子とその子どもを入所させて保護し自立促進のための生活支援を行う「母子生活支援施設」があります。

　母子及び父子並びに寡婦福祉法に基づいた「母子・父子福祉センター」および「母子・父子休養ホーム」があります。無料または低額な料金で各種相談に応じたり、レクリエーションなどのサービスの提供をします。

④児童健全育成施策

　一般に広く児童に健全な遊びを与え、健康を増進し情操を豊かにすること

を目的とした児童厚生施設があります。屋外型の児童遊園と屋内型の児童館の2種類があります。

　⑤保育施策

　保育を必要とする乳児・幼児を日々保護者のもとから通わせて保護者に代わって保育を行う保育所と、満3歳以上の幼児に対する教育とともに保育を必要とする乳幼児に対する保育を一体的に行う幼保連携型認定こども園があります。

2）子ども家庭福祉に関する施設

　上記の5つの施策に基づき、16の施設が設置されています（次ページの表8-2）。

【表8-2】子ども家庭福祉に関する施設の一覧

施設の種類	施設の概要	主な対象者
助産施設	保健上必要があるにもかかわらず、経済的理由により、入院助産を受けることができない妊産婦を入所させて、助産を受けさせることを目的とする施設とする（児童福祉法第36条）	妊産婦
児童養護施設	保護者のない児童（乳児を除く。ただし、安定した生活環境の確保その他の理由により特に必要のある場合には、乳児を含む。以下この条において同じ。）、虐待されている児童その他環境上養護を要する児童を入所させて、これを養護し、あわせて退所した者に対する相談その他の自立のための援助を行うことを目的とする施設とする（児童福祉法第41条）	保護者のない児童、虐待されている児童、その他環境上養護を要する児童
乳児院	乳児（保健上、安定した生活環境の確保その他の理由により特に必要のある場合には、幼児を含む。）を入院させて、これを養育し、あわせて退院した者について相談その他の援助を行うことを目的とする施設とする（児童福祉法第37条）	乳児（特に必要のある場合には幼児を含む）
母子生活支援施設	配偶者のない女子又はこれに準ずる事情にある女子及びその者の監護すべき児童を入所させて、これらの者を保護するとともに、これらの者の自立の促進のためにその生活を支援し、あわせて退所した者について相談その他の援助を行うことを目的とする施設とする（児童福祉法第38条）	配偶者のない女子、またはこれに準ずる事情にある女子およびその者の監護すべき児童
福祉型障害児入所施設	障害児を入所させて、保護並び日常生活における基本的な動作及び独立自活に必要な知識技能の習得のための支援を行うことを目的とする施設（児童福祉法第42条）	障害児
医療型障害児入所施設	障害児を入所させて、保護、日常生活における基本的な動作及び独立自活に必要な知識技能の習得のための支援並びに治療等の支援を行うことを目的とする施設（児童福祉法第42条）	障害児

施設の種類	施設の概要	主な対象者
児童発達支援センター	地域の障害児の健全な発達において中核的な役割を担う機関として、障害児を日々保護者の下から通わせて、高度の専門的な知識及び技術を必要とする児童発達支援を提供し、あわせて障害児の家族、指定障害児通所支援事業者その他の関係者に対し、相談、専門的な助言その他の必要な援助を行うことを目的とする施設（児童福祉法第43条）	障害児
児童心理治療施設	家庭環境、学校における交友関係その他の環境上の理由により社会生活への適応が困難となった児童を、短期間、入所させ、又は保護者の下から通わせて、社会生活に適応するために必要な心理に関する治療及び生活指導を主として行い、あわせて退所した者について相談その他の援助を行うことを目的とする施設（児童福祉法第43条の2）	家庭環境、学校における交友関係その他の環境上の理由により社会生活への適応が困難となった児童
児童自立支援施設	不良行為をなし、又はなすおそれのある児童及び家庭環境その他の環境上の理由により生活指導等を要する児童を入所させ、又は保護者の下から通わせて、個々の児童の状況に応じて必要な指導を行い、その自立を支援し、あわせて退所した者について相談その他の援助を行うことを目的とする施設（児童福祉法第44条）	不良行為をなし、またはなすおそれのある児童および家庭環境その他の理由により生活指導等を要する児童
児童厚生施設	児童遊園、児童館等児童に健全な遊びを与えて、その健康を増進し、又は情操をゆたかにすることを目的とする施設（児童福祉法第40条）	児童
保育所	保育を必要とする乳児・幼児を日々保護者の下から通わせて保育を行うことを目的とする施設（児童福祉法39条）	児童

施設の種類	施設の概要	主な対象者
幼保連携型認定こども園	義務教育及びその後の教育の基礎を培うものとしての満三歳以上の幼児に対する教育及び保育を必要とする乳児・幼児に対する保育を一体的に行い、これらの乳児又は幼児の健やかな成長が図られるよう適当な環境を与えて、その心身の発達を助長することを目的とする施設（児童福祉法第 39 条の 2）	児童
児童家庭支援センター	地域の児童の福祉に関する各般の問題につき、児童に関する家庭その他からの相談のうち、専門的な知識及び技術を必要とするものに応じ、必要な助言を行うとともに、市町村の求めに応じ、技術的助言その他必要な援助を行うほか、児童相談所、児童福祉施設等との連絡調整その他内閣府令の定める援助を総合的に行うことを目的とする施設（児童福祉法第 44 条の 2）	児童を養育する家庭、保護者
母子・父子福祉センター	無料又は低額な料金で、母子家庭等に対して、各種の相談に応ずるとともに、生活指導及び生業の指導を行う等母子家庭等の福祉のための便宜を総合的に供与することを目的とする施設（母子及び父子並びに寡婦福祉法第 39 条の 1）	ひとり親家庭
母子・父子休養ホーム	無料または低額な料金で母子家庭等に対してレクリエーションその他休養のための便宜を供与することを目的とした施設（母子及び父子並びに寡婦福祉法第 39 条の 2）	ひとり親家庭
こども家庭センター	児童及び妊産婦の福祉及び母性並びに乳児及び幼児の健康の保持及び増進に関する包括的な支援を行うことを目的とする施設（児童福祉法第 10 条の 2 第 2 項及び母子保健法第 22 条）	妊産婦 子育て世帯 子ども
里親支援センター	里親支援事業を行うほか、里親及び里親に養育される児童並びに里親になろうとする者について相談その他の援助を行うことを目的とする施設とする。（児童福祉法第 44 条の 3 ）	里親 里親希望者 里子

> コラム <

国際離婚トラブルとハーグ条約

子連れ戻し迅速に　国際離婚のトラブルに対応、ハーグ条約対応法が成立（日本経済新聞　2019年5月10日付）

　　国際結婚の破綻で一方の親が母国に連れ帰った子供を元の国に迅速に連れ戻せるようにする改正民事執行法や改正ハーグ条約実施法が10日の参院本会議で可決、成立した。ハーグ条約が定める国境を越えて子供を連れ戻す「強制執行」の手続きの実効性を高め、国際離婚を巡るトラブルなどに対応する。

　　現行の民事執行法には子供の引き渡しに関する規定がない。連れ去った親が引き渡しに応じない場合は制裁金などを科して促す手続きなどが必要だった。今後は親に制裁金を科しても引き渡しに応じる見込みがなかったり、虐待や育児放棄などで子供に危険が迫っていたりする場合はすぐ引き渡せるようになる。

　　これまでは子供の引き渡しにも子供と同居する親が立ち会うことが前提で、親が引き渡しを拒んだり行方不明だったりすると引き渡せないといった問題があった。法改正により、引き渡しを命じられた親が現場にいなくても、引き取る側の親が裁判所の執行官と共に子供のところに行って強制的に連れ戻せるようになる。

　　もともと子供がいた国に迅速に引き渡したうえで当事者間の話し合いや裁判でその後、子供が育つ環境を決める。

　　同居している親から引き離されることで精神的なショックを受ける可能性もある。改正法には「子の心身に有害な影響を及ぼさないよう、配慮しなければいけない」との規定も盛り込んだ。

　　裁判で命じられた養育費や賠償金の不払いに歯止めをかけるための裁判所による照会制度もつくる。民事裁判で支払い義務が確定した子供の

養育費を支払わない債務者の財産などを差し押さえやすくする。

　日本はハーグ条約に 2014 年に加盟した。最近では国際離婚した日本人女性が海外から子供を連れて帰国する事例が増加。ハーグ条約に基づく効果的な子の連れ戻し策がとられていないという国際的な批判もあった。子供を迅速に連れ戻す制度づくりが必要となっていた。

　制裁金などを科す手続きを経なくても強制執行ができるようになり、子供連れ戻しの手続きの実効性は高まる。専門家からは、子供の居場所が特定できない場合などには連れ戻しそのものが難しいといった課題も残るとの指摘もある。

先生からのコメント

　ハーグ条約とは、オランダのハーグで行われたハーグ国際司法条約の総称です。その中のひとつに「国際的な子の奪取の民事上の側面に関する条約」があります。国際結婚をした夫婦の間に生まれた子どもを、結婚生活が破綻した際に、一方の親がもう一方の親に同意を得ることなく母国へ連れだし、もう片方の親に面会をさせない「子の連れ去り」を解決するために 1980（昭和 55）年に採択されました。日本は遅れること 30 年余り、2014（平成 26）年に加盟・発効することになりました。

　自分の意思とは関係なく親の思惑だけで国境を越えた子どもの連れ去りは、それまでの生活基盤が突如急変し、異なる文化環境へも適応しなくてはならないなど、有害な影響を与えることになります。それらから守るために、原則子どもを元の居住国へ返還することを定めています。社会がグローバル化し、国際結婚が増えることで新たな問題が生じています。

第9章

少子高齢社会と子育て支援

【 この章で学ぶこと 】

現代の日本は世界トップの少子高齢社会です。1989（平成元）年の「1.57ショック」を契機に国は様々な少子化対策を実施してきましたが、効果がない状況が続いています。2012（平成24）年には子ども・子育て支援法が公布され、新たな理念のもとに子育てのサービス給付の全体像が大きく変わりました。さらに2023（令和5）年に創設されたこども家庭庁がリーダーシップをとる子育て支援を学びます。次に、高齢者に対する福祉の体系と具体的なサービスについて介護保険法を中心に理解を深めましょう。その上で、子どもも子どもを育てる親も高齢者も「社会を構成する重要な一員として尊重」されるための社会のあり方について考察できるとよいでしょう。

§1　少子化対策から子ども・子育て支援へ

1．少子高齢社会の現状

少子高齢社会とは、文字どおり子どもが少なく高齢者が多いという社会のことを意味します。わが国の 2021（令和3）年の日本人の平均寿命は女性が 87.57 歳、男性が 81.47 歳となり、前年に比べて男性は 0.09 年、女性は 0.14 年下回りました。しかし今後、平均寿命は延伸すると推計され、2070（令和52）年には男性が 85.8 歳、女性が 90.93 歳となり、女性の平均寿命が 90 歳を超えることが見込まれています。

また、2023（令和5）年の内閣府の調査では、総人口に占める 65 歳以上人口の割合（**高齢化率**）は 29.0％であり、年々増加を続けています。高齢化率が 7％に達すると「高齢化社会」といい、14％に達すると「高齢社会」といわれます。日本が高齢化社会を迎えたのは 1970（昭和45）年、高齢社会を迎えたのは 1994（平成6）年のことになります。短い期間で**高齢化**が進んでいるのは、日本の特徴といえるでしょう。

また、図 9-1 に示されているように今後の推計として、2070（令和52）年には、65 歳以上の人の割合がさらに増加し 38.7％になると見込んでいます。あわせて、2030 年代に入ると若年人口は現在の倍速で急減し、少子化はもはや歯止めの利かない状況になるとこども家庭庁は危惧しています。高齢化の問題は、総人口に占めるこどもの人数が減少する**少子化**の影響も大きく関係しているのがわかるでしょうか。子どもをたくさん産み育てる社会であれば、高齢者が長寿となっても高齢化率があがることはありません。これからの社会福祉を考えていくには、「少子化」と「高齢化」を一緒に考えていく必要があるでしょう。

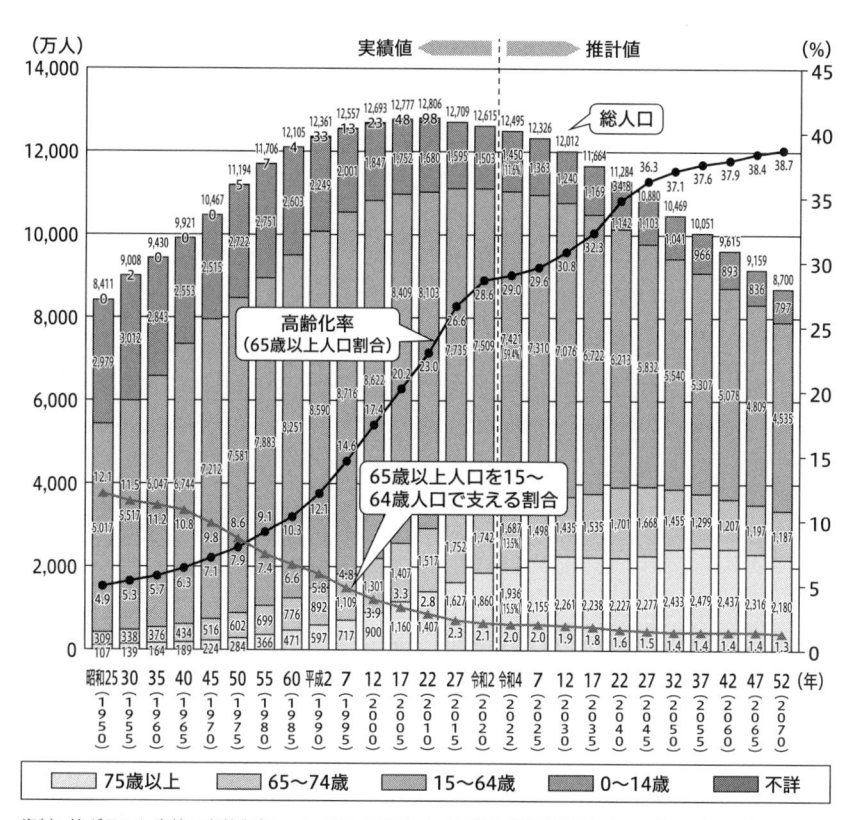

資料：棒グラフと実線の高齢化率については、2020年までは総務省「国勢調査」（2015年及び2020年は不詳補完値による。）、2022年は総務省「人口推計」（令和4年10月1日現在（確定値））、2025年以降は国立社会保障・人口問題研究所「日本の将来推計人口（令和5年推計）」の出生中位・死亡中位仮定による推計結果
(注1) 2015年及び2020年の年齢階級別人口は不詳補完値によるため、年齢不詳は存在しない。2022年の年齢階級別人口は、総務省統計局「令和2年国勢調査」（不詳補完値）の人口に基づいて算出されていることから、年齢不詳は存在しない。2025年以降の年齢階級別人口は、総務省統計局「令和2年国勢調査 参考表：不詳補完結果」による年齢不詳をあん分した人口に基づいて算出されていることから、年齢不詳は存在しない。なお、1950年～2010年の高齢化率の算出には分母から年齢不詳を除いている。ただし、1950年及び1955年において割合を算出する際には、（注2）における沖縄県の一部の人口を不詳には含めないものとする。
(注2) 沖縄県の昭和25年70歳以上の外国人136人（男55人、女81人）及び昭和30年70歳以上23,328人（男8,090人、女15,238人）は65～74歳、75歳以上の人口から除き、不詳に含めている。
(注3) 将来人口推計とは、基準時点までに得られた人口学的データに基づき、それまでの傾向、趨勢を将来に向けて投影するものである。基準時点以降の構造的な変化等により、推計以降に得られる実績や新たな将来推計との間には乖離が生じうるものであり、将来推計人口はこのような実績等を踏まえて定期的に見直すこととしている。
(注4) 四捨五入の関係で、足し合わせても100.0%にならない場合がある。

内閣府「令和5年版高齢社会白書」

【図 9-1】高齢化の推移と将来設計

2．少子化対策から子ども・子育て支援へ

（1）エンゼルプランから子ども・子育てビジョンまで

　1990（平成2）年に発表された「1.57ショック」を契機に、様々な少子化対策が講じられてきました。1994（平成6）年のエンゼルプランからスタートしましたが、なかなか功を奏することができない状況が続いていました。そこで、2003（平成15）年に「少子化の流れを変える」ためのもう一段の対策として次世代育成支援対策の推進を掲げ、「次世代育成支援対策推進法」と「少子化社会対策基本法」を成立させました。さらに、2004（平成16）年には「子ども・子育て応援プラン」を策定しました。これらの改革の意義は、「少子化対策」の枠を超えて、「子どもと子育てを応援する社会」のあり方を提示したことにあります。p.202～203の図9-2に少子化対策の経緯を示しました。

（2）子ども・子育てビジョン：「少子化対策」から「子ども・子育て支援」へ

　2010（平成22）年に「子ども・子育てビジョン」が少子化社会対策基本法に基づく「大綱」として策定されました。p.204の図9-3に概要を示したので参照してください。

　そのスローガンは、①子どもが主人公（チルドレン・ファースト）、②「少子化対策」から「子ども・子育て支援」へ、③生活と仕事と子育ての調和、です。これまでは「家族や親が子育てを担う」という考え方が中心でしたが、これからは「社会全体で子育てを考える」社会を目指しています。また、子育てだけに留まらず、個人の『『希望』がかなえられる」社会の実現を目指し、格差や貧困の解消や活力ある経済社会についても言及しています。

3．子ども・子育て新システム

　2011（平成 23）年の合計特殊出生率が「1.39」と少子化が急速に進行し、子ども・子育てビジョンの効果がありませんでした。その背景としては、結婚、出産、子育ての希望がかなわない現状、子育ての孤立感と負担感の増加、深刻な待機児童問題などがあげられています。

　それらを解決するために 2012（平成 24）年には、「子ども・子育て支援法」「認定こども園法の一部改正法」「子ども・子育て支援法及び認定こども園法の一部改正法の施行に伴う関係法律の整備等に関する法律」という、いわゆる「子ども・子育て新システム関連 3 法」が施行されました。この法律の趣旨は、幼児期の学校教育・保育、地域の子ども、子育て支援を総合的に推進するものです。「保育の量的拡大・確保、教育・保育の質的改善」および「地域の子ども・子育て支援の充実」を具体的に事業化しています。

　子ども・子育て関連 3 法の主なポイントは 7 つあり、p.205 の表 9-1 に示しています。

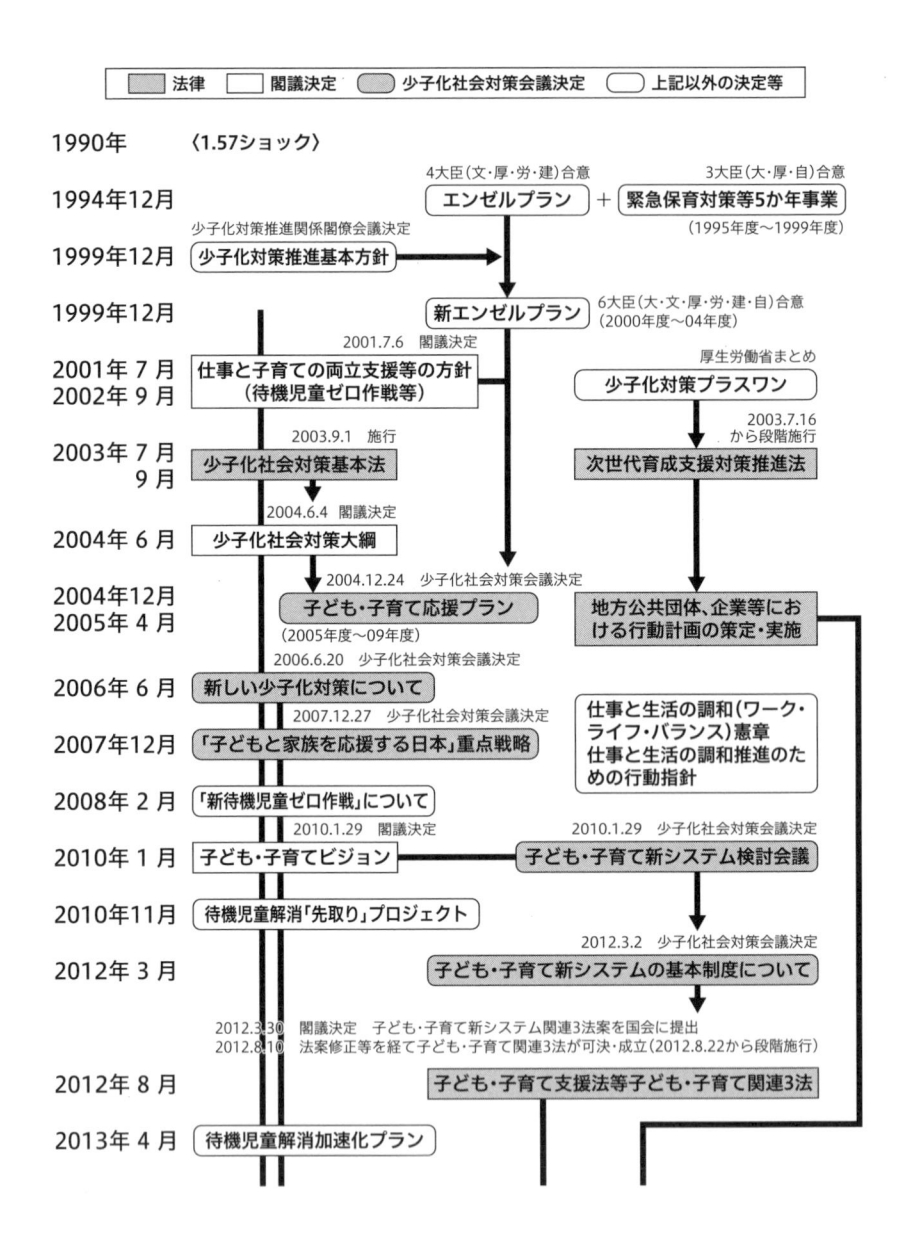

| 法律 | 閣議決定 | 少子化社会対策会議決定 | 上記以外の決定等 |

1990年　　〈1.57ショック〉

1994年12月
　　　4大臣(文・厚・労・建)合意　　　　　　　　　3大臣(大・厚・自)合意
　　　エンゼルプラン　＋　緊急保育対策等5か年事業
　　　　　　　　　　　　　　　　　　(1995年度～1999年度)

1999年12月　少子化対策推進関係閣僚会議決定
　　　少子化対策推進基本方針

1999年12月　新エンゼルプラン　6大臣(大・文・厚・労・建・自)合意
　　　　　　　　　　　　　　(2000年度～04年度)

2001年 7 月　2001.7.6　閣議決定
2002年 9 月　仕事と子育ての両立支援等の方針
　　　　　　（待機児童ゼロ作戦等）
　　　　　　　　　　　　　　　　　　厚生労働省まとめ
　　　　　　　　　　　　　　　　　少子化対策プラスワン
　　　　　　　　　　　　　　　　　　　2003.7.16
　　　　　　　　　　　　　　　　　　　から段階施行

2003年 7 月　2003.9.1　施行
　　 9 月　少子化社会対策基本法　　次世代育成支援対策推進法

2004年 6 月　2004.6.4　閣議決定
　　　少子化社会対策大綱

2004年12月　2004.12.24　少子化社会対策会議決定
2005年 4 月　子ども・子育て応援プラン　　地方公共団体、企業等にお
　　　　　　（2005年度～09年度）　　　　　ける行動計画の策定・実施

2006年 6 月　2006.6.20　少子化社会対策会議決定
　　　新しい少子化対策について
　　　　　　　　　　　　　　　　　仕事と生活の調和(ワーク・
　　　　　　　　　　　　　　　　　ライフ・バランス)憲章
2007年12月　2007.12.27　少子化社会対策会議決定　仕事と生活の調和推進のた
　　　「子どもと家族を応援する日本」重点戦略　めの行動指針

2008年 2 月　「新待機児童ゼロ作戦」について

2010年 1 月　2010.1.29　閣議決定　　　2010.1.29　少子化社会対策会議決定
　　　子ども・子育てビジョン　　子ども・子育て新システム検討会議

2010年11月　待機児童解消「先取り」プロジェクト
　　　　　　　　　　　　　　　　　2012.3.2　少子化社会対策会議決定
2012年 3 月　子ども・子育て新システムの基本制度について

　　　　　　2012.3.30　閣議決定　子ども・子育て新システム関連3法案を国会に提出
　　　　　　2012.8.10　法案修正等を経て子ども・子育て関連3法が可決・成立(2012.8.22から段階施行)

2012年 8 月　子ども・子育て支援法等子ども・子育て関連3法

2013年 4 月　待機児童解消加速化プラン

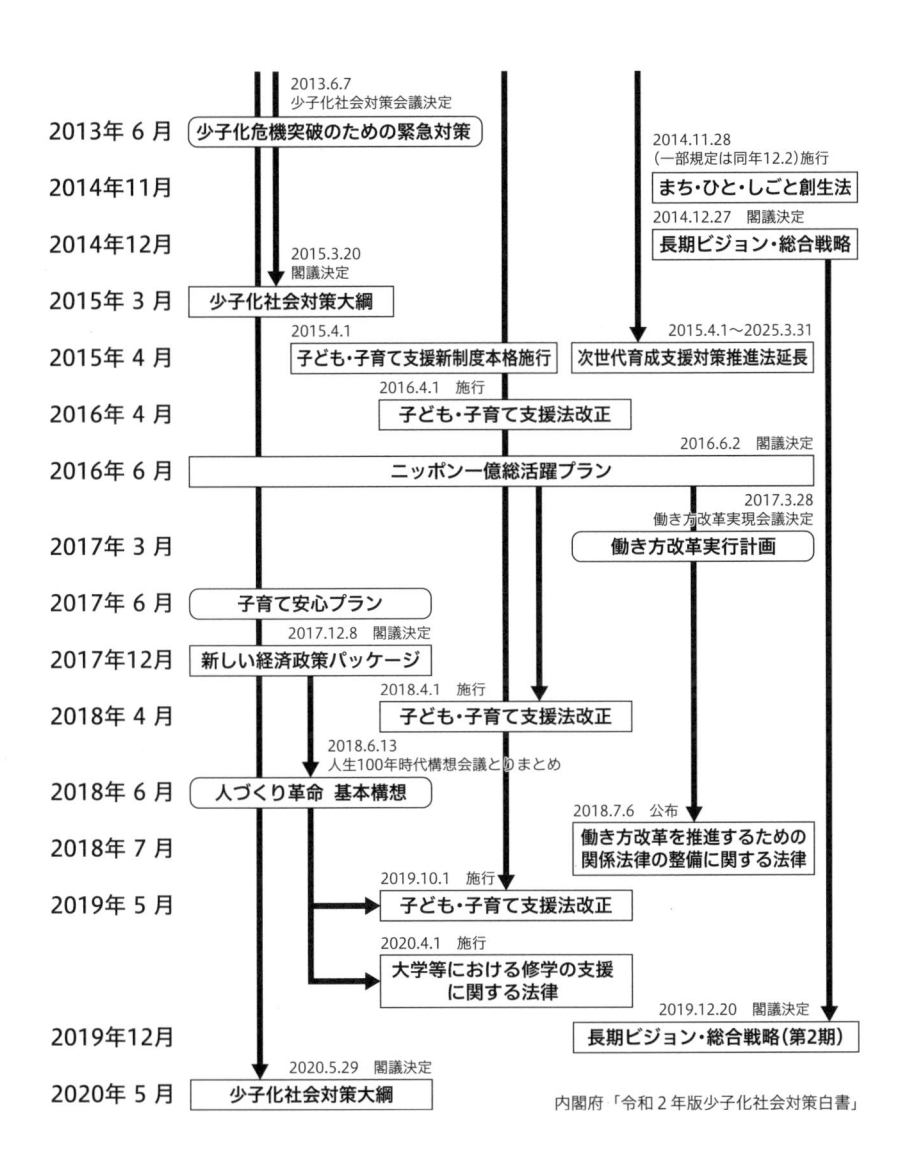

2013年 6 月	少子化危機突破のための緊急対策	2013.6.7 少子化社会対策会議決定
2014年11月		まち・ひと・しごと創生法 （2014.11.28 一部規定は同年12.2）施行
2014年12月		長期ビジョン・総合戦略 （2014.12.27 閣議決定）
2015年 3 月	少子化社会対策大綱 （2015.3.20 閣議決定）	
2015年 4 月	子ども・子育て支援新制度本格施行 （2015.4.1）	次世代育成支援対策推進法延長 （2015.4.1～2025.3.31）
2016年 4 月	子ども・子育て支援法改正 （2016.4.1 施行）	
2016年 6 月	ニッポン一億総活躍プラン （2016.6.2 閣議決定）	
2017年 3 月		働き方改革実行計画 （2017.3.28 働き方改革実現会議決定）
2017年 6 月	子育て安心プラン	
2017年12月	新しい経済政策パッケージ （2017.12.8 閣議決定）	
2018年 4 月	子ども・子育て支援法改正 （2018.4.1 施行）	
2018年 6 月	人づくり革命 基本構想 （2018.6.13 人生100年時代構想会議とりまとめ）	
2018年 7 月		働き方改革を推進するための 関係法律の整備に関する法律 （2018.7.6 公布）
2019年 5 月	子ども・子育て支援法改正 （2019.10.1 施行） 大学等における修学の支援 に関する法律 （2020.4.1 施行）	
2019年12月		長期ビジョン・総合戦略（第2期） （2019.12.20 閣議決定）
2020年 5 月	少子化社会対策大綱 （2020.5.29 閣議決定）	

内閣府「令和 2 年版少子化社会対策白書」

【図 9-2】少子化対策の経緯

子どもと子育てを応援する社会	家族や親が子育てを担う （個人に過重な負担）	⇒	社会全体で子育てを支える （個人の希望の実現）

●子どもが主人公（チルドレン・ファースト）●「少子化対策」から「子ども・子育て支援」へ●生活と仕事と子育ての調和

基本的 考え方	**1 社会全体で子育てを支える** ○子どもを大切にする ○ライフサイクル全体を通じて社会的に支える ○地域のネットワークで支える	**2 「希望」がかなえられる** ○生活、仕事、子育てを総合的に支える ○格差や貧困を解消する ○持続可能で活力ある経済社会が実現する

3つの大切な姿勢	◎生命（いのち）と育ちを大切にする	◎困っている声に応える	◎生活（くらし）を支える

目指すべき社会への政策 4 本柱と 12 の主要施策

1　子どもの育ちを支え、若者が安心して成長できる社会へ
(1) 子どもを社会全体で支えるとともに、教育機会の確保を
・子ども手当の創設
・高校の実質無償化、奨学金の充実等、学校の教育環境の整備
(2) 意欲を持って就業と自立に向かえるように
・非正規雇用対策の推進、若者の就労支援（キャリア教育、ジョブ・カード等）
(3) 社会生活に必要なことを学ぶ機会を
・学校・家庭・地域の取組、地域ぐるみで子どもの教育に取り組む環境整備

2　妊娠、出産、子育ての希望が実現できる社会へ
(4) 安心して妊娠・出産できるように
・早期の妊娠届出の勧奨、妊婦健診の公費負担
・相談支援体制の整備（妊娠・出産、人工妊娠中絶等）
・不妊治療に関する相談や経済的負担の軽減
(5) 誰もが希望する幼児教育と保育サービスを受けられるように
・潜在的な保育ニーズの充足も視野に入れた保育所待機児童の解消（余裕教室の活用等）
・新たな次世代育成支援のための包括的・一元的な制度の構築に向けた検討
・幼児教育と保育の総合的な提供（幼保一体化）
・放課後子どもプランの推進、放課後児童クラブの充実
(6) 子どもの健康と安全を守り、安心して医療にかかれるように
・小児医療の体制の確保
(7) ひとり親家庭の子どもが困らないように
・児童扶養手当を父子家庭にも支給、生活保護の母子加算
(8) 特に支援が必要な子どもが健やかに育つように
・障害のある子どもへのライフステージに応じた一貫した支援の強化
・児童虐待の防止、家庭的養護の推進（ファミリーホームの拡充等）

3　多様なネットワークで子育て力のある地域社会へ
(9) 子育て支援の拠点やネットワークの充実が図られるように
・乳児の全戸訪問等（こんにちは赤ちゃん事業等）
・地域子育て支援拠点の設置促進
・ファミリー・サポート・センターの普及促進
・商店街の空き店舗や学校の余裕教室・幼稚園の活用
・NPO 法人等の地域子育て活動の支援
(10) 子どもが住まいやまちの中で安全・安心にくらせるように
・良質なファミリー向け賃貸住宅の供給促進
・子育てバリアフリーの推進（段差の解消、子育て世帯にやさしいトイレの整備等）
・交通安全教育等の推進（幼児二人同乗用自転車の安全利用の普及等）

4　男性も女性も仕事と生活が調和する社会へ
（ワーク・ライフ・バランスの実現）
(11) 働き方の見直しを
・「仕事と生活の調和（ワーク・ライフ・バランス）憲章」及び「行動指針」に基づく取組の推進
・長時間労働の抑制及び年次有給休暇の取得促進
・テレワークの推進
・男性の育児休業の取得促進（パパ・ママ育休プラス）
(12) 仕事と家庭が両立できる職場環境の実現を
・育児休業や短時間勤務等の両立支援制度の定着
・一般事業主行動計画（次世代育成支援対策推進法）の策定・公表の促進
・次世代認定マーク（くるみん）の周知・取組促進
・入札手続等における対応の検討

内閣府「平成 22 年版　子ども・子育て白書」

【図 9-3】子ども・子育てビジョンの概要

【表9-1】子ども・子育て関連3法のポイント

ポイント	内　容
認定こども園、幼稚園、保育所等を通じた共通の給付（「施設型給付」）および小規模保育等への給付（「地域型保育給付」）の創設	地域型保育給付は、都市部における待機児童解消とともに、子どもの数が減少傾向にある地域における保育機能の確保に対応
認定こども園の制度の改善（幼保連携型認定こども園の改善等）	幼保連携型認定こども園について、認可・指導監督の一本化、学校および児童福祉施設としての法的位置づけ、既存の幼稚園および保育所からの移行は義務づけず、政策的に促進
地域の実情に応じた子ども・子育て支援の充実	利用者支援、地域子育て支援拠点、放課後児童クラブなどの「地域子ども・子育て支援事業」の位置づけを明確化
基礎自治体（市町村）が実施主体	市町村は地域のニーズに基づき計画を策定、給付・事業を実施し、国・都道府県は実施主体の市町村を重層的に支える
社会全体による費用負担	消費税率の引きあげによる、国および地方の恒久財源を確保
政府の推進体制	制度ごとにバラバラな政府の推進体制を整備し、内閣府に子ども・子育て本部を設置
子ども・子育て会議の設置	有識者、地方公共団体、事業主代表・労働者代表、子育て当事者、子育て支援当事者等（子ども・子育て支援に関する事業に従事する者）が子育て支援政策プロセス等に参画・関与するしくみとして、国に子ども・子育て会議を設置

4．子ども・子育て支援法に基づく給付・事業の全体像

（1）子ども・子育て支援法の理念

　まず、子ども・子育て支援の意義について確認しましょう。子どもの最善の利益が実現される社会を目指すとの考え方を基本として以下を掲げています。その背景として核家族化の進展、地域のつながりの希薄化、共働き家庭の増加、依然として多くの待機児童の存在、児童虐待の深刻化、兄弟姉妹の数の減少など、子育て家庭や子どもの育ちをめぐる環境の変化が指摘されています。

- 障害、疾病、虐待、貧困など社会的な支援の必要性が高い子どもやその家族を含め、すべての子どもや子育て家庭を対象とし、一人ひとりの子どもの健やかな育ちを等しく保障することを目指す
- 子ども・子育て支援とは、保護者が子育てについての第一義的責任を有することを前提としつつ、上記の環境の変化をふまえ、地域や社会が保護者に寄り添い、子育てに対する負担や不安、孤立感を和らげることを通じて、保護者が自己肯定感をもちながら子どもと向き合える環境を整え、親としての成長を支援し、子育てや子どもの成長に喜びや生きがいを感じることができるような支援をしていくこと。そうした支援により、よりよい親子関係を形成していくことは、子どものよりよい育ちを実現することに他ならない
- 乳児期における愛着形成を基礎とした情緒の安定や他者への信頼感の醸成、幼児期における他者とのかかわりや基本的な生きる力の獲得など、乳幼児期の重要性や特性をふまえ、発達に応じた適切な保護者のかかわりや、質の高い教育・保育の安定的な提供を通じ、子どもの健やかな発達を保障することが必要
- 子どもや子育て家庭の置かれた状況や地域の実情をふまえ、幼児期の学校教育・保育、地域における多様な子ども・子育て支援の量的拡充と質的改善を図ることが必要。その際、妊娠・出産期からの切れ目のない支

市町村主体			国主体
子どものための教育・保育給付	**子育てのための施設等利用給付**	**地域子ども・子育て支援事業**	**仕事・子育て両立支援事業**
認定こども園・幼稚園・保育所・小規模保育等に係る共通の財政支援	新制度の対象とならない幼稚園、認可外保育施設、預かり保育等の利用に係る支援	地域の実情に応じた子育て支援	仕事と子育ての両立支援

子どものための教育・保育給付

施設型給付費

認定こども園 0〜5 歳

幼保連携型

※幼保連携型については、認可・指導監督の一本化、学校及び児童福祉施設としての法的位置づけを与える等、制度改善を実施

| 幼稚園型 | 保育所型 | 地方裁量型 |

| 幼稚園 3〜5 歳 | 保育所 0〜5 歳 |

※私立保育所については、児童福祉法第24条により市町村が保育の実施義務を担うことに基づく措置として、委託費を支弁

地域型保育給付費

小規模保育、家庭的保育、居宅訪問型保育、事業所内保育

子育てのための施設等利用給付

施設等利用費

新制度の対象とならない幼稚園

特別支援学校

預かり保育事業

認可外保育施設等
● 認可外保育施設
● 一時預かり事業
● 病児保育事業
● 子育て援助活動支援事業（ファミリー・サポート・センター事業）

※認定こども園（国立・公立大学法人立）も対象

地域子ども・子育て支援事業

① 利用者支援事業
② 延長保育事業
③ 実費徴収に係る補足給付を行う事業
④ 多様な事業者の参入促進・能力活用事業
⑤ 放課後児童健全育成事業
⑥ 子育て短期支援事業
⑦ 乳児家庭全戸訪問事業
⑧ ● 養育支援訪問事業
　● 子どもを守る地域ネットワーク機能強化事業
⑨ 地域子育て支援拠点事業
⑩ 一時預かり事業
⑪ 病児保育事業
⑫ 子育て援助活動支援事業（ファミリー・サポート・センター事業）
⑬ 妊婦健診

仕事・子育て両立支援事業

● 企業主導型保育事業
⇒ 事業所内保育を主軸とした企業主導型の多様な就労形態に対応した保育サービスの拡大を支援（整備費、運営費の助成）

● 企業主導型ベビーシッター利用者支援事業
⇒ 繁忙期の残業や夜勤等の多様な働き方をしている労働者が、低廉な価格でベビーシッター派遣サービスを利用できるよう支援

● 中小企業子ども・子育て支援環境整備事業
⇒ くるみん認定を活用し、育児休業等取得に積極的に取り組む中小企業を支援

内閣府子ども・子育て本部「子ども・子育て支援新制度について」令和 3 年 6 月

【図 9-4】子ども・子育て支援新制度の概要

援を行っていくことに留意することが重要
- 社会のあらゆる分野におけるすべての構成員が、子ども・子育て支援の重要性に対する関心や理解を深め、各々が協働し、それぞれの役割を果たすことが必要

（2）子ども・子育て支援制度の概要

　p.207 の図 9-4 に示したように、具体的な給付・事業は、市町村主体では「子どものための教育・保育給付」「子育てのための施設等利用給付」「地域子ども・子育て支援事業」の３つを、国主体では「仕事・子育て両立支援事業」を推進しています。

　「子どものための教育・保育給付」は、従来の幼稚園、保育所、認定こども園などの子どもの日中の過ごしの場に加え、小規模保育や家庭的保育等を「地域型保育給付」として位置づけました。新制度の対象にならない幼稚園や認可外保育施設、預かり保育や病児保育事業などは「子育てのための施設等利用給付」として制度の対象としました。

　認定こども園とは、教育・保育を一体的に行う施設で、幼稚園と保育所の両方のよさをあわせもっている施設です。①就学前の子どもを保護者が働いている、いないにかかわらず受け入れて、教育と保育を一体的に行う機能、②子育て相談や親子の集いの場の提供等地域における子育ての支援を行う機能、の双方をもっています。以下の４つに類型されています。

【表 9-2】認定こども園の類型

類　型	内　　容
幼保連携型	幼稚園的機能と保育所的機能の両方の機能をあわせもつ単一の施設として、認定こども園の機能を果たすタイプ
幼稚園型	幼稚園が保育を必要とする子どものための保育時間を確保するなど、保育所的な機能を備えて認定こども園の機能を果たすタイプ
保育所型	認可保育所が保育を必要とする子ども以外の子どもも受け入れるなど、幼稚園的な機能を備えることで認定こども園の機能を果たすタイプ
地方裁量型	認可保育所以外の保育機能施設等が保育を必要とする子ども以外の子どもも受け入れるなど、幼稚園的な機能を備えることで認定こども園の機能を果たすタイプ

「地域子ども・子育て支援事業」は、子ども・子育て支援法をすべての子どもと子育て家庭としている趣旨からも、家庭で子育てをしている子どもとその家族への支援を以下のように明示しています。

- **・利用者支援事業**
- ・延長保育事業
- ・実費徴収に係る補足給付を行う事業
- ・多様な事業者の参入促進・能力活用事業
- ・放課後児童健全育成事業
- ・子育て短期支援事業
- ・乳児家庭全戸訪問事業
- ・養育支援訪問事業・子どもを守る地域ネットワーク機能強化事業
- **・地域子育て支援拠点事業**
- ・一時預かり事業
- ・病児保育事業
- ・子育て援助活動支援事業（ファミリー・サポート・センター事業）
- ・妊婦健診の多種多様な事業

特に注目するのは、地域子育て支援拠点を中心にスタートする**利用者支援事業**です。「個別ニーズ」を把握しながら、地域にある施設や事業を総合的に活用するケアマネジメントの力も求められることになるでしょう。

5．こども家庭庁創設と子育て支援

こども基本法は、こども施策を社会全体で総合的かつ強力に推進していくための包括的な基本法として 2023（令和 5）年 4 月に施行されました。これまでの少子化対策を踏まえて、2023（令和 5）年 12 月に、「こども未来戦略」を閣議決定しました。こども未来戦略には「加速化プラン」が盛り込まれ、その施策を着実に実行するため、ライフステージを通じた子育てに係る経済

的支援の強化、全てのこども・子育て世帯を対象とする支援の拡充、共働き・共育ての推進に必要な施策を定めています。

（1）ライフステージを通じた子育てに係る経済的支援の強化

① 児童手当の拡充を行い、支給期間を中学生までから高校生年代までとし、所得制限を撤廃する

② 妊娠期の負担の軽減のため、妊婦のための支援給付を創設する

（2）全てのこども・子育て世帯を対象とする支援の拡充

① 妊婦のための支援給付とあわせて、妊婦等に対する相談支援事業（妊婦等包括相談支援事業）を創設する

② 保育所等に通っていない満3歳未満の子どもの通園のための給付（こども誰でも通園制度）を創設する

③ 産後ケア事業を地域子ども・子育て支援事業に位置付ける計画的な提供体制の整備を行う

④ ヤングケアラーを国・地方公共団体等による子ども・若者支援の対象として明記する

（3）共働き・共育ての推進

① 両親ともに育児休業を取得した場合に支給する出生後休業支援給付及び育児期に時短勤務を行った場合に支給する育児時短就業給付を創設する

② 自営業・フリーランス等の育児期間中の経済的な給付に相当する支援措置として、国民年金第1号被保険者の育児期間に係る保険料の免除措置を創設する

　最後に、次ページに愛着理論を提唱したボウルビィが子育て支援について言及している言葉を紹介しましょう。ボウルビィは子どものための親の役割を論じただけでなく、育てる親に対しても的確であたたかいまなざしを向け

ていました。

> 「子どもたちが生存のため親を必要としているのと同じくらい、親も、とくに母親は、家族やより大きな社会を生存のために必要としている。もし社会が子どもたちを大切に思うなら、社会はまず親たちを大切にしなければならない。」
> 「子どもには、母親または母親代理の人と、親密で安定した関係をもつことが重要である。その関係は、子どもだけでなく母親にとっても楽しくて満足できるようなものであるべきだ。」

東京科学大学生命理工学院 黒田研究室「親子関係の脳科学：子の親への愛着行動」

　わたしたちの社会は、子どもと子育てをする親に本当に優しいかを考えてみる必要があるかもしれません。

> コラム

子育てする父親にパタハラという壁？

「パタハラ」炎上、家庭への配慮欠く？ 育休明け転勤内示に波紋
（日本経済新聞　2019年6月12日付）

　　夫が育児休業から復帰直後に転勤を内示され、退職した──。こんなSNS（交流サイト）の書き込みを巡り、会社側の対応が波紋を広げている。会社側は「対応に問題はない」と説明するが、専門家からは「家庭への配慮不足」との指摘も。" 炎上 " の背景には「ワークライフバランス」を重視する流れや危機管理体制の不備もありそうだ。

「生活と調和」重視に

　　男性の育休取得への嫌がらせは「パタニティー（父性）ハラスメント」（パタハラ）と呼ばれる。今回の事案について、パタハラ問題に詳しい福山和人弁護士はまず、（1）内示で初めて異動を伝えるのは元社員以外も同様だったか（2）元社員側の不利益より業務上の必要性が勝っていたといえるか──などを検討すべきだと話す。

　　企業は従業員に対し「転勤を命令する権利」を持つ。その権利行使が適法かどうかの基準が定まったのは昭和末期の1986年。家庭の事情で転勤を拒み、懲戒解雇された男性社員が処分無効を求めた訴訟で、最高裁は「業務上の必要性」などの判断基準を示し、処分は有効と認めた。

　　ただ近年、ワークライフバランスを重視する流れは強まっている。2008年に労働契約法が施行され、企業は「従業員の仕事と生活の調和への配慮義務」を負った。続いて最高裁は14年、妊娠や出産を理由にした嫌がらせの「マタニティーハラスメント」（マタハラ）について「妊娠による降格は原則禁止」と初めての判断を示した。

　　判決を受け、厚生労働省は育休などが終わってから「1年以内の不利益

な取り扱いは違法」とする通知を出し、転勤についても「通常の人事異動のルールから十分に説明できず労働者に大きな負担が生じる場合は違法」とした。福山弁護士は「（会社側が）ワークライフバランスに配慮を尽くしたかが焦点」と話す。

会社の配慮不足も

転勤に対する社会の受け止め方も変わった。かつては辞令に従うのは当然とされていたが、労働政策研究・研修機構の16年の調査では、正社員の4割が「できれば転勤したくない」と回答。産業能率大の調査でも「一度も転勤せずに同じ場所で働き続けたい」とする新入社員は3割弱に上る。

「業務上必要なら、せめて事前に転勤の可能性を伝えるべきだった」。NPO法人ファザーリング・ジャパン（東京）の徳倉康之理事は会社側の配慮不足を指摘する。

政府は男性社員の育休取得率を20年度に13%に高める目標を掲げるが、厚労省によると、18年度の取得率（速報値）は6.16%と半分未満。同NPOの調査では、育休取得を希望する男性が増えているが、実際は取得できないと悩む声が後を絶たない。徳倉さんは「会社の土壌も変えなければ、男性の育休取得は進まない」と話す。

問われた企業姿勢

危機管理に詳しい広報コンサルタントの石川慶子さんは「違法性ではなく、企業の姿勢が問われている時に『法的に問題ない』は禁句だった」とし、会社側が6日に発表した広報文が火に油を注いだとみる。

石川さんによると、炎上が起きて混乱している場合の第1報は「事実関係を確認します」にとどめ、客観性のある第三者委員会で調査し、説明責任を果たすべきだという。今回、会社は調査委員会を設けたがメンバーを公表しなかった。

石川さんは「調査結果が出るのが早く『結論ありき』とみられた。第三者委のカードを切ってしまうと打つ手がなくなる。社員らによるSNSの書き込みは今の時代あるものと想定しておくべきだ」と話す。

カネカ「問題ない」、育休への見せしめ否定

　今回の「炎上」の発端は6月1日のあるツイッターの書き込みだった。「夫育休とったら明けて2日で関西に転勤内示。結局昨日で退職」。またたく間にリツイートされ拡散。勤務先だったカネカは翌2日、弁護士などの調査委員会を設けて調査を開始。6日に「対応に問題がないことを確認した」と発表した。カネカによると、同社が転勤と判断していた元社員について、異動を内示する前に育休に入ったため結果的に「育休明け直後に内示することとなってしまった」という。内示から発令まで通常1～2週間置くが、元社員の場合は4月23日の内示から5月16日付の発令まで3週間あり「育休に対する見せしめではない」と説明。多くの社員が家庭の事情を抱えており「育休を取った社員だけを特別扱いできず、対応は適切だった」とした。元社員は5月末に退職。妻がツイッターで、子供2人が保育園に通い始め、自身も5月に職場復帰したばかりだとして「夫育休取ったら見せしめに転勤になった」とつぶやき、ネット上に「ひどい」という書き込みがあふれた。一方で「覚悟を決めて転勤を受け入れている」「転勤の矛先を独身に向けられそう」などの書き込みも相次いだ。

先生からのコメント

　みなさんは「イクメン」という言葉をもう知っているでしょう。「育児をするメンズ（男性）」の略語であり、単に育児中の男性というだけでなく、進んで育児休暇を取得するなど育児を積極的に行う男性や、育児を楽しみ自らも成長しようとする男性を称します。育児は女性だけでなく、男性もともにしていくという風潮は好ましい状況ですが、現実には「パタハラ」という実態もあるようです。

　「パタハラ」とは「パタニティー（父性）・ハラスメント」の略で、男性が育児参加を通じて自らの父性を発揮する機会や権利を職場の上司や同僚が侵害する言動に及ぶことを指します。「マタハラ（マタニティー・ハラスメント）」は、妊娠した女性に対して退職を促すなどの嫌がらせで、以前から裁判で係争している事案がありましたが、男性にも同様のことが生じてきています。子育て支援の施策が充実してきてもなお「男は仕事、女は家庭」というジェンダーがまだまだ残っている社会と認識する必要があるでしょう。

§2 高齢者福祉の展開

1. 高齢者福祉の理念

1963（昭和38）年に制定された老人福祉法第2条には、「多年にわたり社会の進展に寄与してきた者として、かつ、豊富な知識と経験を有する者として敬愛されるとともに、生きがいを持てる健全で安らかな生活を保障される」と基本理念が示され、高齢者の心身の健康の保持と生活の安定を図ることが高齢者福祉の目的とされています。また、「高齢社会対策基本法」（1995（平成7）年）にも「就業その他の多様な社会的活動に参加する機会が確保され」、「社会を構成する重要な一員として尊重」されるような社会の構築が目指されています。

2. 高齢者福祉の法体系

高齢者の福祉を実現するための主要な法律は、1963年に制定された老人福祉法からスタートし、保健医療の専門の法律である「老人保健法」、高齢者の介護を社会全体で担う考えのもとに1997（平成9）年に制定された介護保険法の3つがあります。以下に詳しく見ていきましょう。

（1）老人福祉法

老人福祉法は1963年に制定され、高齢者福祉の基本法としての性格を有しています。高齢者の福祉の増進や心身の健康の保持、生活の安定を目的としています。2021（令和3）年においてもこの法律を根拠とした老人保健施設は設置されています。以下に代表的な施設を記しましょう。

１）養護老人ホーム

行政による入所措置施設。主に経済的な理由で居宅において養護を受けることが困難な 65 歳以上の自立者を入所させ、養護することを目的とする施設です。

２）特別養護老人ホーム（介護老人福祉施設）

対象となる高齢者は老人福祉法施行令第 10 条に定められます。この場合は行政による入所措置対象となります。身体上または精神上著しい障害があるために常時の介護を必要とし、かつ介護保険法による施設への入所が困難な老人を対象としています。あわせて、介護保険法で利用を認められた者は契約の上で入所します。

３）軽費老人ホーム

無料または低額な料金で 60 歳以上の者を入所させ、食事の提供その他日常生活上で必要な便宜を供与することを目的とする施設です。食事サービスのある A 型、自炊を前提とする B 型、食事や生活介護などが付帯する C 型（ケアハウス）の 3 つの種類があります。

（2）老人保健法から高齢者の医療の確保に関する法律へ

老人保健法は 1982（昭和 57）年に老人福祉法で扱ってきた保健・医療領域の新たな法律として制定されました。その後、2008（平成 20）年に老人保健法に代わるかたちで新たな「高齢者の医療の確保に関する法律」が施行されました。その背景には高齢者医療費の拡大や、生活習慣病への対策の必要性がありました。

この法律の目的は、「国民の高齢期における適切な医療の確保を図るため、医療費の適正化を推進するための計画の作成及び保険者による健康診査等の実施に関する措置を講ずるとともに、高齢者の医療について、国民の共同連帯の理念等に基づき、前期高齢者に係る保険者間の費用負担の調整、後期高齢者に対する適切な医療の給付等を行うために必要な制度を設け、もつて国

民保健の向上及び高齢者の福祉の増進を図ること」です。「医療事業」「保険事業」の2本柱で構成されています。

（3）介護保険法

　介護保険法は2000（平成12）年に施行されました。それまでの介護サービスは、老人福祉法に基づく「措置制度」により行われてきました。措置制度には行政機関が社会的支援を必要とする人に対して公平にサービス提供を行う利点がありますが、利用者自身によるサービスの選択ができないなどの問題点が指摘されるようになってきました。より利用者主体のサービス提供のしくみとするため、介護保険法は成立しました。介護保険制度の創設の目的は、主に以下の4点になります。

- 介護に対する社会的支援
- 要介護者の自立支援
- 利用者主体のサービス提供のしくみ
- 社会保険方式による財源の安定

3．介護保険法による介護サービス

（1）介護サービスの種類

　介護サービスには、次のページの図9-5で示したように、**介護給付**を行うサービスと**予防給付**を行うサービスに大別されています。予防給付とは、介護予防（生活機能を維持・向上させ、要介護状態にあることを予防すること）に適したサービスです。また、市町村が指定・監督を行う地域密着型サービスと都道府県・政令市などが指定・監督を行うサービスという整理もできます。

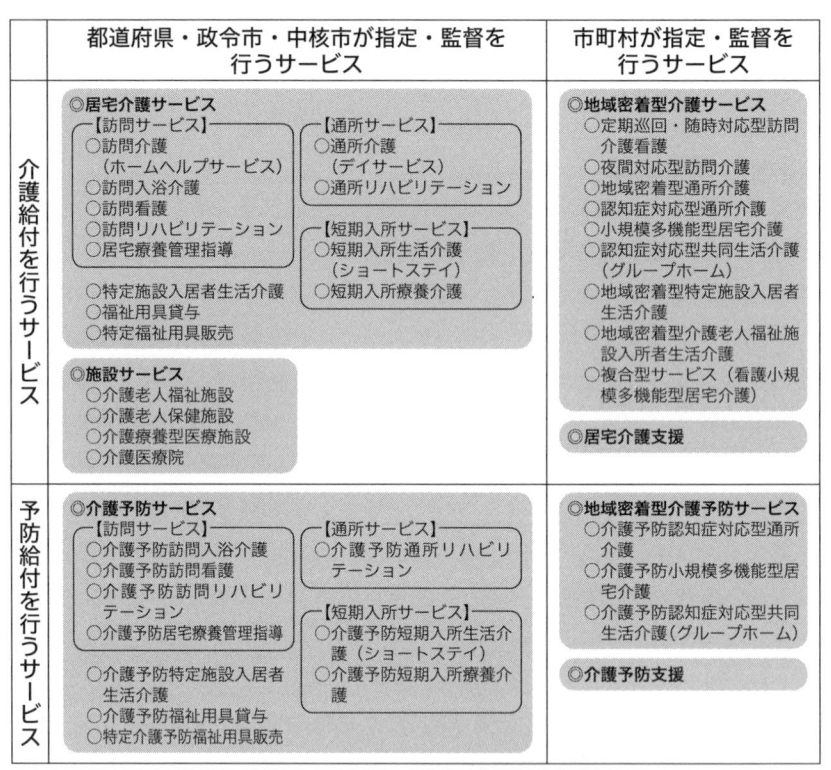

この他、居宅介護（介護予防）住宅改修、介護予防・日常生活支援総合事業がある。

厚生労働省老健局「介護保険制度の概要」令和3年5月

【図9-5】介護サービスの種類

　介護サービスの主なものは以下となります。219ページの表9-3を参照しながら理解を深めていきましょう。

【表9-3】利用できる主な介護サービスについて

自宅で利用するサービス	訪問介護	訪問介護員（ホームヘルパー）が、入浴、排せつ、食事などの介護や調理、洗濯、掃除等の家事を行うサービスです。	宿泊するサービス	短期入所生活介護（ショートステイ）	施設などに短期間宿泊して、食事や入浴などの支援や、心身の機能を維持・向上するための機能訓練の支援などを行うサービスです。家族の介護負担軽減を図ることができます。
	訪問看護	自宅で療養生活が送れるよう、看護師等が清潔ケアや排せつケアなどの日常生活の援助や、医師の指示のもと必要な医療の提供を行うサービスです。	居住系サービス	特定施設入居者生活介護	有料老人ホームなどに入居している高齢者が、日常生活上の支援や介護サービスを利用できます。
	福祉用具貸与	日常生活や介護に役立つ福祉用具（車いす、ベッドなど）のレンタルができるサービスです。	施設系サービス	特別養護老人ホーム	常に介護が必要で、自宅では介護が困難な方が入所します。食事、入浴、排せつなどの介護を一体的に提供します。（※原則要介護3以上の方が対象）
日帰りで施設等を利用するサービス	通所介護（デイサービス）	食事や入浴などの支援や、心身の機能を維持・向上するための機能訓練、口腔機能向上サービスなどを日帰りで提供します。		介護老人保健施設	自宅で生活を営むことができるようにするための支援が必要な方が入所します。看護・介護・リハビリテーションなどの必要な医療や日常生活上の世話を提供します。
			小規模多機能型居宅介護		利用者の選択に応じて、施設への「通い」を中心に、短期間の「宿泊」や利用者の自宅への「訪問」を組み合わせて日常生活上の支援や機能訓練を行うサービスです。
	通所リハビリテーション（デイケア）	施設や病院などにおいて、日常生活の自立を助けるために理学療法士、作業療法士、言語聴覚士などがリハビリテーションを行い、利用者の心身機能の維持回復を図るサービスです。	定期巡回・随時対応型訪問介護看護		定期的な巡回や随時通報への対応など、利用者の心身の状況に応じて、24時間365日必要なサービスを必要なタイミングで柔軟に提供するサービスです。訪問介護員だけでなく看護師なども連携しているため、介護と看護の一体的なサービス提供を受けることもできます。

厚生労働省「介護保険制度について」令和5年5月

１）居宅介護支援：介護サービスの利用にかかる相談、ケアプランの作成

居宅介護支援は、利用者が可能な限り自宅で自立した日常生活を送ることができるよう、ケアマネジャーが、利用者の心身の状況や置かれている環境に応じた介護サービスを利用するためのケアプランを作成し、そのプランに基づいて適切なサービスが提供されるよう、事業者や関係機関との連絡・調整を行います。

２）自宅で受けられる家事援助等のサービス

・訪問介護（ホームヘルプ）

・訪問入浴

・訪問看護

・訪問リハビリ

・夜間対応型訪問介護

・定期巡回・随時対応型訪問介護看護

３）施設などに出かけて日帰りで行うサービス

・通所介護（デイサービス）

・通所リハビリ

・地域密着型通所介護

・療養通所介護

・認知症対応型通所介護

４）施設などで生活（宿泊）しながら、長期間または短期間受けられるサービス

・介護老人福祉施設（特別養護老人ホーム）

・介護老人保健施設（老健）

・介護療養型医療施設

・特定施設入居者生活介護（有料老人ホーム、軽費老人ホーム等）

・介護医療院

5）訪問・通い・宿泊を組み合わせて受けられるサービス

・小規模多機能型居宅介護および看護小規模多機能型居宅介護

小規模多機能型居宅介護は、利用者が可能な限り自立した日常生活を送ることができるよう、利用者の選択に応じて、施設への「通い」を中心として、短期間の「宿泊」や利用者の自宅への「訪問」を組み合わせ、家庭的な環境と地域住民との交流の下で日常生活上の支援や機能訓練を行います。

短期間の宿泊として以下のサービスがあります。

・短期入所生活介護（ショートステイ）

・短期入所療養介護

6）福祉用具の利用にかかるサービス

・福祉用具貸与

・特定福祉用具販売

詳細については表9-3を参照してください。

（2）介護サービスの利用手続き

介護保険制度の利用手続きを、次のページの図9-6を参照し説明しましょう。

はじめに、介護保険を利用するには、要支援または要介護認定を受ける必要があります。市町村の介護保険担当の窓口で介護認定の申請をし、受理されると本人や家族への聞き取りを中心に認定調査が行われます。必要に応じて医師の意見書の提出をします。調査から要介護などの認定が出るまでは1か月前後を要します。

要支援の認定を受けた場合、**地域包括支援センター**の職員と今後どのような介護サービスを利用するか、介護予防のケアプランを作成します。その後、実際に介護保険の適用を受けて介護サービスを利用する流れとなります。

要介護認定を受けた場合には、施設サービスを利用するか在宅で介護する

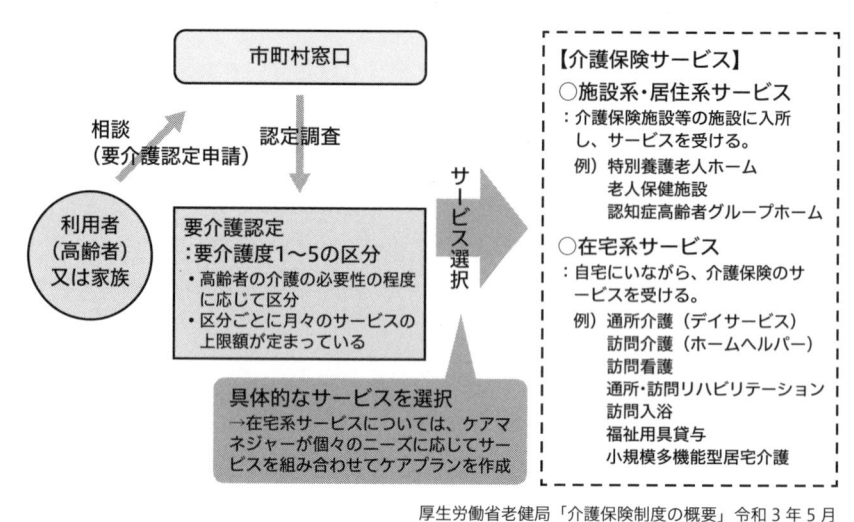

厚生労働省老健局「介護保険制度の概要」令和3年5月

【図 9-6】介護サービス利用の手続き

かによって異なります。自宅での生活の場合は、**介護支援専門員**（ケアマネ
ジャー）配置の事業所を選択してケアプランを作成し、本人と家族の状況に
応じて居宅サービスを中心とした介護サービスを利用することになります。

4．地域包括ケアシステム

　団塊の世代が 75 歳以上となる 2025（令和7）年を目途に、重度な要介
護状態となっても住み慣れた地域で自分らしい暮らしを人生の最後まで続け
ることができるよう、医療・介護・予防・住まい・生活支援が包括的に確保
される体制（地域包括ケアシステム）の構築を実現することを国は目指して
います（p.223 図 9-7 参照）。また今後、認知症高齢者の増加が見込まれる
ことから、認知症高齢者の地域での生活を支えるためにも、地域包括ケアシ
ステムの構築を重要としています。地域包括ケアシステムは、おおむね 30
分以内に必要なサービスが提供される日常生活圏域（具体的には中学校区）
を単位として想定されており、その中心的な役割を果たすのは地域包括支援

センターです。2023（令和5）年4月末には全国で5,431の地域包括支援センターが設置され、ブランチやサブセンターを含めると7,397か所となり、地域の身近な相談場所になってきています。

　地域包括支援センターは、市町村が設置主体となり、保健師・社会福祉士・主任介護支援専門員等を配置して、3職種のチームアプローチにより、住民の健康の保持および生活の安定のために必要な援助を包括的に行います。その主な業務は、介護予防支援および包括的支援事業で、制度横断的な連携ネットワークを構築して実施しています。

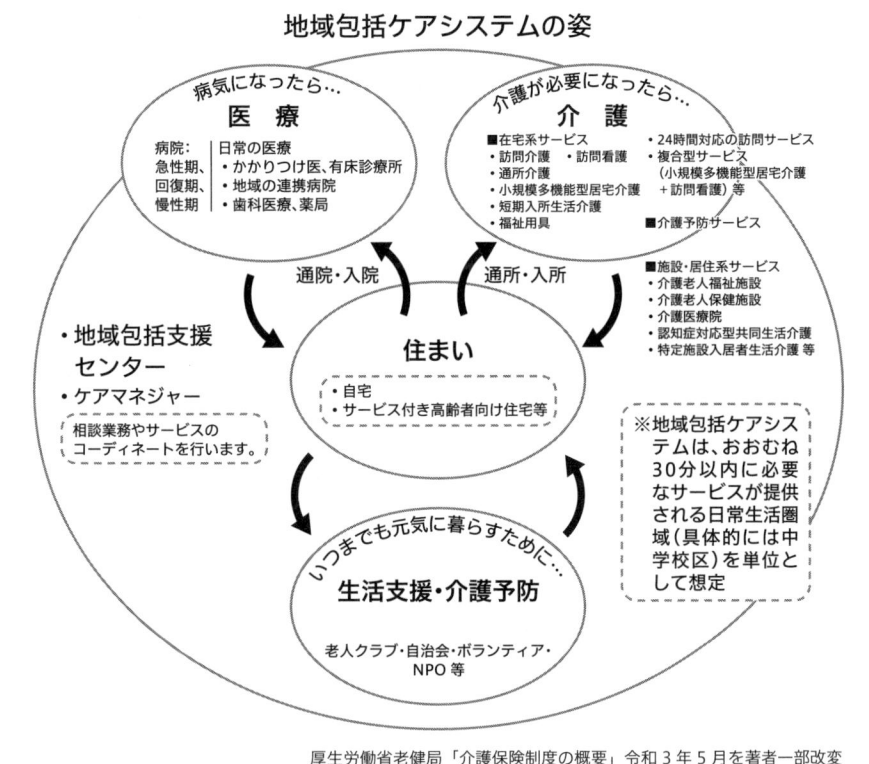

厚生労働省老健局「介護保険制度の概要」令和3年5月を著者一部改変

【図9-7】地域包括ケアシステムの姿

・**介護予防ケアマネジメント業務**

　二次予防事業対象者（旧特定高齢者）に対する介護予防ケアプランの作成など

・**総合相談支援業務**

　住民の各種相談を幅広く受けつけて、制度横断的な支援を実施

・**権利擁護業務**

　成年後見制度の活用促進、高齢者虐待への対応

・**包括的・継続的ケアマネジメント支援業務**

　「地域ケア会議」等を通じた自立支援型ケアマネジメントの支援、ケアマネジャーへの日常的個別指導・相談、支援困難事例等への指導・助言

　これらの事業の実施に際しては、行政機関、保健所、医療機関、児童相談所など必要なサービスにつなぐ等の多面的・制度横断的支援を行っています。

コラム

少子高齢社会の財源は？

「2025年問題とは」（読売新聞　2018年4月30日付）

　戦後間もない1940年代後半にたくさん生まれた世代は、「団塊世代」と呼ばれる。この世代全員が2025年になると、75歳以上になり、人口のおよそ5人に1人が75歳以上になる見通しだ。

　これに伴い、医療や介護など、社会保障分野で必要な費用が急増し、国の財政を一層圧迫する恐れがある。このことが、「2025年問題」と呼ばれている。

　75歳以上になることに伴って、公的医療保険や介護保険を使うことが増える。

　介護の場合、心身の機能が衰えて、食事や入浴の際にヘルパーの介助を受けることなどができる介護保険サービスを使うことが多くなる。医療では病院に長い間入院したり、服用する薬の種類が増えたりする。

　こうした事情により、社会保障全体の費用も膨らむ見通しだ。年金や子育てなどを含めた費用は、15年度から25年度にかけて2割強増える。

　一方で、少子化で支え手が減ることなどから、社会保障に必要なお金を十分に賄えなくなる恐れもある。しかし、急増するニーズに応じて、保険料や税金を上げるのにも限界がある。

　このため、国は、社会保障にかかる費用を抑えようとしている。医療では、紹介状なしで受診した患者から特別料金を徴収する病院の数を、今年4月から増やした。介護では今年8月、年金などを比較的多く受け取っている高齢者の自己負担の上限を、現在の2割から3割に引き上げる。

　「2025年問題」はお金の話だけではない。1年に亡くなる人が約154万人に上る「多死社会」にも直面する。現在は多くが病院で亡くなって

いるが、25 年頃には、病院だけでは対応できなくなることも予想される。このため、自宅や特別養護老人ホームなどの介護施設でも安心して最期を迎えられるよう、みとりの仕組みを十分に整えていく必要もある。

　25 年まであと 7 年。社会保障に使う費用が伸びる中、限られた財源をどう有効に使うべきか。私たち一人ひとりに突きつけられた重い課題だ。

先生からのコメント

　高齢者問題を考える時は、必ずセットで社会保障の問題について検討する必要があります。様々な介護サービスがあることを学んできましたが、それは無料で空から降ってくるものではありません。第 1 章で学んだようにラウントリーの貧困線では労働市場からの撤退、いわゆる定年後には人生 3 度目、最後の貧困の時期がおとずれます。「老後資金 2,000 万円不足問題」とニュースを騒がせたように、2,000 万の預金を個人の努力で定年までにしておくのか、社会保障として老後の生活保障は国が担うべきかの議論が必要です。後者を選択する場合は、消費税が 15 〜 20％程度、もしくは別の税徴収が必要なのは明白です。社会福祉実現のためには財源という問題を同時に考えなければなりません。

第 10 章

社会福祉における相談援助

【 この章で学ぶこと 】

　生活課題を抱えている人々に社会制度や福祉サービスをつなげるためには相談援助が必要です。なぜなら信頼関係なくして、本当に困っていることや真のニーズを知ることができないからです。相談援助の土台となるのは人間の尊厳を尊重するという支援者の価値です。それを根底に相談援助の姿勢や技術として、バイスティックの 7 原則やマイクロカウンセリングを学びます。相談援助をソーシャルワークと捉えると個人だけでなく、家族や社会を対象とする 12 の技術があることを理解しましょう。

§1　相談援助における理論と原則

1. ソーシャルワークと相談援助

　社会福祉を「**価値・知識・技術**の 3 つの構成要素からなり、価値を基盤として生きづらさを抱える人間あるいはその環境や構造に対して、様々な制度やサービス（知識）を相談援助という技術を用いて、問題解決のためのプロセス」と定義しました（第 2 章）。ソーシャルワークを広義に捉えた場合は、同様の意味となります。また、ソーシャルワークを狭義に捉える場合、相談援助をその中心に位置づけることがあります。

　カウンセリングと異なる特徴としては、人々の心にアプローチし、内省を促し、自己変革をするだけではなく、生活上の課題を具体的な社会資源の利用を通して解決することにあります。

　筆者が経験した障害のある子どもを抱えた家族の事例です。

事例 10-1　生活保護制度への抵抗

　父親が失職し、失業保険の手当も終わり、貯金も現金も底をつきました。社会福祉の制度である「生活保護」の申請をすすめ、一緒に福祉事務所に同行する提案をしましたが拒否されました。「生活保護」を受給することに強い「恥」のようなものを感じており、「家にある小麦粉を水で溶かして焼けばあと数日は大丈夫だから」というのが理由でした。

　このような状況の時に「相談援助」の技術がより必要になります。なぜ生活保護を受給することを「恥」と捉えるのかを注意深く傾聴し、「今一番大切にすべきことは何か？」と問いかけ、一緒に人生を考えていく面接をしました。

　その結果、障害のある子どもや家族の健康を守ることが親の役割であるという考えに思い至ることができました。

　これまで多くの社会制度や福祉サービスを学んできましたが、それらを必要とする人々につなげることは単純なことではありません。特に第2章で学んだ「区分された」サービスを利用する場合には、それを受け入れるまでには葛藤を伴うことを理解することが必要です。図 10-1 に示すように、その葛藤を受容し、**自己決定**のプロセスを一緒に歩むことが、まさに相談援助ということになります。

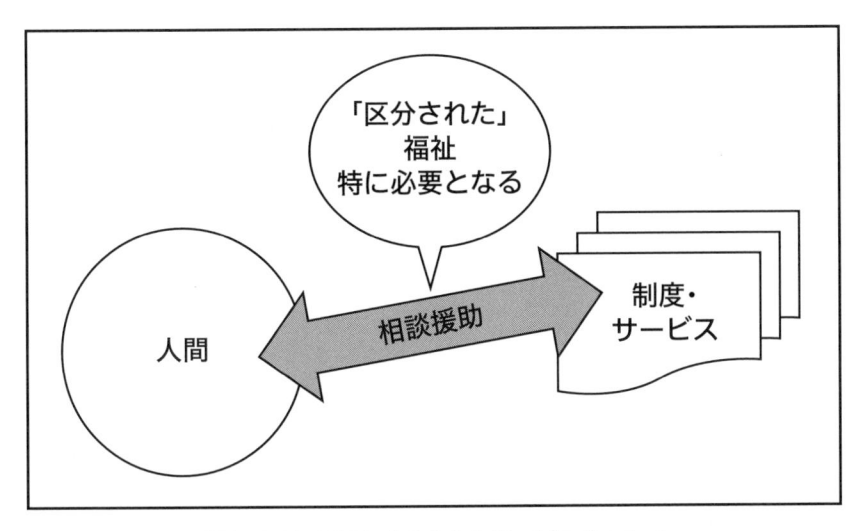

【図 10-1】 必要とする人々とサービスをつなぐ

２．相談援助の構成要素　—価値を中心に

　第２章でソーシャルワークの構成要素やその理念について学んできました。改めて復習すると、ソーシャルワークは価値・知識・技術の３つで構成され、どれ１つ欠けても、それはソーシャルワーク実践とは呼ぶことができません。

　巧みなコミュニケーション技術を身につけても、ソーシャルワークの土台には価値が不可欠です。どんな状態の人であっても、その人に**人間の尊厳**を見出すことができるか問われます。

　ソーシャルワークには**ストレングス視点**という見方があり、どんな人にも「強み」があります。約束した時間に相談に来るということは、当たり前のことのように考えますが、少し視点を変えれば、以下のように考えられるでしょう。

> ・約束を守ることができる
> ・相談しようという気持ちをもっている
> ・支援者に相談しようという信頼感をもてる
> ・その気持ちを行動化できる

　すると、「相談に来てくださって、ありがとう」という気持ちが自然とわきあがってきませんか。

　土台となる価値の３つは、**人間尊重・変化の可能性・社会正義**です。

　１つめの人間尊重は、どのような人でも、ただ人間であることによって尊重すべきであるというものです。子どもを殴り、罵倒をあびせる母親に対しても、犯罪者に対しても、まずは相手を大切に思うことが求められます。どんな人間でも誰でも「唯一無二」の存在で、誰もその人の代わりになれる人はいない、だからこそかけがえのない存在であると考えられるでしょう。あなたの代わりには、誰もなれないでしょう、それと同じことです。

　人間尊重のもう１つの視点は、相手を自分の延長線にいる存在と考えられ

る想像力も必要だということです。今日交通事故に遭遇し、わたしたちすべてが障害をもつ可能性があるはずです。それなのに障害者と自分はまったく別の人間として捉えている人が多いのは不思議です。

2つめの変化の可能性は、どんな人間も変わっていけるという信念や確信をもつことです。人は変わっていきます。そういう事例をわたしは多く見てきました。私の目の前で2歳の脳性麻痺の娘を「歩けない人間なんて生きていても意味がない。車に轢かれて死ねばいい」と殴った母親でさえ、「施設にこの子を預けたら、きちんと麻痺へのリハビリテーションをしてくれないから、家でがんばって育てます」と可愛らしい花柄のワンピースを娘に着せてやって来るようになりました。

最後は社会正義です。1つめの人間尊重に深くかかわってきます。わたしたちは、障害のある人々に対して同情し、児童虐待をする親を非難する気持ちをもつことがあるでしょう。しかし、そのような思いはどこから来ているのでしょうか。そして、その思いは当事者に対して向けられ、彼らをいっそう苦しめることになります。例えば、脳性麻痺の子どもをもつ母親が「歩けない人間なんて価値がない」というのは、社会のもつ「障害者差別」という価値観の反映であると考えられます。また、児童虐待をする母親を「人間失格」と決めつけるのではなく、そうさせてしまった社会のしくみやサポート体制の不十分さから生じていないかと考えることが必要です。

生きづらさの問題と直面した時に個人に責任を帰すのではなく、社会の側から点検することが求められます。社会正義はどんな人間であっても多様性を受け入れ、その人らしく、よりよく生きる**ウェルビーイング**が実現される社会を目指します。障害者やその家族が差別されるという現実に目を向け、それらを改革することが重要です。

3. ソーシャルワークの価値と原則 —バイスティックの7原則

相談援助の基本的な態度を示す**バイスティックの7原則**というものがあります。「人間の尊厳」という価値を、「あなたは大切な人なんですよ」という

メッセージを確実に相手に届けるための原則です。バイスティックはポーランド出身のソーシャルワーカーで、自身の実践からこの原則を導きだしました。

①個別化：「一般の人」でなく「個人」として捉える

このような時期にはこういった悩みをもつという、多くの人々に共通する一般的な問題はすでにわかっていることがたくさんある。例えば、小学校に入学して間もない子どもに夜尿やチックという問題行動が出て、その母親はひどく悩み、落ち込んでいるとする。子どもは新しい生活に緊張状態が続きオーバーフローで、母親はこのまま学校に行けなくなるのではと真剣だ。それに対して、「これは一般的によくあることだから気にしないで」とさらりと流すのではなく、その母親にとっては初めてのオリジナルな問題として扱おう、ということ

②意図的な感情表出：クライエントの感情表現を大切にする

相談にくる人、クライエントには自由に感情を表現してもらうように、援助者は意図的にかかわるということ。通常の人間関係では、「恨み」や「憎悪」などネガティブな感情はなかなか表現しにくい。でも、それらの感情を閉じ込めておくことは決してメンタルヘルスによいことばかりではない。「疲れちゃった」というつぶやきをキャッチし、「何かありましたか？よかったらお聞かせください」と、さらに感情表現を促すかかわりをすることが必要

③統制された情緒関与：援助者は自分の感情を自覚して吟味する

相談にくるクライエントには様々な方がいる。先ほど「人間の尊厳」を体現する、伝えるためにこの7原則はあるとしたが、援助者も神様ではなく、苦手な相手や、発言に対して「イライラ！」としたり、「どうしてわが子のことを『死ねばいい』などと言うんだろうか、理解できない」など様々感情が浮かんでくる。その感情を自覚することで、客観的に自分自身を捉え、感情をコントロールすることにつながる

④受容：クライエントをありのまま受け止める

相談者が何を語っても、前後関係や先に話したことと矛盾があっても、現実的ではないことだとしても、いったんは「〜のように感じられたのですね」と否定をせずに共有する姿勢。筆者の経験だが、目の前にわが子（重症心身障害のため寝たきり状態）がいる状況で、お母さんは「私の本当の由紀ちゃん（仮名）は死んでしまったんです」と語った。現実はその子どもは生きてここにいるが、そうした事実関係を問うことはせず、受け止めることが重要。わたしは「死んだ由紀ちゃんは、今どこにいるんでしょうね。天国から見てるかな、それともこの部屋のどこかに遊びにきているかな」と対応した。相手の語りを前提にして、受け入れて話を進めることで信頼関係をつくることができた

⑤非審判的態度：援助者の価値観で判断しない

審判というと裁判などにおける判決などを意味する言葉なので重く聞こえるかもしれないが、わたしたちは案外簡単に、日常生活の中で相手への決めつけを行っている。「そんなことはだめだよ」から、保育士や教員は「早寝早起きをさせないから、気持ちが安定しないんですよ！きちんと生活リズムを整えてください」など常識的な判断を伝えがち。一見正しいとされることでも、それができない理由や背景をまずは思いやり、想像することが重要

⑥自己決定：クライエントの自己決定を促し尊重する

自分のことは自分で決めるという原則。援助者は経験の中でより正しい選択やクライエントに合う方法を見つけだすことができるが、相手を思いやって先回りして、「〇〇の方がいいと思う」と指図してしまうことは避けなければならないことを示唆している。たとえ遠回りであったとしても、「自分で決めたことだから」という思いが本人を強くすることがある

⑦秘密保持：秘密を保持し信頼感を醸成する

わたしたちが想像する以上に、相談者は援助者に話したことが外部に漏れることはないかを心配している。ネガティブな感情や自分の弱さをさ

らけ出すことは、とても勇気がいることで、不安でもある。ここでの話はわたしとあなたとのこの関係の中だけで語られることとして、他者に伝えることはしないことを、あえて言語化することもある。危険が伴うリスクがある場合には必ずクライエントの許可を得てから、他の人に伝えることが必要

　バイスティックの7原則を自らの姿勢として身につけるには、**自己覚知**が必要です。自己覚知とは自分自身を知るということであり、生育歴や職業選択、親との関係なども重要な手がかりとなります。将来の希望の進路はどうして選択したのでしょうか。それ以外にも、コミュニケーションの癖や自分の容姿が他者にどのような影響を与えるかを知る必要もあるでしょう。自分自身を客観的に見ることや自分自身をニュートラル（自然・中立）な状態にするために、自己覚知は役立ちます。

§2　相談援助の意義と機能

I．相談援助の目的

　相談援助の意義や目的について考えるのに際して、**ソーシャルワーク専門職のグローバル定義**から、目的に関連する点をあげてみましょう。

• ソーシャルワークは、社会変革と社会開発、社会的結束、および人々のエンパワメントと解放を促進する、実践に基づいた専門職であり学問である

> ・ソーシャルワークは、生活課題に取り組みウェルビーイングを高める
> よう、人々や様々な構造に働きかける

　ここでは、人間を対象にした記述に注目すると、「人々の**エンパワメント**や**解放**の促進」と「**ウェルビーイング**を高めること」とあり、これらを相談援助の目的として捉えることができます。第2章の復習になりますが、エンパワメントとは、「個人や集団が自分の人生の主人公となれるように力をつけて、自分自身の生活や環境をよりコントロールできるようにしていく」ことです。解放とは、パワーレスな状態を生みだす社会構造から利用者を解放することです。ウェルビーイングは、よりよく生きる、より幸せに生きることであり、自己実現の保証と捉えられます。また関連する考え方に**クオリティ・オブ・ライフ（QOL）**があります。「生活の質」や「生命の質」と訳され、これらを高めることは相談援助の目的となります。

2．相談援助の機能

　相談援助の機能は、次ページの図 10-2 で示したように、複数の技術や社会資源を総動員して発揮されるものであるといえます。生活問題を抱える人々の解決のためには、様々な制度やサービスが必要です。これらは公的でフォーマルな社会資源だけではなく、地域の支え合いなどのインフォーマルなネットワークが不可欠な場合もあります。しかし、制度やサービスにつなげるのはたやすいことではありません。手当や車いすの給付というメリットがあっても、「身体障害者手帳」を取得することに対して「レッテルを貼られる」と感じる人は少なくないでしょう。そのために、相手の思いを受容し、尊厳を尊重する相談援助という技術が求められます。相談援助にはソーシャルワーク分野の独自の技術だけではなく、カウンセリングなど心理学領域からの関連援助技術を用いることもあります。

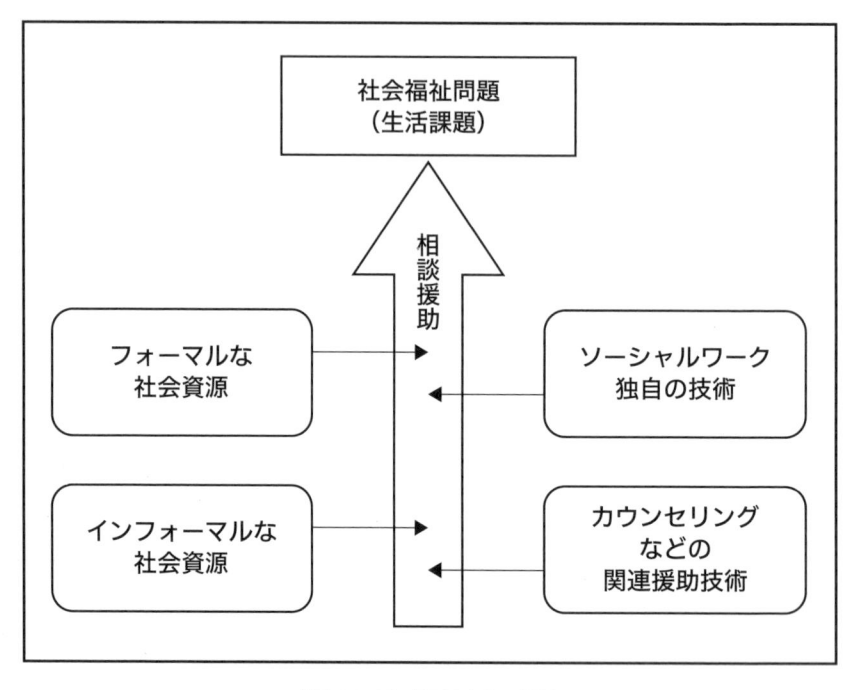

【図 10-2】相談援助の機能

§3　相談援助の対象と過程

Ⅰ. 相談援助の対象

　相談援助の対象は人間だけではありません。第2章で人間とは多次元という環境の中に存在するものだと学びました。図 10-3 を見てみましょう。円の中心の部分は**ミクロ**の次元で一番小さな範囲、個人や家族を対象にした援

助技術です。真ん中の部分は**メゾ**の次元で中間の範囲、地域や所属集団を対象にします。外側の部分は**マクロ**の次元で社会や法律など一番広い範囲を対象にする技術です。240ページの表10-1とあわせて理解を深めましょう。

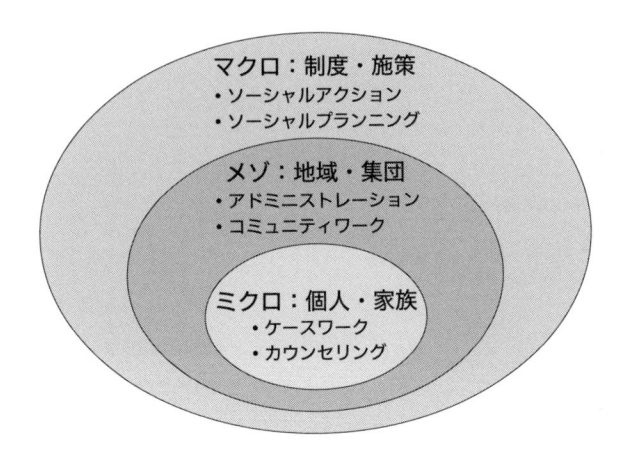

【図10-3】ソーシャルワークの対象に応じた相談援助技術

　特徴的なのは、対象とする範囲によって用いる技術が異なるところです。対象とするのは個人だけでなく、その人が所属している所属集団や地域、さらには国家や社会まで射程に含まれているということです。詳しくは本章ので§4で説明します。

2. 相談援助のプロセス

　相談援助では、相談のはじまりから終結までの一連のプロセスの中で支援が展開されます。ここではケースワークという個人を対象としたソーシャルワークを、6つの段階に分けて解説しましょう。

①ケースの発見

ケースの発見には、利用者が自ら相談にくる場合と、自らは問題とは感じていない、あるいは隠しておきたい問題を通報される場合とがある。問題を発見し、相談援助への接点をつくる段階といえる

②インテーク（受理）

利用者とかかわりを始める段階。インテークとは取り入れる、受理するという意味があり、この段階での面接のことをインテーク面接という。この面接の目的では、相談者と利用者との間に信頼関係（ラポール）を築くことがまずは重要で、その上でもち込まれた問題が当該機関で解決ができるか否かの判断をしなければならない。手順としては、①主訴およびニーズの把握、②当該機関の援助内容の説明、③利用者の主訴とソーシャルワーカー（SW）の示す援助内容の適合性の検討、④利用者の援助利用意思の確認、となる。この段階で求められる技術は傾聴や受容

③情報収集とアセスメント

援助の方針を立てるためには必要な情報の収集が必要となる。基本となるのは第3章で学んだ生活問題を分析する5つの視点で、生育歴、所属集団での状況、心身の健康状態、経済状態などは確認する必要がある。また、子どもの問題に関する訴えの場合には、子ども自身と親に関することから双方を丁寧に聞き取る。これらの情報をもとにアセスメントを実施する。アセスメントとは事前評価や初期評価という意味をもち、社会福祉分野においては利用者の能力や抱える問題を見極め、問題に関する情報を収集し、状況分析・問題解決をするための方向性を見出すことが目的となる。この段階でプライバシーにかかわる情報にもふれるので、ラポールを形成しながら秘密保持を確認し、面接を進めることが重要

④プランニング

アセスメントの結果に基づいて、援助計画を立てる段階になる。具体的には解決目標、解決の手段や方法の検討・計画、期間という3つを含む必要があり、ソーシャルワーカーや専門職が決めるのではなく、利用者が参加し、主体的に計画できることが重要。社会福祉の手段的価値であ

り、バイスティックの7原則である「自己決定」を意識したい

⑤インターベンション（援助の実施・介入）

プランニングに基づき、ソーシャルワーカーが具体的に利用者を積極的に援助し、問題解決を図る段階。インターベンションは直接的援助と間接的援助に分けられる。直接的援助には、①助言およびそれに対する意見への傾聴、②不安の除去、③心理的な支持、④問題の意識化・言語化、がある。間接的援助には、①仲介機能や社会資源の活用を促す、②代弁機能、③環境調整、などがある

⑥エヴァリュエーションと終結

エヴァリュエーションとは総合的な評価という意味。インターベンションによって様々な援助や介入がなされた後に、①解決目標が解決されたかの確認をし、②援助内容が適切であったかの振り返りを行う段階。その結果、解決できない課題や新たな問題があればインテークからのサイクルを繰り返すことになり、解決目標が達成したと評価し、利用者自身も問題解決がなされたと合意できて終結を迎えることになる。援助内容が適切かを振り返る際には、スーパービジョンという技術を用いて助言を受けることが望ましい

§4　相談援助の方法と技術

I. 相談援助の技術　―人と環境への働きかけ

ソーシャルワークの技術は、**直接援助技術**、**間接援助技術**、**関連援助技術**の3つに分類され、12の技術があります。表10-1を参照してください。

【表 10-1】ソーシャルワークの 12 の技術

3つの分類	技　　術	対象の次元
直接援助技術	ケースワーク（個別援助技術）	ミクロ
	グループワーク（集団援助技術）	ミクロ
間接援助技術	コミュニティワーク（地域援助技術）	メゾ
	ソーシャルワーク・リサーチ（社会福祉調査）	すべてを対象
	ソーシャルウェルフェア・アドミニストレーション（社会福祉運営管理）	メゾ
	ソーシャルウェルフェア・プランニング（社会福祉計画）	マクロ
	ソーシャル・アクション（社会活動法）	マクロ
関連援助技術	スーパービジョン	ミクロ
	ケアマネジメント	ミクロ〜メゾ
	カウンセリング	ミクロ
	コンサルテーション	ミクロ〜メゾ
	ソーシャルサポートネットワーク	メゾ

直接援助技術とは生活課題を有する利用者に直接かかわり、対人関係を媒介にする援助技術です。間接援助技術は利用者の環境である社会資源の調整や整備などを通じて、生活課題の解決に役立つ援助技術です。関連援助技術とはソーシャルワークや社会福祉の領域で誕生したものではなく、他の学問領域から援用した技術です。

（1）直接援助技術

1）ケースワーク（個別援助技術）

　ケースワークの母といわれるリッチモンドによれば、「ソーシャル・ケー

スワークは、人間とその社会的環境との間に、個別的に、効果を意識して行う調整によって、その人間の人格を発達させる諸過程からなる」と定義されています。その後の議論や時代の変化を経て、「生活上の問題を抱え、援助を必要としているクライエントと、その問題の解決や緩和のために助言、支援をするソーシャルワーカーとの間の援助関係によって成立する」という援助関係が強調されています。加えて、困難な状況のために心理的に不安定な状態になっている人を援助するという**心理的側面**と、社会資源を活用して環境条件の調整を行い具体的なサービスを提供するという**社会的側面**との双方への援助技術と理解されています。

2）グループワーク（集団援助技術）

グループワークとは、「意図的なグループ経験を通じて、個人の社会的に機能する力を高め、また個人、集団、地域社会の諸問題に、より効果的に対処しうるよう、人々を援助するものである」と定義されています。グループワークでは、人間にとって重要な社会的環境の１つである集団を意図的に形成し、そこで生じるグループ・ダイナミクスを活用して、一人ひとりの援助を行います。**グループ・ダイナミクス**とは、一人ひとりのメンバーはさほど実力があるとは思えないのに、チームになれば実力以上の力を発揮するような不思議な力を引き起こすメンバー同士の相互作用をいいます。

（2）間接援助技術

1）コミュニティワーク（地域援助技術）

コミュニティワークとは、地域住民が地域の福祉課題について、自ら認識し解決できるように援助すること、地域組織活動ともいいます。例えば、高齢者介護や育児不安、障害児・者の問題に住民が積極的に取り組み、住民同士が力を合わせて助け合っていくことのできる地域社会が目指されます。コミュニティワークの原則は以下の４点、①住民本位の原則、②問題解決過程重視の原則、③住民による自己決定の原則、④地域の特性重視の原則、となります。

2）ソーシャルワーク・リサーチ（社会福祉調査）

　社会福祉の実践が行われる際に、社会福祉サービスの利用者に関するニーズ・意識・背景等の専門的調査をいいます。一般の社会福祉調査などと違って問題解決を指向し、人々の生活および福祉の向上を図ることに貢献しようという価値意識が根底にある援助技術です。福祉のニーズの測定と福祉活動の効果の測定にもなり、その結果から新しいサービスや制度が生みだされることもあります。

3）ソーシャルウェルフェア・アドミニストレーション（社会福祉運営管理）

　社会福祉サービスを提供する事業者や施設が、地域社会や利用者のニーズに即した施設の運営方針やサービスの提供などその目的達成のために効率的、民主的に運営・管理する援助技術です。近年ではそれぞれの施設において、運営協議会を設置し、関係機関や利用者、地域住民などのニーズを聞きながら方針を説明し、協議しながら運営を実施しています。

4）ソーシャルウェルフェア・プランニング（社会福祉計画）

　社会の変動によって多様化する社会福祉ニーズに対して、社会資源の確保などの課題を明確にして、将来における展望をもった社会計画をあらかじめ立てる理論と技法です。近年では、市区町村および都道府県を基盤とした地域福祉計画が重視されています。地域福祉計画は、地域福祉推進の主体である地域住民等の参加を得て、地域生活課題を明らかにするとともに、その解決のために必要となる施策の内容や量、体制等について、多様な関係機関や専門職も含めて協議の上、目標を設定し、計画的に整備していくことを内容とするものです。

5）ソーシャル・アクション（社会活動法）

　社会福祉に関する社会的活動のことです。個人へのソーシャルワークでは改善されない社会的構造に関連する問題の解決のために、国や地方自治体など行政や議会などに働きかけて法律・制度・サービスの改善や拡充や創設を

求め、新たな取り組みへの働きかけを行う活動を指します。それには当事者・家族・市民・コミュニティなどと連帯し、一般市民の意識を喚起しながら、社会福祉関係者や多種多様な専門職とも組織化し、世論に働きかける活動も重要な技術の1つとなります。

（3）関連援助技術

1）スーパービジョン

スーパービジョンとは、同じ専門性を有した先輩（スーパーバイザー）が後輩（スーパーバイジー）に対して専門職として適切な支援ができるように示す技術を指します。利用者（クライエント）にどのようなかかわりをしているのか。そこで、スーパーバイジーが何を考え、何を感じ、何を学ぼうとしているのかをスーパーバイザーがくみ取り、スーパーバイジーの学びをより深めていく作業です。スーパービジョンには、以下の3つの機能があります。

- **管理的機能**
  職場における相談支援ミッションの理解、相談支援の価値観、実践の目的の理解を深める
- **教育的機能**
  利用者のエンパワメントに関して理解を深める。利用者のリカバリー（新しい生き方の再発見）に関しての共感性を養う
- **支持的機能**
  様々なケースを担当している相談支援専門員への励まし、共感的理解。これによって、バーンアウト、業務意欲の喪失、マンネリ化を防ぐ

2）ケアマネジメント

ケアマネジメントの定義を「利用者が地域社会による見守りや支援を受けながら、地域での望ましい生活の維持継続を阻害するさまざまな複合的な生活課題（ニーズ）に対して、生活の目標を明らかにし、課題解決に至る道筋と方向を明らかにして、地域社会にある資源の活用・改善・開発をとおして、

総合的かつ効率的に継続して利用者のニーズに基づく課題解決を図っていくプロセスと、それを支えるシステム」と厚生労働省は述べています。特に重要なポイントは、福祉や医療などのサービスと、それを必要とする人のニーズに応じて組み合わせ、開発することにあるといえます。

3）カウンセリング

　広義の**カウンセリング**は、社会・経済・生活の各分野における種々の専門的相談援助行為を指します。狭義の場合は心理カウンセリングを指し、クライエントが自らを内省し、新しい理解や洞察に自発的にたどり着くことを目的とします。明確な解決策を直ちに提示することは原則的にはありません。相談援助の場面では、クライエントの抱える問題によって用いる援助技術は異なります。自己と向き合うことによって生活の問題や悩みに主体的に相対していける場合には狭義のカウンセリングを中心に援助しますが、自己決定を尊重しながら具体的な解決目標を提示する場合や他の援助技術を組み合わせる支援もあります。

4）コンサルテーション

　コンサルテーションとは、社会福祉の分野に限定して行われているものではありません。業務遂行のために特定の領域の専門家に相談することであり、様々な業界で行われています。対人援助職の場合は、多様なクライエントやシステムにかかわる中で、ニーズを理解し充足させるためにコンサルテーションを受けることで課題解決を図ることに役立ちます。援助者が日常の援助チーム以外の医師や臨床心理士、弁護士といった関連機関や関連領域の専門家等に的確な情報と意見を求め、援助に役立てる技術を指します。スーパーバイザーと異なる点は、他の専門性を有する領域からの助言を受けるということにあります。

5）ソーシャルサポートネットワーク

　社会生活を送る上での様々な問題に対して、身近な人間関係や地域社会に

存在する住民や社会福祉関連機関、施設の専門職、ボランティア等の様々な人により組み立てられ、サービス利用者の個々の生活状況や問題に応じた個別のネットワークの形成による支援体制を**ソーシャルサポートネットワーク**と呼びます。それは画一的なネットワークではなく、利用者のパーソナリティや生活状況、そして緊急性を伴う用件等に応じた個別のネットワークを形成することです。

　ソーシャルワークの12の技術を総合的に捉えるために事例を通して、理解を深めることにしましょう。

【事例10-2】
　Aちゃんは3歳8か月の男の子です。
　生後まもなく呼吸状態が悪くなり、様々な検査をした結果、筋肉に重篤な疾患があることが判明しました。体温の安定が難しく、口からミルクを飲ませると誤嚥性肺炎を繰り返し、健康状態が不安定な時間が続き、入院生活を強いられていました。栄養の摂取の方法や呼吸管理について、家族が行うことができるようになり、3歳1か月になってようやく退院ができ、在宅生活を送っています。
　Aちゃんの現在の状態は以下のとおりです。

・運動発達：寝たきり状態、自分の意志で動かせるのは眉間と手指の数ミリのみ
・医療的ケア：自発呼吸ができないため、1日24時間、人工呼吸器を装用
・経管栄養、在宅酸素療法、唾液の持続吸引が必要
・家族は常時、医療ケアを伴う介護で疲労感あり

　自宅での生活が約半年過ぎて、1日中家の中で過ごすのではなく、

来年度は年中（4歳児）の学年にもなるので、両親は児童発達支援センターへの通園を希望しています。

＜事例10-2の解説＞

　まず、忘れてはならないのは、ソーシャルワークの構成要素の土台となる価値です。本事例の子どもにも家族にも「人間の社会性」があることを信念としなければなりません。

　「人工呼吸器をつけている重たい病気なんだから、病院に入院していればいいんじゃない。そうすれば家族もラクだし」とソーシャルワークでは考えたりしません。どんな人にも社会的な関係を実現しなければなりません。

　その上で用いる技術を考えてみましょう。以下のような技術が必要になるでしょう。

- ケースワーク：特別児童扶養手当や車いすの購入
- グループワーク：同じ状況の親同士の支え合い
- ソーシャルアクション：学会発表等での発信、教育委員会への提言などを通じて世論へ働きかけ
- ソーシャルウェルフェア・アドミニストレーション：療育センター内でのサービスの開発や変更
- ケアマネジメント：社会福祉協議会の送迎サービス、訪問看護制度を用いて通園のサポート
- ソーシャルサポートネットワーク：人工呼吸器装用のため停電時の電気の供給体制
- カウンセリング：受容や支持、自らの選択を肯定する

2．面接の技術　—信頼関係の構築

　悲嘆にくれている人、世の中を信じられない人、親から虐待を受けて来た人、いじめを受け教師からさえも守られてこなかった人、失業して貧困に陥っている人々など様々な状況の中で傷ついている人々と信頼関係をもつことは難しいことかもしれません。どのようなコミュニケーションを取れば、「この人に相談してみてもいいかな」と思っていただけるでしょうか。単なる優しさや思いやりだけではうまくいきませんし、ソーシャルワークの構成要素の1つである技術を身につけることが必要です。

　面接技術として、**マイクロカウンセリング**について学びましょう。マイクロカウンセリングの大きな特徴は、コミュニケーションを**非言語的コミュニケーション**と**言語的コミュニケーション**に整理したことにあります。

　人と人とがコミュニケーションをする際には、何らかのメッセージ交換が行われています。メッセージ交換全体を100とした時、82％が非言語、18％が言語によってもたらされるという研究報告があります。人に何かを伝えるのは言葉ではなく、言葉以外のコミュニケーションが重要であることを押さえておきましょう。「目は口ほどにものを言う」なんて諺もあります。

（1）非言語的コミュニケーション
1）視線や表情：「聴いていますよ」というメッセージ

　適度に視線を合わせる、話題に表情を沿わせるということは、あなたを受け止めますよ、というメッセージを確実に伝えます。また、相手が泣く、怒るなど感情が揺れた時こそ、視線をしっかり合わせることが大切です。「私はあなたから逃げませんよ！」という想いを伝えることができます。感情的な相手からは逃れたい、あるいはなだめたいと思うのが自然な反応ですが、バイスティックの7原則の**統制された情緒関与**を思い出しながら、実践します。

2）体勢：「身体言語」といわれるほど相手にメッセージを伝える

　身体の向きやジェスチャーを含めた身体の動きのことを指します。身体言語として相手にメッセージを伝えます。のけぞって腕を組んでいる人に悲しい気持ちなど話したくありません。やや前傾姿勢が「あなたの話を聴きたい、あなたに関心があります」というメッセージを伝えます。足を組んだり、髪をかきあげたりするのは NG です。

3）声の調子：話すスピードや声のトーン、話題にマッチさせる

　声は相手に大きな力を与えることができます。最近は電話を使うことがほとんどありませんが「声を聞いただけで安心した」という経験は皆さんにはあるでしょうか。話すスピードや声のトーン、話題にマッチさせるなどの工夫が必要です。

（2）言語的コミュニケーション

1）質問：開かれた質問と閉ざされた質問の使い分け

　質問の技法には2種類あります。**開かれた質問（open question）**とは5W＋1Hではじまり、**閉ざされた質問（closed question）**とは「はい」「いいえ」で答えられる質問です。状況に合わせて開かれた質問と閉ざされた質問を使い分けることが重要です。開かれた質問の1つの例ですが、「どうして（Why）？」などの質問は、相手に考えること、意見を求めることになります。自由意志を確認できるというメリットがありますが、悲嘆にくれている人との面接の導入には不適当でしょう。閉ざされた質問は「はい、いいえ」という二者択一で答えられますので、思考することは必要ありません。しかし、閉ざされた質問ばかり続けていると、クライエントがどのようにしたいのかという「自己決定」を促すことができません。それぞれのメリット、デメリットを知り、状況に合わせて応答を組み立てます。

　朝食を例にして考えてみましょう。

【事例 10-3 】

　小学 1 年生の C 子ちゃんは、登校したときから顔色が冴えず、だるそうな様子です。担任教諭が保健室に連れていき、体温をはかると 35.7℃と、子どもにしては低体温でした。養護教諭は栄養の不足による低体温かもしれないと考えました。C 子ちゃんは横になって起きあがる元気もないので、保護者に電話をかけ、迎えに来てもらうことにしました。

＜事例 10-3 の解説＞

　開かれた質問では「朝ごはんは、何を食べましたか？」となり、閉ざされた質問では「朝ごはんは食べましたか？」となります。C 子ちゃんの母親の立場になって考えてみると、朝食を食べさせていなかった場合に開かれた質問された場合、どんな気持ちになるでしょうか。保健室の先生に朝食を食べていないなんて言ったら、どう思われるだろうか、何とかとりつくろわなければ、ヨーグルトでも言っておこうかな、など頭の中でいろいろ考えなくてはなりません。閉ざされた質問の場合には、とりあえず回答でき、ワンクッションおけるタイミングをもつことができます。

2）最小限度の励まし：「促し」などのメッセージや安心感

「うん、うん」「そうですね」などのあいづちなどをいいます。最小限度の励ましは励ますという命名ですが、「頑張って」「大丈夫ですよ」ということではありません。「なるほど」や「もう少し聞かせてください」など、コミュニケーションを促進させる合いの手と捉えるとよいでしょう。

3）言い換え：クライエントの言ったことの「本質」を返すこと

クライエントが表出した言葉の中で**事実**や**出来事**に着目し、繰り返して表現することです。「本質」が難しい場合には、要点やクライエントの言葉のキーワードを返すことでもよいでしょう。

4）感情の反映：感情や情動に応えること

クライエントが表出した言葉の中で出来事ではなく、**気持ちや認識**についての語りに着目して、返すことです。言語化されない感情を注意深く観察し、フィードバックすることも大切です。

5）肯定的側面への焦点づけ技法：クライエントの可能性や肯定的資質に着目し支持する

ソーシャルワークには「ストレングス」視点があることを §1 で紹介しました。どんな人にも「強み」があります。当たり前に思えることでも、できたことを取りあげて、支持するという技術です。

事例をあげて説明しましょう。

【事例10-4】

　朝9時に3歳児のたかし君を連れて保育所に登園してきた母親が、担任保育士に向かって、「昨日さ〜、旦那の帰りが遅いからさ、イライラしちゃって、子どもがグズグズ言うから、思わず叩いちゃった」と言いました。

＜事例10-4の解説＞

　この母親の発言に、担任保育士がマイクロカウンセリングの技術を用いて対応すると、以下のようになります。

- **言い換え**：あら、旦那さん帰りが遅かったのね、ごはんもお風呂も寝かしつけもお母さん１人でやったのね（出来事）
- **感情の反映**：１人で何もかもやらなきゃいけないと、イライラしちゃうよね、大変だよね（気持ち）
- **肯定的側面への焦点づけ技法**：でもさ、お母さん、大変だったのにちゃんと９時に登園してくれてありがとうね。たかし君も園庭で自由遊びがたくさんできて嬉しいと思うよ

　「子どもを叩くことはいけないことですよ」と正論で担任保育士が応じてしまうと、この母親はどんな気持ちになるでしょうか。まずはバイスティックの７原則にある**受容**からスタートすることによって信頼関係が構築できます。「あなたを受け入れていますよ」という心的メッセージを伝えるためには、マイクロカウンセリングの技術を用いることが必要でしょう。改めてソーシャルワークの３つの構成要素を思い出してください。人間の尊厳という＜価値＞をバイスティックの７原則という＜知識＞によって身につけ、マイクロカウンセリングという＜技術＞を通して、相手に確実に届けることができるのです。

> コラム

現場のソーシャルワーカーの葛藤

　中核都市であるY市の子ども家庭支援を担当しているソーシャルワーカーは、以下の事例について悩んでいます。

　　家族は、55歳の父親Aさん、42歳の母親Bさん、子どもは母親Bさんと前夫との間に産まれた16歳の長女C子、そしてAさんとBさんの間に生まれた5歳の双子の長男D男と次男E男の5人です。父親のAさんと母親のBさんは、20代からうつ病を患っています。そのため3人の子どもは乳児期からネグレクト状態に置かれ、家庭で育てるのは難しく、乳児院に措置され、3歳以降は児童養護施設で生活しています。経済的な生活基盤は生活保護制度を利用しています。両親の精神状態が安定すると、子どもたちの引き取りを希望し、子どもは家庭に戻りますが、1か月経過しないうちに食事を与えることや清潔な状態を保つことができず、児童養護施設へ戻されることを数回繰り返していました。

　　そのような状況の中、2022（令和4）年4月から、不妊治療が保険の適用範囲となったため母親から次の子どもが欲しいという相談がありました。母親は「C子、D男、E男の3人の子どもは自分の手元で育てることができず、子育てをやり残した感じがある。新しい赤ちゃんを迎え、まっさらな状態から自分たちの手で、一から育ててみたい。40歳を過ぎると妊娠しにくいので、体外受精をして早く妊娠をしたい」という希望でした。

> 先生からのコメント

　この事例にあるようにこれまで不妊治療は自費で行われてきましたが、2022（令和4）年人工授精等の「一般不妊治療」、体外受精・顕微授精等の

「生殖補助医療」について、保険適用されることとなりました。保険診療であっても年齢や回数に条件があり、初めての治療開始時に女性が43歳未満であることが定められています。また治療の回数については、40歳未満は6回までですが40歳以上から43歳未満は3回までという上限があります。

　担当のソーシャルワーカーは葛藤しています。おそらく母親のBさんは42歳ということで、対象年齢の上限に近いということがあり、焦りがあったことが推察されます。ソーシャルワーク価値には、（この章で学んだとおり）バイスティックの7原則に「自己決定」があり、母親が新たな子どもがほしい、妊娠したいという希望を尊重することは重要だと考えています。一方、現実としては3人の子どもをご自身で育てることが難しい状況があります。子どもの立場から考えると新しい命を家族に迎えることは、C子、D男、E男3人の子どもの「子どもの最善の利益」が阻害されることにならないか、という点にも疑問が生じざるをえないといいます。さらにAさん、Bさんは4人目の子どもを自分たちの手で本当に育てられるのだろうかという不安も禁じえません。

　このような状況をソーシャルワーク実践における**倫理的ジレンマ**と呼ぶことがあります。相反する複数の倫理的根拠が存在し、どれも重要だと考えられる場合にソーシャルワーカーがどうすればよいか葛藤することです。一つひとつの事例と誠実に向き合い、B子さんの希望とC子、D男、E男3人の子ども、新しい赤ちゃんを授かりたいというそれぞれが大切にされながら、あわせて、折り合いできる接点を見出すために、日々現場のソーシャルワーカーは奮闘しています。

第11章

社会福祉における
利用者保護に
かかわるしくみ

【 この章で学ぶこと 】

　社会福祉の制度を利用する際の決定のしくみが、行政の責任や権限を伴う「措置制度」から、援助を必要としている人々に選択権を認める「契約制度」へ変わりました。数多ある情報から必要なサービスを選択し契約するというシステムの中では、時に利用者が「弱者」になることもありえます。必要な情報が入手できない、無理矢理に契約をさせられた等を防ぐために「権利擁護」というしくみが必要になりました。具体的には、苦情解決のしくみ、成年後見制度、日常生活自立支援事業について学んでいきます。

§1 権利擁護の必要性 —憲法から考える基本的権利とは

改めて権利擁護の必要性を考えてみましょう。

現在の日本では、**生存権**（健康で文化的な最低限度の生活を営む権利）、**教育を受ける権利**（教育を受ける権利）、**参政権**（国民が国の政策形成過程に参加する権利）が三大権利として論じられています。

生存権は、憲法第25条で「すべて国民は、健康で文化的な最低限度の生活を営む権利を有する。国は、すべての生活部面について、社会福祉、社会保障及び公衆衛生の向上及び増進に努めなければならない」と定められています。また、憲法第13条では「すべて国民は、個人として尊重される。生命、自由及び幸福追求に対する国民の権利については、公共の福祉に反しない限り、立法その他の国政の上で、最大の尊重を必要とする」と自由や幸福追求の権利を保障しています。

障害や病気、それによって生じる貧困、子育て不安など、生活する上で多くの課題をもつ人々がいます。それらの問題は第1章で学んできたように、ライフサイクル上の様々なリスクと関連して生じるとも考えられます。困難な状況であっても、生存権や幸福追求権が守られることが前提でなくてはなりません。

その上でそれぞれのライフスタイル（生活様式）や価値観に応じた自己決定がなされる必要があります。インターネットが発達し、情報の洪水の中で、それらが守られる制度やしくみについて考えていきましょう。

§2 情報提供と第三者評価

1. 社会福祉制度利用のしくみの変化

　社会福祉制度のスタートは、戦後の混乱の中にあった時代に、貧困者や戦災孤児などの生活困窮者を対象としていました。いわゆる社会福祉六法、生活保護法、児童福祉法、身体障害者福祉法、精神薄弱者福祉法（現：知的障害者福祉法）、老人福祉法、母子及び寡婦福祉法（現：母子及び父子並びに寡婦福祉法）を中心に行政が主導し、「措置制度」に基づき行われてきました。しかし今日では、都市化、少子高齢社会、家族機能の低下、**ワーキングプア**など、ある特定の人々が社会福祉の対象者になる時代ではありません。また、社会福祉のサービスの提供が公的な機関が中心であった時代から、民間企業や社会福祉法人、NPO などの民間非営利組織などが新たな提供先としてサービスを提供する時代になりました。

　そのような背景の中で、社会福祉の制度を利用する際の決定のしくみについて検討を迫られることになってきました。**措置制度**という決定の権限が行政に重点を置くのではなく、援助を必要としている人々に受給権や選択権を認めていく**契約制度**へと法律の改正がなされています。また、与えられる「福祉制度」から主体的に選択・利用するという「福祉サービス」へと人々の捉え方にも大きな変化が起こってきています。

2. 契約制度下の利用者支援

（1）福祉サービス情報化時代

　社会福祉サービスが様々な機関や事業者によって提供され、利用者が選択

し利用するというシステムは理想的であるといえるでしょう。しかし、本当に必要なサービスがどこで受けられるのか、手続きはどうしたらよいかなど行政で手続きのほとんどができた時代から、援助が必要な人自らが情報を収集し、自己決定する契約社会となりました。「長時間保育をやっている保育所はどこ？」や「おばあちゃんが認知症みたいだけど、日中預かってくれるところはあるの？」など、福祉サービスと利用者をつなぐための方法として、正確な情報とその情報を伝達できるしくみが必要です。それが整備されなければ、たくさんの福祉サービスがあっても必要な人の手に届かず、ニーズ問題の解決はなされません。また、悪質なサービスを提供する事業者から利用者を守ることも大切です。

（2）福祉情報システムの構築

　福祉サービスの利用者と提供者が対等な関係で契約をし、必要に応じたサービスを受けられることがもっとも重要です。そのためには要援護者自身やその家族の理解や問題解決能力などに応じて、福祉サービスの情報が提供され、主体的に選択できるシステムが求められます。情報の洪水の中でおぼれるようなことがあっては、情報量が多いだけであり、結果的に援助の必要な人々に適切なサービスが届かないという結果になりかねません。

　また、パソコンの普及、インターネット・ユーザーの増加、スマートフォンなど、わたしたちの生活では対面して人から情報を伝達されるしくみがどんどんと縮小される傾向にあります。市町村の窓口に問い合わせをしても、「具体的なことはホームページに詳しく掲載されていますよ」と説明されることも珍しくはありません。「デイサービス」や「子育てサポートシステム」など外来語が一人歩きをし、その具体的なサービス内容はわからないといった場合もあります。正確な情報とその情報の伝達システム、さらには援助を受ける側の状況にマッチした個別の対応などが、今後求められるでしょう。パソコンやインターネットになじみのないケースへの対面援助での相談も必要な場合もあるでしょう。

【事例 11-1】

認知症の夫をもつ高齢者夫婦の事例　―どこで相談できるの？

　75歳の妻と80歳の夫の2人家族です。最近になって朝ごはんを食べたはずの夫が「なぜ朝飯を作らないのか！」と妻に向かって大声で怒鳴るようになりました。また、遠方に住んでいる50歳の娘のことを中学生だと思い込み、「娘が帰ってこない」と夜中に近所の公園などを探し回るという行動が出始めました。

　自分1人ではどうにもできないと考えた妻は、少しの時間でも預かってくれるところがないかと探し始めました。街角で見かけた「リハビリスポーツ」という看板を目当てに一度尋ねましたが、「物忘れの人の相談には応じていません」と言われました。かかりつけの医院に行くと、「まだお家で頑張れる程度ですね」と説明されました。途方にくれて区役所に行くと、「地域包括支援センター」での相談をすすめられましたが、その時には「どこで私の悩みを解決してくれるのかわからない」ともう疲れ果て、次の行動を起こす気力はなくなっていました。

＜事例 11-1 の解説＞

　近年、相談の「ワンストップ」といわれるように、最初に問題が持ち込まれた機関がそこで相談を引き受けることが重要です。この事例でも、初めに訪ねた「リハビリスポーツ」が介護保険制度の予防支援事業を実施している機関であれば、丁寧に相談者のニーズを確認し、求めているサービスを提供する事業者、もしくは相談支援事業者へつなげることができるでしょう。また、利用者にわかりやすい内容で情報を提供する必要があります。そのためには、地域における多様なサービス提供事業者、行政機関、相談支援事業者など様々な機関や施設等の連携が求められます。1人の利用者の問題を解

決するために、複数の機関・施設・組織などから複数のサービスを
提供することも、決して珍しいことではありません。

3．第三者評価事業

　社会福祉サービスの実施主体が従来のように国・地方自治体、社会福祉法
人に限定せず、規制を緩和し、住民自身によるボランティア、NPO（民間
非営利組織）、民間企業などに多元化しました。それにより、「競争」という
市場原理が働き、利用者の選択肢が広がることで、互いに切磋琢磨してより
よいサービスが供給できるというメリットがあります。一方、市場原理の導
入によって、安くて質の低いサービスが生じるというリスクを抱えることに
もなりました。

　また、社会福祉施設が閉鎖性をもちやすい状況などもあり、社会福祉サー
ビスの対象者の尊厳が守られているか福祉サービスの質を評価する**第三者評
価**が 2002（平成 14）年から始まりました。専門的な知識を有する第三者
機関が客観的な基準を基にサービスの質の評価を行うとともに、その結果を
公表するしくみです。この公表結果が利用者に情報提供されることまで含ま
れます。この情報が、サービス利用や選択に際して活用されることもありま
す。

§3　利用者の権利擁護と苦情解決

1.　権利擁護のしくみ

　国民すべてが憲法第 25 条で規定されているように、「健康で文化的な最低限度の生活を営む」権利を有しています。社会福祉の分野では、自己の権利や援助のニーズ、尊厳の保証などを表明することが困難な障害者や高齢者等に代わって、援助者が代理として、その権利やニーズの獲得を行うこととされています。具現化する制度として、以下の 2 つがあげられるでしょう。

（1）成年後見制度

　認知症高齢者や知的障害・精神障害などによって意思能力・判断能力が不十分または困難な者が、財産管理や遺産分割、身上監護などに関係する法律行為をする際に、こうした意思決定が困難な者の能力を補って、損害を受けないように諸権利を守る制度です。2000（平成 12）年にそれまで施行されていた民法にあった禁治産・準禁治産制度を改正したものです。この制度は、**法定後見**と**任意後見**の 2 つで構成されています。

- **法定後見**：当事者本人や配偶者・親族などから家庭裁判所に申し立てがあり、家庭裁判所がその必要性を認めた時に後見人をつける
- **任意後見**：意思能力・判断能力が低下する以前に、当事者本人が前もって締結した任意後見契約に従って、任意後見人が当事者を援助する

（2）福祉サービス利用援助事業（日常生活自立支援事業）

　2000（平成 12）年に成立した社会福祉法において創設された制度です。

当初、「地域福祉権利擁護事業」として実施されましたが、2007（平成 19）年に**日常生活自立支援事業**に名称変更されました。判断能力が不十分な方（認知症高齢者、知的障害者、精神障害者等であって、日常生活を営むのに必要なサービスを利用するための情報の入手、理解、判断、意思表示を本人のみでは適切に行うことが困難な方）に対して、利用者本人が地域でできる限り自立した生活を継続することを目的としています。具体的には、各都道府県の**社会福祉協議会**が以下の援助を行っています。

- 福祉サービスの利用援助
- 苦情解決制度の利用援助
- 住宅改造、居住家屋の貸借、日常生活上の消費契約および住民票の届出等の行政手続に関する援助等
- 預金の払い戻し、預金の解約、預金の預け入れの手続等利用者の日常生活費の管理（日常的金銭管理）
- 定期的な訪問による生活変化の察知

２．苦情解決の必要性としくみ

（１）苦情解決の必要性

　1997（平成９）年からなされた**社会福祉基礎構造改革**の理念は、福祉サービス利用者と提供者との対等な関係の確立にあります。具体的には、行政が判断をし決定するという「措置制度」から、利用者が自ら選択し契約するという「契約制度」への転換です。契約制度では、利用者がサービスを選択できる選択制度ともいえます。選択制度では、意思決定能力が低い人やどのようなサービスがあるのかわからない人などの利用者を支援するシステムがいっそう注目されるようになってきました。サービス利用を始めたがこんなはずではなかったと思っていても言いだしにくい利用者が、遠慮なく苦情や要望を言えてはじめて、利用者と提供者が対等な関係であるといえるでしょう。

　利用者がサービスをより利用しやすく、利用者の満足度を高め、その人権を擁護し、適切なサービスを全般的に利用できるように、利用者の自己決定や選択を支えるしくみが必要となってきました。

（2）苦情解決のしくみ

　苦情解決のしくみについては、社会福祉法の第82条に「社会福祉事業の経営者は、常に、その提供する福祉サービスについて、利用者等からの苦情の適切な解決に努めなければならない」と規定されています。

　苦情解決のしくみを設けることにより、福祉サービスに対する利用者の満足感を高めることや、利用者の権利擁護へとつながることが期待できます。利用者からの苦情を解決へと導くために、次ページの図11-1のようなしくみが整備されています。また、苦情解決の透明性の確保から、外部の第三者委員を交えたしくみが望まれています。第三者委員が入ることによって、話しやすい雰囲気がつくられ、利用者と相談しながらその希望や要望を事業者に提案することができます。また、福祉サービスにかかわる利用者からの苦情の解決については、第一義的には社会福祉事業者の責任です。その上で、利用者と事業者との間では解決困難な事例への対応を図るために、都道府県社会福祉協議会に運営適正化委員会が設置されています。

　次に苦情解決の過程について、利用者と事業者との間での解決について、以下の①〜④の流れに従って説明しましょう。

　①利用者からの苦情が出やすいような環境をつくる。具体的には職員の中に苦情受付担当者を設ける。また利用者への周知も行う
　②苦情の受付担当者は、苦情の受付を行うとその内容を確認し、第三者委員への報告を実施し、苦情解決に向けての話し合いの場を設定する
　③苦情の受付から解決・改善の経過を記録し、苦情申出人あるいは第三者委員に対して「このようにして、苦情は解決あるいは改善されました」と報告する
　④最終的には、解決結果の公表を行う

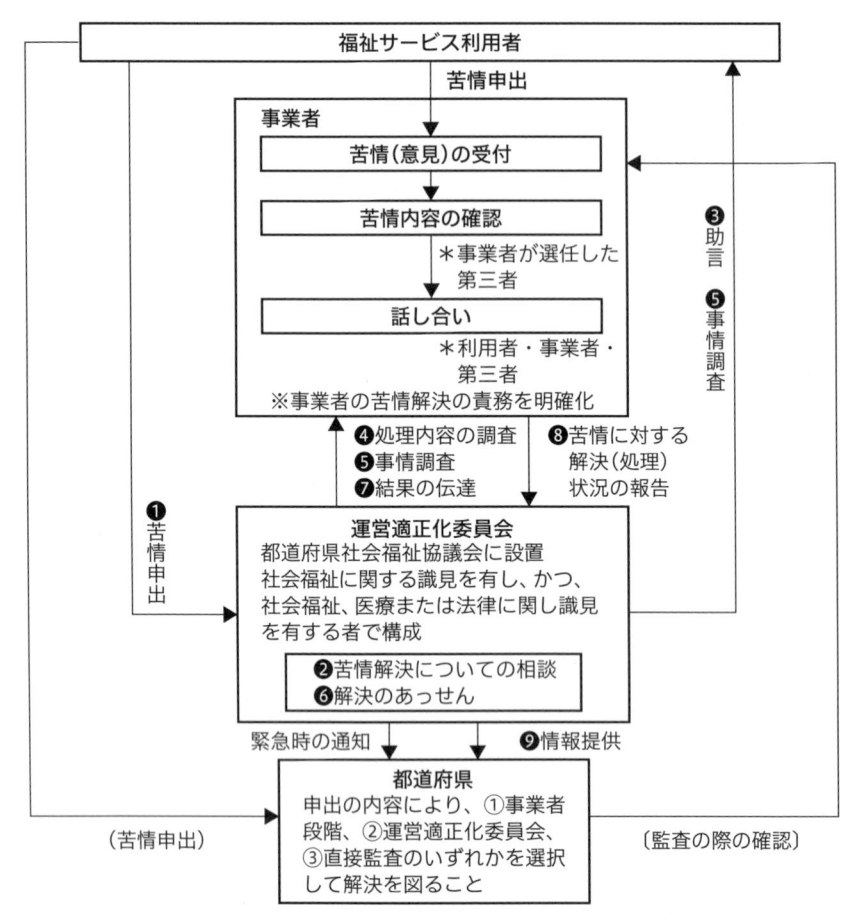

厚生労働省社会保障審議会「社会福祉事業及び社会福祉法人について」

【図 11-1】福祉サービスに関する苦情解決のしくみ

> コラム

「モンスターペアレント」や「クレーム？」を理解する

　社会福祉の現場では、様々な利用者との出会いがあります。時には、理不尽と思われる文句を言われることがあるかもしれません。保育所や学校などで子どもの対応についての不満やクレームをよく耳にします。それを繰り返す親のことを「モンスターペアレント」とメディアは呼称しています。

　しかし、保護者による苦情の中には、正当なものもあります。体罰や不十分ないじめ対応など、明らかに学校や教師側の問題・ミス等に対する申し立てなどが代表的でしょう。わたしが直接見聞きしたエピソードの中でも、小学校の普通学級で授業のほとんどを過ごす知的に遅れのない自閉スペクトラム症の４年生に、「個別支援学級の教室に戻らないと給食は与えない」という教師による児童虐待まがいのケースもありました。これに対して、母親が「給食を食べさせてください」と言っても、教師は「ルールを教えているのに、また母親が文句をつけてきた。クレーマーだ」と取り合いませんでした。怒って感情的に訴える苦情だとしても、まずは真摯に受け止めた上で、対応に不適切な点はなかったかを冷静に確認する必要があるでしょう。

　一方、「うちの子が主役以外の役なんて考えられないですよね？」「娘が日焼けをするから屋外で遊ばせないで！」という自己中心的なものや子どもの発達に不適切なものもあるでしょう。「うちの子の絵が下手なのは、先生の教え方が悪いせい！」と一方的に非難される場合もあるかもしれません。このような理不尽なクレームが起こる背景を考えてみると、日常の子育てや暮らしの中で「孤立」している状態にあることが考えられます。「寂しさ」や「不安」という感情を「攻撃」や「無理難題をふっかける」という形を変えた方法で表現している可能性があります。その心の奥底には、「気持ちを受け止めてほしい」「子育ての頑張りを認めてほしい」という承認欲求もあるでしょう。

　わたしが心がけていることは、一見文句に聞こえるかもしれないことも、「クレーム」や「モンスターペアレント」とひとくくりにしないということ

です。「クレーム」という言葉で捉えてしまうと、言った相手との間に大きな溝が生まれるような気がします。また「モンスターペアレント」と決めつけてしまうと、相手の本当に訴えたいことに目が向けられないことにつながります。むしろ「S/O/S」の心の叫びが、形を変えて投げかけられているのではないかと考えることが重要ではないでしょうか。

　加えて、日常的な信頼関係をつくるコミュニケーションも大切です。大きな心の叫びに至る前の小さなサインをキャッチし、手当てできるとよいと思います。顔色が少しすぐれない時などに「最近、お疲れですか？」と声をかけるだけでも、気にかけてくれていると感じるかもしれません。そしてそこから、ちょっとした不満や抱えている問題を打ち明けてくれることにつながっていくと思います。

第12章

社会福祉の動向と課題

【 この章で学ぶこと 】

　本章ではまず、2000（平成12）年の社会福祉法の制定にともない推進されてきた在宅福祉・地域福祉の理念である福祉コミュニティについて学びます。福祉コミュニティとは、子ども、障害のある人々、高齢者、社会的養護を必要とする児童養護施設や里親など多様な人々が地域の一員として包含されることを目指すものです。具体的には、社会福祉協議会、民生委員・児童委員、要保護児童対策地域協議会などのネットワークについて理解を深めましょう。最後に諸外国の福祉の動向を学んだ上で、ポストコロナの社会福祉のあり方について考えてみましょう。

§1　在宅福祉・地域福祉の推進

　2000（平成12）年に社会福祉事業法が見直され、社会福祉法へ改正されしました。この法律では、市町村が地域福祉の推進を一体的にすすめる市町村地域福祉支援計画、そして都道府県が市町村の地域福祉を支援する都道府県地域福祉計画を策定するように明記されました。地域福祉とは、社会福祉の特定の分野を対象とするのではなく、高齢者福祉、障害児・者福祉、子ども家庭福祉など様々な領域で地域福祉の考え方が取り入れられることを意味しています。

　地域福祉すなわち**福祉コミュニティ**では、地域の中には問題を抱えた人やハンディキャップ（社会的不利）をもつ人、お年寄りや乳幼児、思春期で多感な青少年など様々な人々が暮らしていますが、地域住民がお互いに助け合い、問題解決していくことが可能な地域を目指しています。また、福祉意識・態度の醸成を地方自治体と町内会などが公私協働することも必要です。

１．地域福祉の理念　―福祉コミュニティとは

　地域福祉の源流をたどってみると、地域住民による支え合いは、近隣はお互いに支え合うべきだという「隣保相扶」という考え方によって実践されてきた営みであるといえます。都市化や核家族化という時代の大きな流れの中で、隣保相扶というボランタリー的な地域コミュニティは崩壊したという見方もあります。そのような現状をふまえ、国や地方自治体が「コミュニティケアの進展」や「コミュニティの形成」に1970（昭和45）年前後から取り組み始めました。要援護者の地域での生活を支える**コミュニティケア**という概念や、「福祉という特定の関心をもつ地域住民を中心とした地域組織化、

すなわち福祉コミュニティの形成」という定義がなされています。

2．コミュニティケアの推進

（1）コミュニティケア推進の背景

　コミュニティケアとは、もともとは施設ケアと相対する考え方として誕生し、地域社会の中で居宅においてケアすることが望ましいとするものです。保護や何らかの支援を必要とする障害者や高齢者または、社会的養護を必要とする子どもを施設や病院に収容するという支援のあり方が問い直されてきています。

　障害者の分野では、1981（昭和56）年の国際障害者年にノーマライゼーションの理念「完全参加と平等」が掲げられました。国内では、障害者基本計画（2003（平成15）～ 2012（平成24）年度の10年間）の中で「入所施設は真に必要なものに限定」や「精神障害者のうち退院可能な7万2千人の退院・社会復帰を目指す」ことが明記されました。さらに、2006（平成18）年の国連総会において「障害者の権利に関する条約」が採択され、日本政府は2014（平成26）年1月に批准しました。第19条（自立した生活及び地域社会への包容）では、すべての障害者が他の者と平等の選択の機会をもって地域社会で生活する平等の権利を有することを認めています。障害者が地域社会に完全に包容されるために必要な対策を取ることまで明示されていますが、未だ障害者と非障害者がお互い区別されることなく、地域の中で当たり前の生活が実現できているとは言い切れない状況ではないでしょうか。

　また、社会的養護の分野においても100人を収容する児童養護施設の**ホスピタリズム**（施設病）等が指摘され、より家庭的な養育の場としての里親制度や地域の中で小規模な**ファミリーホーム**でのケアが推進されています。具体的には2016（平成28）年の改正児童福祉法の理念のもと、「新しい社会的養育ビジョン」で掲げられた取り組みを通じて、「家庭養育優先原則」を徹底し、子どもの最善の利益を実現していくことが求められています。家

庭養育優先の理念とは、実親による養育が困難であれば、**特別養子縁組**による永続的解決（パーマネンシー保障）や里親による養育を推進することを明確にしたことになります。地域コミュニティの中には血縁によらない家族が暮らしているという多様性を受け入れる必要があるでしょう。

（2）地域福祉の実践：様々な取り組み

1）社会福祉協議会

社会福祉協議会とは住み慣れた地域社会の中で、「誰もが安心して自分らしく暮らせる地域社会をみんなでつくりだす」という活動理念のもと、住民やボランティア、市民団体の方々など市域の公私福祉関係者とともに地域福祉活動を中心に様々な活動を展開する民間団体です。

社会福祉法第109条に基づき、社会福祉の増進を図ることを目的に全国・都道府県・市区町村のそれぞれに組織されています。地域住民や社会福祉関係者等の参加・協力を得ながら活動することを特長とし、民間としての**自主性**と広く住民や社会福祉関係者に支えられる**公共性**という2つの側面をあわせもった組織です。

2）民生委員

民生委員は、厚生労働大臣から委嘱され、それぞれの地域において、常に住民の立場に立って相談に応じ、必要な援助を行い、社会福祉の増進に努める方々であり、「児童委員」を兼ねています。**児童委員**は、地域の子どもたちが元気に安心して暮らせるように子どもたちを見守り、子育ての不安や妊娠中の心配事などの相談・支援等を行います。また、一部の児童委員は児童に関することを専門的に担当する「主任児童委員」の指名を受けています。

具体的な活動としては、住民の生活状態を適切に把握し、生活に関する相談に応じ、助言その他の援助を行います。また、児童委員は児童および妊産婦につき、その生活および取り巻く環境の状況を適切に把握し、その保護や、保健その他福祉に関し、サービスを適切に利用するために必要な情報の提供や、その他の援助等を行います。身近な地域社会の住民なので気軽に相談を

しやすいという利点があります。

3）ボランティア

　地域住民による自然発生的に開始された**こども食堂**について紹介しましょう。こども食堂には、法的根拠に基づいた定義はありません。一般的には子どもやその親、地域の人々に対し安価で栄養のある食事やあたたかな団らんを提供するコミュニティの場とされています。2012（平成24）年に東京都大田区にある八百屋の店主が始めたことが契機とされ、その後、日本各地で同様の運動が急増していきました。NPO法人全国こども食堂支援センター「むすびえ」の2023（令和5）年の調査では、全国に9,132か所あることが明らかとなっています。

　社会での必要性や存在感は増し、コミュニティの中で利用条件なしに利用でき、担い手も高齢者から中学生まで様々な年代の人々がボランティアとしてかかわっています。食材についても地域の商店などの廃材などを無償で提供されることもあり、ネットワークづくりにもなっています。「食」を通じた地域での居場所が「孤独な育児」「子どもの貧困」「独居老人」等の問題を解決する一助になっているともいえるでしょう。

3．地域におけるネットワーク

　現代社会は第3章で見てきたとおり、複雑な様相です。ある事例の抱える問題も複合的であり、1つの機関やサービスだけで解決できることはほとんどありません。次の事例から考えてみましょう。

【事例12-1】
登園してこないひとり親家庭の事例　―多問題の解決のためには
　A保育所の年中クラス在籍の4歳のB子ちゃんの欠席が続いていました。久しぶりの登園時の様子は、母親は疲れきっており、B子ちゃ

んも表情がさえません。担任保育士は、母親に「何かご心配なことがありますか？」と声をかけてみると、わっと泣きだし「先生、話を聞いてくれますか」と相談が開始されました。数回の面談の中から、以下の問題点が浮かびあがりました。

＜問題点＞

1. Ｂ子ちゃんの父親は多額な借金をつくったまま行方不明であり、昼夜問わず借金の取り立てが来る。怖くてＢ子ちゃんの小学 4 年の兄Ｃ男くんも外に出せず、学校を欠席させている。

2. 母親は優しくしてくれた年下の男性と交際したが、その男性がＢ子ちゃんやＣ男くんを厄介ものにして暴力をふるい、それを止めると自分も殴られることがしばしばだが、寂しくて別れることはできない。

3. Ｂ子ちゃんに夜尿やチックがあり、イライラしてカッとなってしまう。

4. そのような状況が続いて、気分が落ち込んで、最近はよく眠れず食事も喉に通らない。

＜事例 12-1 の解説＞

　事例 12-1 の問題点 1 〜 4 について、順番に解決の方向を見ていきましょう。

・問題点 1 について

①夫と離婚することができれば、母親が借金の肩代わりをしなくてもいいか→家庭裁判所での離婚調停

②借金の連帯保証人になっているとすれば個人破産の手続きが必要か　→法テラス

③義務教育であるにもかかわらず、登校させてもらえないＣ男の

教育を受ける権利をどう考えて対応するか→スクールソーシャルワーカー等、小学校と連携

・問題点2について

①交際している男性の母親へのドメスティックバイオレンス（家庭内暴力）にどう対応するか→配偶者暴力支援センター

②B子とC男への児童虐待→児童相談所

③暴力をふるうパートナーと別れられない母親の依存的な傾向→市区町村の精神保健相談または医療機関（精神科や心療内科）

・問題点3について

①B子の夜尿やチックなど、精神的不安定さが身体症状に出ている→子ども家庭支援相談や児童相談所

②母親の未熟な傾向→区役所の精神保健相談

・問題点4について

①母親の心身の健康→医療機関（精神科や心療内科）

　上記のように、このケースを保育所だけで支えることが困難なことは明らかです。そこで様々な機関との連携やネットワークづくりが求められます。

　具体的なネットワークの推進のために、第8章（p.182の図8-2）で学んだ**要保護児童対策地域協議会**というしくみが活用されます。要保護児童対策地域協議会では、地域の関係機関が情報を共有化します。特に、家庭支援のためには住民の身近な市町村で、要保護児童の援助にかかわる保育所、幼稚園、学校、児童委員、福祉事務所、児童相談所、保健センター、各種教育機関、民間虐待防止機関、必要に応じて警察、弁護士など関係機関が一堂に会し、援助方法を検討します。

　また、障害分野では、第7章で学んだ**自立支援協議会**（p.163の

図 7-4）があります。この自立支援協議会には、障害者等の福祉、医療、教育、または雇用に関連する機関が連携し、障害者本人やその家族などの当事者を中心に関係者が支援を行う上での課題を確認する場として機能しています。

§2　多職種間の連携とネットワーク

　§1で学んできたように、法律で協議会の設置を位置づけ、様々な機関が連携すること、すなわちネットワークが、人々の抱える生活問題を解決する方法の1つになってきています。ネットワークには2つのレベルがあります。

１. 組織間のネットワーク

　p.271の事例 12-1 の支援を考える場合にも、家庭裁判所や**法テラス**といった法律に関する機関、Ｃ男の小学校やスクールソーシャルワーカーという教育機関、さらには、母親やＢ子のメンタルヘルスの問題に対応する保健所や医療機関、児童虐待の専門機関である児童相談所など、様々な機関が支援しなければ問題の解決には至りません。しかし、保育や教育、医療、福祉などそれぞれ異なった専門領域であり、ケースに対する見方や目標の設定などについて意見が一致しない場合もあります。その際にそれぞれの機関がお互いの役割や考え方を熟知していなければ、バラバラな方向でこのひとり親家庭にかかわってしまうことになりかねません。まずは、一堂に会して顔合わせをしながら、お互いの機関について知り合うことが重要です。他の機関と

ネットワーキングをする際にそれぞれが相手の機関に対して、一方的な思い込みや期待を避けるためにも、組織として代表者会議などを設定することが必要でしょう。

2．実務者レベルのネットワーク

　組織としてのネットワークが図られた段階で、具体的な個別のケースについて、その実務担当者が連携を取ることが望ましいでしょう。実務者レベルのネットワークでは、その子どもに対する具体的な支援内容を検討することが目的となります。検討内容として、以下のようなことが必要になると考えられます。

- 対象ケースの状況の把握や問題点の確認（児童虐待や家庭内暴力などの場合は、危険度や緊急度の判断が求められる）
- 援助方針の確立と役割分担の決定およびその認識の共有
- ケースの主担当機関と**キーパーソン**（主たる援助者）の決定
- 実際の援助、介入方法（支援計画）の検討

3．ネットワークにおける留意点

　ある問題を抱えているケースの支援を考える際に、より多くの機関がかかわった方がよい支援ができるという考え方は誤っています。ネットワークを組む場合には、むやみやたらにつながりをもとうとするのではなく、誰とどのような機関が何の目的で連携する必要があるかを検討することが必要です。対象ケースにかかわる機関や専門職が増えることによって、マイナス面が生じることも考えられます。支援方針が十分に共有できず、かえって対象者の混乱を招き、信頼関係が崩れてしまうことも起きかねません。
　また、ネットワークに参加するメンバーは相互に異なる役割とそれに伴う責任を負っています。対等な役割で同じ目標に向かって支援する関係が求め

られます。

　最後に、ネットワークをする際には必ず個人情報が取り扱われることになります。それぞれの機関がもつケースの個人情報をすべて開示した上で話し合うことが前提ではなく、ケースのプライバシー保護の立場に立ち、提供・共有する情報を精査することを念頭に置きましょう。さらに、保育士は社会福祉の専門家として、個人情報の秘密保持義務を守る必要があることを忘れてはなりません。

> コラム

こども食堂のこれから

　こども食堂について皆さんはご存じですか。また、こども食堂にどのようなイメージをもっていますか。こども食堂のネットワークづくりや社会貢献したいと考えている団体等とこども食堂をつなげる活動をしている NPO 法人 全国こども食堂支援センター「むすびえ」では、こども食堂について紹介しています。こども食堂とは、子どもが一人でも行ける無料または低額の食堂で、「地域食堂」「みんな食堂」という名称のところもあり、お腹をすかせた子どもへの食事提供から、孤食の解消、滋味豊かな食材による食育、地域交流の場や子どもの居場所づくりなど、様々な活動をしています。

　2021（令和 3 ）年の日本では、貧困状態の中で育てられている子どもが 6 〜 7 人に 1 人という深刻な状況にあります。そのような社会の中で、こども食堂は重要な役割を担っています。コロナ下においてもフードバンクやお弁当の配食などを行い、救われた子どもや家族が多くいるでしょう。一方、こども食堂を利用する子どもや家族に対して、冷ややかな眼差しが向けられている現実があります。

　こども食堂について投稿サイトに数多くの質問が寄せられています。その中には悪意を感じるものが残念ながらいくつもあります。2021 年には「こども食堂とかうさんくさいなあって思いませんか」や「『こども食堂』に通わせる親たちの『年収』って、いくら位なんですか？」から、「スマホを持っている人は、スマホは贅沢品なので、そこを節約して子どもにご飯を食べさせるべきだ」という主張まで出されています。さらには、こども食堂に行っている子どもの親は生活能力がないから、自分の子どもを一緒に遊ばせるのはやめた方がよいなどという回答まで出現しています。

　ここには大きな差別意識がはびこっています。こども食堂を「利用する層」と「利用しない層」という分断や、「利用する層」への差別的な考え方もにじんできます。また、こども食堂の利用者はスマートフォンをもてないほど

の貧困状態に限定されるべきという決めつけや、貧困の解決を家族にだけ押しつける個人還元主義が見て取れます。

　これまで学んできたように貧困は、ライフサイクルにおいて 3 回おとずれ、社会構造のしくみの中で生じることがデータに基づいた事実です。しかし、ネット上に提示された「貧困は個人の問題である」という言説は、懐疑されることなく拡散され続けています。そして、「こども食堂」とはあえて名乗らない「こども食堂」が出現せざるえない状況が生まれています。

§3　諸外国の動向

　日本を飛びだして、世界レベルで社会福祉を見つめてみましょう。一般的に北欧は高福祉といわれていますが、その実態を2つ紹介します。ノルウェーとフィンランドについて取りあげますが、様々な国の取り組みを考える場合は、複眼的に見ることが必要です。具体的には高いレベルの福祉を実現するには、国家や自治体に多くの予算が必要となります。その予算の多くは、どの国においても国民の税金から成り立っています。

　2021（令和3）年における日本の消費税は10％です。外国で消費税にあたる税金は「付加価値税」と呼ばれていますが、イギリスやオーストリアは20％、ヨーロッパ諸国の多くは約20％の税率を導入しています。高福祉といわれる北欧のデンマーク、スウェーデン、ノルウェーの付加価値税は25％です。例えば、1万円のバッグを購入する際に支払う金額は12,500円ということになります。今の日本でしたら11,000円です。

　あなたはどちらを選択しますか。高い税金を払って国や自治体の福祉サービスが充実することと、なるべく安い税金で貧困や障害などに陥っても自己責任で生活を支えることと、理想的な社会をどう考え、どう実現していくのがよいでしょうか。自分たちの生活や暮らしに引きつけながら北欧の取り組みを見ていきましょう。これは、2020（令和2）年に発足した菅内閣の打ちだしたスローガン「**自助・共助・公助**」を考えることにもつながります。

１．ノルウェーの「子どもオンブッド」

　ノルウェーにおいて、国連の子どもの権利条約が採択された1989（平成元）年より早い1981（昭和56）年に**子どもオンブッド**の制度が世界で初

めて誕生しました。子どもオンブッドは、子どもの意見に耳を傾け、その声を代弁する人物で、子ども・青少年を擁護しその保護に努め活動します。ノルウェーの子どもオンブッドは国王によって任命され、その任期は 6 年です。ノルウェーでは最高裁判所と同じレベルに位置づけられています。

　子どもオンブッドは、下記の重要な役割を担っています。

> - 子どもの意見がきちんと聞かれ、その権利が守られるように気を配る
> - 国内で法律化されている子どもの権利条約が当局により遵守されるよう見守る
> - 独立した立場でその意見を表明し、毎年力を注ぐべき重点領域を定めて、注視を呼びかける
> - 子どもが経験した事柄について話を聞き、それに基づく見解や忠告を政策決定者に伝える

　また、具体的な子どもオンブッドの活動として、子どもオンブッドは青少年、子どものために社会をよりよくするように、下記のように当局に働きかけます。例えば、政府に対しても「子ども権利条約の批准国であるのに、この点については違反していますよ」などと意見を述べることもできるのです。

> - 子どもへのサービス提供や協力を行っている人々を対象に、講座やセミナーを実施する
> - 子どもの権利が十分に守られていないと判断したケースにつき、その旨を当局に通告する
> - 関連する法律の制定・改正時に声明を出す
> - メディアからの取材を受け、ソーシャルメディア等で情報を発信する
> - 政府閣僚や国会議員と会談する
> - ウェブサイトやメール、電話での相談・問い合わせに応じ、子どもの権利に関する忠告を提供する

子どもオンブッドができないこととしては、以下の2つがあります。

> ・管轄当局、例えば社会福祉担当機関、学校、裁判所の決定を無効にすることはできない
> ・子どもの親権に関する両親間の争い、子どもと両親の争いには介入できない

また、子どもオンブッドの提言により、ノルウェーでは、1991（平成3）年に子ども・家庭省（2005（平成17）年に**子ども・平等省**と改称）が設置されました。子ども家庭大臣を責任者として、青少年局、家族福祉局、消費者局、計画官房局および広報局から構成される政策実施・サービス提供機関です。

主な役割は、「消費者の権利、利益および安全性の保護」「青少年の育成環境づくり、社会の意思決定過程への参加機会の保障」「家族に対する経済保障および社会保障」「完全な男女平等の実現」などです。

日本においても、ようやくこども家庭庁や子どもオンブッドの議論が始まりました。詳細はp.284のコラムを参照してください。

一方、課題が残されていることを、2012（平成24）年に7代目子どもオンブッドに就任した小児科医でもあるアンネ・リンブーは語っています。「難しい問題は『いじめ』についてであり、『いじめ』は目に見えないことも多く、コントロールメカニズムがない。『いじめ』が起きてからではなく、子どもの中にリーダーを育成すること、そしてリーダーになることが誇りになるような子ども文化の育成が急務である。そして、子どもの集団の中で取り残されている子どもがいないかまでも注視する必要がある」。高福祉のノルウェーでも日本と同じ課題があることがわかります。

2．フィンランドのネウボラ

　出産ネウボラは 1920 年代の民間の周産期リスク予防活動を出発点とし、1944（昭和 19）年に制度化されました。その後、**出産・子どもネウボラ**として発展しました。出産・子どもネウボラとは、妊娠期から就学前にかけての子ども家族を対象とする支援制度であり、「かかりつけネウボラ保健師」を中心とする産前・産後・子育ての切れ目ない支援のための地域拠点を指します。できるだけ同じネウボラ保健師が、産前から定期的に対話を重ね子ども家族との信頼関係を築き、個別の子ども家族への的確な支援のために、必要に応じて専門職間・他機関（医療、子どもデイケア、学校等）のコーディネート役となります。ネウボラ保健師（通称・ネウボラおばさん）は、あらゆる所得・経済階層の子ども家族にとって身近な存在であり、多様な家族に対応できるよう専門教育を受けた専門職です。フィンランドの若者にとってネウボラ保健師は憧れの職業になっています。　また、出産・子どもネウボラは、ほぼ 100 ％に近い子育て家族が利用しています。

　ネウボラの特色として、以下の 8 点があげられます。

> ・普遍性の原則（すべての妊婦・母子・子育て家族が対象）
> ・動機づけの工夫・社会からの祝福：育児パッケージ（母親手当）
> ・利用者中心の「切れ目ない子育て支援」
> ・リスクの早期発見・早期支援
> ・ネウボラ保健師（専門職）と後方支援チーム・他職種連携
> ・手厚い産後ケア：ポジティブ／楽しい子育て経験のために
> ・母子支援から子育て家族全体をつつむ「切れ目ない支援」へ
> ・ネウボラ保健師（現場）のための全国共通の指針の開発

　中でも注目すべきは、**普遍性の原則**にあるでしょう。貧しい母親にも裕福な母親にも全員に、直接のアドバイスの機会を確保するということが、ネウボラのサービスを利用する抵抗感をなくしていると考えられます。また、子

どもと母親だけでなく父親やきょうだいを含め、家族全員がネウボラ保健師のサポートを受けられます。母子愛着、親・養育者との関係性、養育者（親）同士のカップル関係、全体の家族関係が「子どもの発達保障」に関連すると考えられているためです。

　具体的にはネウボラ保健師と、生後1～2週目、2～4週目、4～6週目という生後1か月半までの時期にほぼ2週間おきに、さらに生後1か月半から8か月までは毎月という高い頻度でつながっていることが特徴的です。ちょうど、過労や産後うつといった危機に瀕しやすい時期に、ネウボラが母子を支えています。また様々なリスクを早期発見できることにより、児童虐待の予防や適切な時期に医療機関へつなげられる等の機能を果たしています。乳幼児期に健全な愛着形成と安定的発達ができた子どもは、成人後も健康でいられる可能性が高いとされ、国家の財政の視点からも、乳幼児を大切にすることは医療費削減・節税にもつながるというメリットがあると考えられています。

　日本においても、「ネウボラ」という名称をつけた母子へのサービスが始まっていますが、フィンランドのネウボラとはまだまだほど遠い状況にあります。次ページのコラムを参照してください。

> コラム <

日本版ネウボラは
フィンランドとは似て非なる？

産前産後の家族ケア一貫　虐待防止へ「日本版ネウボラ」
（日本経済新聞　2021年4月29日付）

連携ミスや家庭環境の把握不足、担当者の引き継ぎ不備……。虐待事件のたびに行政対応のまずさが発覚するケースが後を絶たない。そんな中、注目を集めているのが専属の担当者が家族全体をケアする「ネウボラ」と呼ばれるフィンランドの制度。日本でも、出生数など地域の特性に応じ、様々な形で取り入れる動きが広がっている。

ネウボラとは、フィンランド語で「助言の場」を意味し、産前産後の家庭を継続してサポートする制度。各家庭に担当保健師が付き、父親を含む家族全体への継続支援で信頼関係を築いていくのが特徴で、親子と行政を1本の強い「絆」で結び、問題を早期発見し解決する取り組みだ。

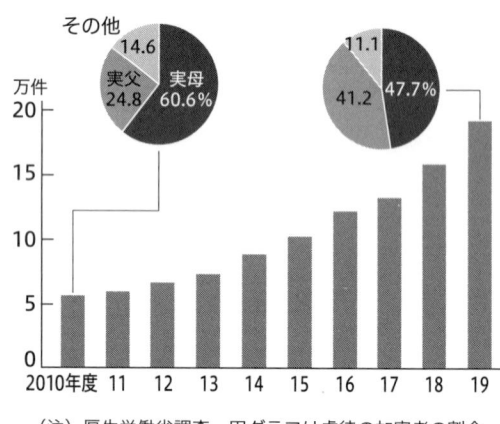

児童相談所での虐待相談の対応件数

（注）厚生労働省調査。円グラフは虐待の加害者の割合

北海道中頓別町では2019年度から、担当保健師が妊娠期から父親とも信頼関係を築く、「ネウボラ」制度を本格的に導入した。妊婦対象の母親学級を「両親学級」に変更、日程を調整し必ず父親が参加するようにした。

西巻俊英・子育て世代包括支援センター長は「虐待予防につながると

信じている。出生数が年間約10人の小さい町ならでは」と話す。

　こうした取り組みの背景にあるのは、閉ざされた家庭の中で子どもへの虐待が増える現状への危機感だ。

　国は、ネウボラの考え方を取り入れた「子育て世代包括支援センター」の設置を17年度から自治体の努力義務とした。ただ根拠法は母子保健法で、母親と子どもがケアの主な対象だ。

　一方で父親による虐待は後を絶たない。昨年10月には茨城県で1カ月の乳児を殺害した容疑で父親が逮捕され、傷害致死罪で起訴された。市職員や保健師は母親と何度も面談していたが、父親の問題を打ち明けてもらうことも、気付くこともできなかった。

　厚生労働省の19年度統計によると、児童虐待の加害者の割合は、実母が47.7％に対し、実父が41.2％だった。児童相談所での相談対応件数が年々増加の一途をたどるなか、実父の割合も10年度から16.4ポイント上昇。対応が急務となっている。

　大規模自治体でも、各家庭に担当者を置くというネウボラのエッセンスを取り入れる動きも見られるようになった。

　大阪市では、母子手帳とは別に、父親向けの「パパと子手帳」を導入し担当保健師の名前を記入。「担当にいつでも相談して」と案内している。

　同市こども青少年局子育て支援部の担当者は「保健師に相談が来れば、そこから必要な支援窓口につなげていける。フィンランドと全く同じではないが、できることからやっていくことが大切」と考えている。

▼子育て世代包括支援センター　2017年の母子保健法改正で全自治体での設置が努力義務化された、産前産後の親子を継続的に支援する仕組み。母子保健部署と関連部署をつなげ、助産師や保健師らが連携し、妊娠期から就学前まで一つの窓口で支援する。2020年4月時点の設置状況は全国1741自治体のうち、1288に上る。「自治体版ネウボラ」と称するセンターも多い。
※子育て世代包括支援センターは2022年に公布された「児童福祉法等の

一部を改正する法律（2024年施行）において「市区町村子ども家庭総合支援拠点」とともに「こども家庭センター」として引き継がれている。

> ### 先生からのコメント
>
> 　フィンランドの子育て支援「ネウボラ」は世界でも注目を集めています。2018年には「日本版ネウボラ」と言われる子育て世代包括支援センターがスタートしましたが、早くも2024年にはこども家庭センターという市区町村子ども家庭総合支援拠点と子育て世代包括支援センターという児童福祉と母子保健が一体化した仕組みに生まれ変わりました。
>
> 　また、大阪、広島、東京などいくつかの地方自治体が、ネウボラの名称を掲げて子育て支援サービスを展開しています。
>
> 　282ページで学んだフィンランドのネウボラと日本のこども家庭センターの相違を是非比較してみてください。重要なポイントはその理念にあると思います。男女平等な家族支援、利用家族との継続した対話による信頼関係の構築、親とネウボラナースとの対等的な関係性、こどもを育てる社会の役割の理解がネウボラでは大切な理念とされています。こども家庭センターのガイドラインでは「虐待への予防的な対応から 子育てに困難を抱える家庭まで、ポピュレーションアプローチとハイリスクアプローチを両輪として、切れ目なく、漏れなく対応することを目的としている」と書かれていますが、ネウボラにあるような理念が具体的には見て取れません。私たちが子どもや子育て家族を支援する際に必要な価値や理念を第2章を復習しながら、もう一度立ち返って考える必要があるでしょう。

§4　ポストコロナの社会福祉 ─人間の尊厳が守られる社会へ

　2021（令和3）年の冬、新型コロナウイルスは変異を続け、依然として感染は世界的に緊迫した状況が続いています。「新しい日常」や「ニューノーマル」などのキーワードが出現し、わたしたちの生活は、この感染症の広がる前と同じようには戻ることはないだろうともいわれています。このパンデミックを経験したわたしたちは、これから何を大切にして生きていくべきかを否応がなく考える必要があるでしょう。ベーシックインカムの取り組みと、新しい豊かさの手がかりとなる考え方を紹介しましょう。

1. ヨーロッパでのベーシックインカム制度の取り組み

　ベーシックインカムとは、ベーシックインカム地球ネットワーク（Basic Income Earth Network：BIEN）による定義によれば、「すべての人に、個人単位で、資力調査（ミーンズテスト）や労働要件を課さずに、無条件で、定期的に給付されるお金」のことであるとされています。第5章で学んだ公的扶助と比較してみると、生活保護制度とは「所得調査または資力調査により困窮状態にあると認めた者や世帯に対して、政府が租税を財源として給付を行う制度や事業である」ため、給付対象者の限定の有無が大きな違いとなります。メリットとしては、公的扶助受給者のスティグマ（自尊感情の損傷）の問題を回避できる可能性がありますが、一方でベーシックインカムを給付した場合、公的扶助に比べて対象者が格段に多くなるため、多大な財源が必要とされることになります。

　欧州においては、失業者や低所得者を効果的に就労に結びつけようとする政策の限界を指摘し、批判する立場からベーシックインカムを提唱する動き

があります。加えて、パートタイム労働者等の非正規雇用の拡大や雇用の不安定化、コミュニティの解体による社会的孤立、女性の社会進出等に伴う仕事と家庭生活の両立といった**新しいリスク**が発生しています。さらには、低所得、不十分な職業的知識・技能による就労や社会参加の困難、家族のケアといった複合的な困難に直面した**働く貧困層：ワーキングプア**が出現するようになりました。こうした新しいリスクに対しては、世帯主の失業等のリスクを想定した従来の社会保障のしくみでは、十分に対応できないとの課題があると認識されるようになり、ベーシックインカムの取り組みが行われるようになりました。

　フィンランドの「ベーシックインカムの社会実験」は、2017（平成 29）年から 2018（平成 30）年にかけて行われました。一部の失業者向けの給付の受給者に対し、月額 560 ユーロ（約 7.3 万円）が無条件で支給され、就労状況や健康状況等に影響があるかが評価されました。全体としては、就労に与える影響は小さかったですが、主観的な幸福度や他者への信頼感が有意に高い傾向が認められています。

　スペインでは、2020（令和 2）年に低所得者向けの最低所得保障制度である「最低生活所得」が導入されました。一部メディアでは「ベーシックインカムの導入」として報じられましたが、実際には一定の低所得世帯に限定した現金給付制度であり、資力調査を伴うものでした、中央政府による最低所得保障が存在しなかったことや、国内の貧困問題への対応として導入された公的扶助と考えられています。

　日本においても「働く貧困層」の問題があります。長時間労働、不安定雇用、低賃金などを余儀なくされています。必死に働いても、貯金はなく、子どももつくれない、年収 200 万円以下の人が 1,200 万人もいるのが現在の日本社会です。このような状況を解決する 1 つの手段として、ベーシックインカム制度の導入を唱える政党も登場しています。

2．新しい豊かさの手がかりとして

　新型コロナウイルスのパンデミックの原因として、人類がインフラ整備のために森林破壊を引き起こし、生物多様性が失われていくことがあげられています。自然環境を壊し、様々な農作物や工業品を生産し、それらを多く手に入れることが本当の豊かさかどうか、このパンデミックを機会に立ち止まって考える必要がありそうです。安価で大量の製品や作物を生産するためには、自然から搾取するだけではなく、安くて多大な労働時間を必要とします。それが前項で見た長時間労働・不安定雇用・低賃金とつながっています。そのような過酷な条件でも働き続けるのはなぜでしょうか。「お金」がなければ生活できないからです。家賃や光熱費、スマートフォンの利用料、インターネット環境のための Wi-Fi 料金、食費、被服費などの支払いがあります。常に自転車操業のような生活が続きます。

　この状況を打破する手がかりとして、マルクスが提唱した**コモン（共有財産）**という考え方が注目され始めています。世界の富豪トップ 26 人の資産総額は、地球上の人口の半分、39 億人の資産に匹敵するそうです。一部の人間が独占的に財産を所有するのではなく、皆で共有財産として、「コモンとして」取り戻しましょう、とマルクスは主張しています。一人ひとりの**個人的所有**はもちろん否定しないけれど、水や森林、あるいは地下資源といった富は「コモンとして」皆で管理していきましょう、ということだと思います。さらに広げて考えれば、エネルギー・水・食料・住宅・教育などの社会基盤を共有財産として、「コモンとして」保つことができれば、低賃金での長時間労働をする必要がなくなります。

　2019（令和元）年にフィンランド史上最年少の 34 歳で首相に就任したサンタ・マリン首相は、「週休 3 日、6 時間勤務」を自身の任期中の目標とすることを打ちだしています。また、2020（令和 2 ）年 8 月にドイツ最大の産業別労働組合「IG（イーゲー）メタル」が週休 3 日を提案して話題になりました。労働時間を減らし社会的な基盤を共有財産として管理する営みは、暮らしに直結した豊かな時間になるかもしれません。

文　献

五十音順

第１章

内閣府「令和３年版高齢社会白書」
　https://www8.cao.go.jp/kourei/whitepaper/w-2021/zenbun/pdf/1s1s_03.pdf
Rowntree, B. S.(1901), Poverty, A Study of Town Life. Macmillan Publishers, London. p. 137.

第２章

岩田正美（編著）『社会福祉への招待』放送大学教育振興会、2016
社会福祉専門職団体協議会＋一般社団法人日本社会福祉教育学校連盟「ソーシャルワークのグローバル定義　日本語定訳」
日本経済新聞「旧優生保護法は「違憲」　最高裁大法廷、国に賠償命令」（2024 年 7 月 26日付）https://www.nikkei.com/article/DGXZQOUE255OB0V20C24A6000000/

第３章

上野谷加代子（監）、社団法人日本社会福祉士養成校協会（編）『災害ソーシャルワーク入門』中央法規出版、2013
内田樹ブログ「内田樹の研究室　『コロナ後の世界』（文藝春秋）まえがき」（2021 年 8 月2 日付）http://blog.tatsuru.com/2021/08/02_0935.html
NPO 法人 EMA 日本ホームページ　http://emajapan.org/promssm/world
厚生労働省「平成 22 年度「出生に関する統計」の概況、人口動態統計特殊報告」
　https://www.mhlw.go.jp/toukei/saikin/hw/jinkou/tokusyu/syussyo06/syussyo2.html#02
厚生労働省「平成 29 年版自殺対策白書」
　https://www.mhlw.go.jp/wp/hakusyo/jisatsu/17/dl/2-3.pdf
厚生労働省「2019 年国民生活基礎調査の概況」
　https://www.mhlw.go.jp/toukei/saikin/hw/k-tyosa/k-tyosa19/dl/14.pdf
厚生労働省政策統計官「令和 3 年国民生活基礎調査（令和元年）の結果から　グラフでみる世帯の状況」https://www.mhlw.go.jp/toukei/list/dl/20-21-h29.pdf
国立社会保障・人口問題研究所「平成 27 年　第 15 回出生動向基本調査』独身者調査
　http://www.ipss.go.jp/ps-doukou/j/doukou15/NFS15_report3.pdf

国立社会保障・人口問題研究所「日本の世帯数の将来推計（全国推計）2018（平成30）年推計」
https://www.ipss.go.jp/pp-ajsetai/j/HPRJ2018/hprj2018_gaiyo_20180117.pdf

産経WEST「ネット中傷防止条例が成立、4月1日施行　大阪府議会」（2022年3月24日付）
https://www.sankei.com/article/20220324-2EYE6P74BJIPVCQSESUFQ3V5X4/

産経ニュース「全国初のネット中傷被害者支援条例、群馬県議会が可決22日施行」（2020年12月15日付）https://www.sankei.com/article/20201215-V65Y26U35FMF5F-V6D6WEVY7XFE/

千田有紀『日本型近代家族』勁草書房、2011

総務省「令和2年版情報通信白書」https://www.soumu.go.jp/johotsusintokei/whitepaper/ja/r02/pdf/02honpen.pdf

Thomas E. Joiner Jr. 他、北村俊則（監訳）『自殺の対人関係理論：予防・治療の実践マニュアル』日本評論社、2011

内閣府「平成16年版少子化社会対策白書」https://www8.cao.go.jp/shoushi/shoushi-ka/whitepaper/measures/w-2004/pdf_h/pdf/g1020110.pdf

内閣府「平成30年版少子化社会対策白書」https://www8.cao.go.jp/shoushi/shoushi-ka/whitepaper/measures/w-2018/30pdfhonpen/pdf/s1-3.pdf

内閣府「令和元年版少子化社会対策白書」https://www8.cao.go.jp/shoushi/shoushi-ka/whitepaper/measures/w-2019/r01pdfhonpen/pdf/s1-4.pdf

内閣府「令和3年版少子化社会対策白書」https://www8.cao.go.jp/shoushi/shoushi-ka/whitepaper/measures/w-2021/r03pdfhonpen/pdf/s1-2.pdf

内閣府「平成26年版男女共同参画白書」https://www.gender.go.jp/about_danjo/whitepaper/h26/zentai/pdf/h26_genjo1.pdf

第4章

厚生労働省「令和元年社会福祉施設等調査の概況」
https://www.mhlw.go.jp/toukei/saikin/hw/fukushi/19/index.html

厚生労働省「令和3年版厚生労働白書　資料編」
https://www.mhlw.go.jp/wp/hakusyo/kousei/20-2/dl/08.pdf

子育て世代包括支援センター業務ガイドライン
https://www.mhlw.go.jp/file/06-Seisakujouhou-11900000-Koyoukintoujidou-kateikyoku/kosodatesedaigaidorain.pdf

東京新聞 TOKYO Web「改正社会福祉法、来春施行　相談たらい回し解消へ『断らない窓口』孤立防ぐ」（2020年7月29日付）

https://www.tokyo-np.co.jp/article/45570

第5章

朝日新聞「妊産婦の死因、自殺がトップ　産後うつでメンタル悪化か」(2018 年 9 月 5 日付)
　一部引用改変

鬼崎信好（編）『コメディカルのための社会福祉概論［第 2 版］』講談社、2014

厚生労働省「平成 24 年度版厚生労働白書」
　https://www.mhlw.go.jp/wp/hakusyo/kousei/12/

厚生労働省「平成 29 年版厚生労働白書　資料編」
　https://www.mhlw.go.jp/wp/hakusyo/kousei/17-2/dl/11.pdf

厚生労働省「地域別最低賃金の全国一覧」https://www.mhlw.go.jp/stf/seisakunit-
　suite/bunya/koyou_roudou/roudoukijun/minimumichiran/

厚生労働省「子ども虐待による死亡事例等の検証結果等について（第 17 次報告）」令和 3
　年 8 月）https://www.mhlw.go.jp/content/11900000/000825392.pdf

捧　直太郎「令和 2 年度 (2020 年度) 社会保障関係予算」参議院常任委員会調査室・特別
　調査室「立法と調査 No.42」https://www.sangiin.go.jp/japanese/annai/chousa/
　rippou_chousa/backnumber/2020pdf/20200207110.pdf

社会保障制度審議会・社会保障将来像委員会「社会保障将来像委員会第一次報告」1993

毎日新聞「「税金で飯食ってる自覚あるのか」生活保護受給者に窓口で威圧　桐生」(2024
　年 4 月 5 日付)
　https://mainichi.jp/articles/20240405/k00/00m/040/048000c

第6章

朝日新聞「なぜ起きる障害者施設の虐待『施設ある限り繰り返す』」(2021 年 8 月 11 日付)

公益社団法人 日本介護福祉士会「日本介護福祉士会倫理綱領」(1995 年 11 月 17 日宣言)
　https://www.jaccw.or.jp/about/rinri

公益財団法人 日本社会福祉士会「社会福祉士の倫理綱領」(2020 年 6 月 30 日採択)
　https://www.jacsw.or.jp/citizens/rinrikoryo/documents/rinri_koryo.pdf

厚生労働省「社会福祉士・介護福祉士等　社会福祉士の概要について　2 資格取得方法
　9 社会福祉主事任用資格の取得方法」
　https://www.mhlw.go.jp/stf/seisakunitsuite/bunya/hukushi_kaigo/seikatsuho-
　go/shakai-kaigo-fukushi1/shakai-kaigo-fukushi9.html

厚生労働省こども家庭局家庭福祉課「里親制度（資料集）」令和 3 年 10 月

カレル・ジャーメイン他、小島容子（編訳）『エコロジカル・ソーシャルワーク：カレル・
　ジャーメイン名論文集』学苑社、1992

社会福祉専門職団体協議会｜一般社団法人日本社会福祉教育学校連盟「ソーシャルワークのグローバル定義　日本語定訳」

社会福祉法人 全国社会福祉協議会／全国保育協議会／全国保育士会「全国保育士会倫理綱領」（平成 15 年 2 月 26 日 平成 14 年度第 2 回全国保育士会委員総会採択）
https://www.z-hoikushikai.com/about/kouryou/index.html

第7章

朝日新聞「『念のため』だった出生前検査　苦悩を経て気になったサポートの現状」（2021 年 9 月 12 日付）

一瀬早百合・佐久間美穂「現代社会の危機感とコミュニティ―内藤辰美論文からの示唆―」『社会福祉第 60 号』2022、pp.93-104

上田敏「国際障害分類初版（ICIDH）から国際生活機能分類（ICF）へ　―改定の経過・趣旨・内容・特徴―」日本障害者リハビリテーション協会『ノーマライゼーション 22（6）』2002

NPO 法人ピープルデザイン研究所（編著・発行）『ピープルデザイン：超福祉 インクルーシブ社会の実現に向けたアイデアと実践の記録』ポット出版プラス（発売）、2020

NPO 法人ピープルデザイン研究所ホームページ「ピープルデザイン研究所とは」
http://www.peopledesign.or.jp/about/

公益社団法人日本発達障害連盟ホームページ「津久井やまゆり園での事件について（声明）」
http://www.jldd.jp/info/statemen/

厚生労働省「障害福祉サービスについて」https://www.mhlw.go.jp/stf/seisakunit-suite/bunya/hukushi_kaigo/shougaishahukushi/service/naiyou.html

財団法人日本障害者リハビリテーション協会「自立支援協議会の運営マニュアル」2008

内閣府「令和 3 年版障害者白書」https://www8.cao.go.jp/shougai/whitepaper/r03hakusho/zenbun/pdf/s5-1-1.pdf

日本経済新聞「出生前診断、3 万人超す　染色体異常の 9 割中絶」（2016 年 7 月 19 日付）
https://www.nikkei.com/article/DGXLASDG19H7D_Z10C16A7000000/

ハーバー・ビジネス・オンライン「相模原障害者殺傷事件から 3 年。障害者の東大生が語る“私たちがすべきこと”」（2019 年 8 月 8 日付）一部引用改変
https://hbol.jp/pc/198795/

第8章

愛媛県「市町要保護児童対策地域協議会実務マニュアル」
https://www.pref.ehime.jp/h20300/youtaimanyuaru/documents/18youtai4.pdf

黒田公美　「養育者支援によって子どもの虐待を提言するシステムの構築」成果報告シン

ポジウム小冊子　理化学研究所脳神経科学研究センター親和性社会行動研究チーム、2018

厚生労働省「児童虐待防止法の強化を図るための児童福祉法の一部を改正する法律の概要」

厚生労働省「令和2年度　児童相談所での児童虐待相談対応件数（速報値）」
　https://www.mhlw.go.jp/content/000824359.p

日本経済新聞「子連れ戻し迅速に　国際離婚のトラブルに対応、ハーグ条約対応法が成立」（2019年5月10日付）
　https://www.nikkei.com/article/DGXMZO44613480Q9A510C1CR0000/

古市憲寿『保育園義務教育化』小学館、2015

ユニセフ「子どもの権利条約」
　https://www.unicef.or.jp/about_unicef/about_rig.html

第9章

厚生労働省「令和2年簡易生命表の概況」
　https://www.mhlw.go.jp/toukei/saikin/hw/life/life20/dl/life18-02.pdf

厚生労働省老健局「介護保険制度の概要」令和3年5月
　https://www.mhlw.go.jp/content/000801559.pdf

東京科学大学生命理工学院 黒田研究室「親子関係の脳科学：子の親への愛着行動」
　https://kurodalab.net/research/detail/249（2025/1/15）

内閣府「平成22年版　子ども・子育て白書」
　https://www8.cao.go.jp/shoushi/shoushika/whitepaper/measures/w-2010/22webgaiyoh/html/gb1_s1_2.html

内閣府「令和2年版少子化社会対策白書　全体版」 https://www8.cao.go.jp/shoushi/shoushika/whitepaper/measures/w-2020/r02pdfhonpen/pdf/s2-1-4.pdf

内閣府「令和3年版高齢社会白書」
　https://www.mhlw.go.jp/toukei/saikin/hw/life/life20/dl/life18-02.pdf

内閣府子ども・子育て本部「子ども・子育て支援新制度について」令和3年6月
　https://www8.cao.go.jp/shoushi/shinseido/outline/pdf/setsumei_p1.pdf

日本経済新聞「『パタハラ』炎上、家庭への配慮欠く？ 育休明け転勤内示に波紋 」（2019年6月12日付）
　https://www.nikkei.com/article/DGXMZO46027370S9A610C1CC1000/

読売新聞「2025年問題とは」（2018年4月30日付）

第 10 章

F・P・バイスティック、尾崎新・福田俊子・原田和幸（訳）『ケースワークの原則：援助関係を形成する技法』誠信書房、2006

Konopka.G.（1963）（前田ケイ（訳）『ソーシャルグループワーク：援助の過程』全国社会福祉協議会、1967

福原眞知子（監）『マイクロカウンセリング技法：事例場面から学ぶ』風間書房、2007

第 11 章

厚生労働省社会保障審議会「社会福祉事業及び社会福祉法人について」
https://www.mhlw.go.jp/shingi/2004/04/s0420-6b1-3.html

第 12 章

一瀬早百合・佐久間美穂「現代社会の危機感とコミュニティー内藤辰美論文からの示唆」『社会福祉大 60 号』2020、pp.93-104

NPO 法人全国こども食堂支援センター「むすびえ」ホームページ https://musubie.org

岡村重夫『地域福祉研究』柴田書店、1970

斎藤幸平『100 分 de 名著　カール・マルクス「資本論」』NHK 出版、2021

世田谷区ホームページ　世田谷版ネウボラ（妊娠期から就学前までの切れ目のない支援）
https://www.city.setagaya.lg.jp/mokuji/kodomo/001/001/d00152962.html

高橋睦子「フィンランドの出産・子育て家庭支援『ネウボラ』」（特集 いま求められる子育て支援）」『チャイルドヘルス 21（2）』診断と治療社、2018、pp.114-117

日本経済新聞「産前産後の家族ケア一貫　虐待防止へ「日本版ネウボラ」（2021 年 4 月 29 日付）
https://www.nikkei.com/article/DGXZQOUE20CSQ0Q1A420C2000000/

駐日フィンランド大使館「フィンランドの子育て支援」
https://finlandabroad.fi/web/jpn/ja-finnish-childcare-system

堀内雄斗「欧州の『ベーシックインカム実験』と公的扶助改革」レファレンス 71（7）、2021

日本経済新聞「立民『子ども家庭庁』検討」（2021 年 4 月 13 日 付）
https://www.nikkei.com/article/DGXZQOUA139930T10C21A4000000/

索　引

<タ>

◆著者紹介

一瀬 早百合 いちせ さゆり

【現職】和光大学現代人間学部心理教育学科教授、精神保健福祉士

【経歴】日本女子大学大学院人間社会研究科社会福祉学専攻博士課程後期課程修了（社会福祉学博士）。横浜市リハビリテーション事業団ソーシャルワーカーとしての実践後、洗足こども短期大学、田園調布学園大学を経て現職

【主な著書】『障害のある乳幼児と母親たち』生活書院、2011（単著）
『施設実習ガイド－事例を通して学びを深める』ミネルヴァ書房、2018（編著）
『社会的養護と障害児保育（最新保育士養成講座第5巻）』全国社会福祉協議会、2019（共著）
『多様性の時代と変化する子育て事情－ソーシャルワークから考える子育て支援のアップデート』福村出版、2025（単著）

社 会 福 祉 と わ た し た ち

2022年3月24日　初版第一刷発行
2024年4月1日　初版第二刷発行
2025年3月21日　第2版第一刷発行

著　　　者　　一瀬早百合
発 行 者　　服部直人
発 行 所　　株式会社萌文書林
　　　　　　〒113-0021 東京都文京区本駒込6-15-11
　　　　　　TEL 03-3943-0576　FAX 03-3943-0567
　　　　　　URL https://www.houbun.com
　　　　　　E-mail info@houbun.com
印刷・製本　　中央精版印刷株式会社

装丁・デザイン　大村はるき